# Los arcángeles

*Un plan de sanación*

LINDA Y PETER MILLER-RUSSO

# Los arcángeles

*Un plan de sanación*

EDICIONES OBELISCO

Si este libro le ha interesado y desea que le mantengamos informado de nuestras publicaciones, escríbanos indicándonos qué temas son de su interés (Astrología, Autoayuda, Psicología, Artes Marciales, Naturismo, Espiritualidad, Tradición...) y gustosamente le complaceremos.

Puede consultar nuestro catálogo en www.edicionesobelisco.com

*Los editores no han comprobado la eficacia ni el resultado de las recetas, productos, fórmulas técnicas, ejercicios o similares contenidos en este libro. Instan a los lectores a consultar al médico o especialista de la salud ante cualquier duda que surja. No asumen, por lo tanto, responsabilidad alguna en cuanto a su utilización ni realizan asesoramiento al respecto.*

**Colección Angelología**
Los arcángeles: un plan de sanación
*Linda y Peter Miller-Russo*

1.ª edición: abril de 2021

Título original: *Angelic Enlightenment: A Personal Process*

Traducción: *Edgar Rojas*
Maquetación: *Isabel Also*
Corrección: *Sara Moreno*
Diseño de cubierta: *TsEdi, Teleservicios Editoriales, S. L.*



Edita: Ediciones Obelisco, S. L.
Collita, 23-25. Pol. Ind. Molí de la Bastida
08191 Rubí - Barcelona - España
Tel. 93 309 85 25 - Fax 93 309 85 23
E-mail: info@edicionesobelisco.com

ISBN: 978-84-9111-713-1
Depósito Legal: B-3.243-2021

Impreso en los talleres gráficos de Romanyà/Valls S. A.
Verdaguer, 1 - 08786 Capellades - Barcelona

*Printed in Spain*

La salud que buscas no es solamente la curación de tu cuerpo, sino el retorno al corazón de Dios. Yo te ayudaré para que alcances tu sanación. Soy tu amigo y seré tu guía siempre que me pidas que camine a tu lado durante tu peregrinación a través de tu pasado. Cada vez que te dirijas a alguna parte de tu presente, recuerda que el primer paso para sentirte mejor es que tú mismo consigas sentirlo.

—Arcángel Rafael

Este manual es un compañero. En sus páginas, los arcángeles Miguel, Rafael, Gabriel y Uriel han impregnado su sabiduría y amor por la humanidad. Cada arcángel, comenzando por Miguel, te ayudará en cada una de sus respectivas áreas de influencia específica. Bajo su orientación, vas a procesar y a aprender a partir de tus experiencias actuales y de tus viajes al pasado. Durante todo el camino vas a descubrir heridas que todavía no han sido sanadas y que deben ser revisadas, comprendidas, expresadas, aceptadas y liberadas.

Cada paso que das te acerca cada vez más hacia el origen del todo; te lleva hacia la corriente del amor divino, hacia tu inocencia y, posiblemente, hacia los secretos de la vida y del universo.

El plan de sanación de los arcángeles es sublime en medio de su simplicidad. A través de la aplicación consistente de diversos métodos, tú puedes alcanzar el estado de la iluminación angelical. Para lograrlo no se necesitan grados, certificaciones, iniciaciones ni rituales secretos. Él mismo se desarrolla a medida que lo vas llevando a tu propio ritmo y decisión. Al poner en práctica las técnicas de la iluminación angelical a través de métodos sencillos, irán ocurriendo cambios en tu interior. Mientras que esto acontece, igualmente el mundo a tu alrededor empezará a cambiar para mejorar. El amor a uno mismo se convierte en un acto de amor hacia toda la humanidad. Éste es el regalo que nos hacen los arcángeles en los albores del nuevo milenio y nos muestran el camino de regreso hacia nuestros corazones.

# Dedicatoria

Este libro está dedicado con especial cariño al plan de sanación de los arcángeles para la humanidad, tal como nos fue revelado por los cuatro arcángeles: Miguel, Rafael, Gabriel y Uriel. Por medio de su orientación y de su aprecio hemos encontrado la paz, el entendimiento y el crecimiento. Permitid que la paz y la iluminación llenen vuestra vida y que los arcángeles os orienten e inspiren por siempre.

# Reconocimientos

El Círculo de la Iluminación Angelical fue creado por medio de la inspiración de los cuatro arcángeles: Miguel, Rafael, Gabriel y Uriel. Estos cuatro arcángeles son la Fundación del Círculo de los Arcángeles. Les agradecemos su orientación. También queremos agradecerles a las siguientes personas su colaboración en reunirnos a todos:

Rev. Carolyn White, nuestra buena amiga, por su aceptación, su amor incondicional y su apoyo.

Rev. Carol Parrish y rev. Tom Hyder, por sus enseñanzas inspiradoras y su reverencia hacia cada vínculo del individuo con lo divino.

Kate (Lightwalker), Liz (de WE), Melissa (por la sesión de canalización en el evento WE), Sandra (lectora espiritual), Kurt, Karol, Rae, y Mary.

Y a nuestras familias y amistades, por sus pensamientos positivos, por su amor y por su apoyo.

Y éstos son los nombres de los sagrados ángeles que velarán.

*Uriel, uno de los ángeles sagrados, quien está sobre el mundo y sobre el Tártaro.*

*Rafael, uno de los ángeles sagrados, quien está sobre los espíritus de los hombres...*

*Miguel, uno de los ángeles sagrados, quien está sobre la mejor parte de la humanidad y sobre el caos…*

*Gabriel, uno de los ángeles sagrados, quien está sobre el paraíso, sobre las serpientes y sobre el querubín…*

—Libro de Enoc 1, 1-8

# Introducción

## Un mensaje de Peter

Tan sólo muy pocas veces en nuestra vida se abre una ventana que nos permite expandir nuestro nivel de conciencia. En esos momentos, vemos la realidad de la vida de una manera muy clara, gracias a la esencia generadora de vida del Espíritu Santo. Este hecho tiene tanta influencia en nuestra vida que hace que nos veamos como un ser completo, en unidad con el universo y con todas sus creaciones. En esas ocasiones nos encontramos frente a frente con nosotros mismos. Es entonces cuando estamos deseosos y ansiosos por mirar hacia el interior de nuestra mente, de nuestra alma y de nuestro corazón –sin miedo pero con amor–. Se hace imparable el deseo de despojarnos de las ilusiones de nuestros ojos y darle el rumbo correcto al condicionamiento que hemos aceptado como la realidad.

Durante el verano y el otoño de 1994, algo así como un ciclo de expansión del nivel de conciencia empezó para mí. Fui bendecido con la presencia y con la energía amorosa del arcángel san Miguel. Él guio mi mente y mi corazón hasta llegar a una parte de mí que permanecía oculta para todo el mundo. Aún existía, pero había permanecido enterrada en lo más profundo de mí, acumulando años de represión debido a un matrimonio fracasado y mi participación en una tendencia espiritual dentro de la cual me había cubierto totalmente a mí mismo.

A medida que el revestimiento de mi antigua vida se iba desvaneciendo, una nueva vida estaba emergiendo. Este proceso de despertar espiritual era un florecimiento de mi nivel de conciencia. Todo era posible una vez más, a medida que la vida recuperaba su misterio y su maravilla. Por primera vez en muchos años, me sentí realmente vivo; vivo en el Espíritu Santo, no sólo en mi mente, sino en todo mi ser.

Esta época estuvo enmarcada por mi primer contacto con Linda, en septiembre de 1994. Los hechos convergieron durante la primera conferencia de la WE –Walk-ins for Evolution–, en St. Paul, Minnesota. Un círculo se fue formando mientras que Linda y yo nos conocíamos para cumplir con nuestro destino al servicio de los ángeles y del Creador.

Después de esa conferencia, Miguel me visitó de una manera muy breve durante mis sueños para imprimir sobre mí los aspectos de la misión que yo debería realizar. Lo primero que hizo fue un completo pronunciamiento o manifestación acerca de los poderes de discernimiento, a partir de mi alma, hasta llegar al mundo consciente.

Con este grado de conciencia, yo sería capaz de ver mis propias motivaciones y las de los demás. En mi función delegada, como portador de la espada de la verdad, acepté la responsabilidad de visualizar la realidad de todo aquello que le había aportado a este mundo.

El siguiente aspecto de mi misión era el de curar las viejas heridas emocionales de mi pasado, ya fuera que hubiesen sido causadas durante este lapso de vida o durante vidas anteriores. Empecé a eliminar las barreras de protección que rodeaban mi corazón, las cuales había utilizado para atenuar el dolor y la desolación que hasta ese momento había en mi vida.

Una vez que seas consciente de que estás viviendo –aquí y ahora–, por defecto, vas a caer la en cuenta de que algún día vas a abandonar este estado, a irte lejos de aquellas personas a quienes amas y de aquellos que sienten cariño por ti; tal vez nunca más los vuelvas a ver. Éste es el juego eterno de la energía de Dios y el plan que para la mayoría de las personas resulta muy difícil de aceptar. Esto significa que debemos confiar; las experiencias dolorosas del pasado hacen de la confianza una perspectiva aterradora.

La infancia, que lleva en sí misma su propio ser tierno, ha sido tan lastimada por la vida que le resulta muy difícil volver a confiar en el mundo. A pesar de todo debe confiar; y tú también debes confiar si es que quieres acelerar tu crecimiento y dar los pasos que te conduzcan hacia la realización plena de la misión de tu vida, en otras palabras, tu razón de ser.

Rafael llegó hasta mí en forma de energía de sanación para las experiencias más terribles de mi pasado, las cuales me habían conducido a postrarme dentro de un caparazón emocional. Yo había llegado a rechazar las emociones por considerarlas negativas y durante muchos años pensé que no eran compatibles con la espiritualidad.

Rafael me ayudó a aprender, aceptar mis emociones como una parte bendita de mí mismo, para ser queridas, entendidas, expresadas y, por último, liberadas. Por esta razón le doy las gracias todos los días.

Puesto que la vida es un proceso, yo continúo esforzándome por ser honesto conmigo mismo y por clasificar y expresar mis emociones de la manera más cuidadosa posible, en el momento que las siento, con el fin de encontrar la emoción más profunda en el corazón del caudal de energía que emana desde la emoción misma. Hacer esto me ayuda a mantener relaciones de completa y consciente honestidad conmigo mismo y con mis seres queridos.

Mientras que batallaba durante los años 1995 y 1996, empecé a adquirir fortaleza del propósito y claridad de pensamiento. Linda y yo tuvimos la oportunidad de conversar durante largas jornadas en nuestra cafetería favorita varias veces a la semana. Exploramos conceptos espirituales, los ángeles, las emociones, la religión, los cultos, la psico logía y todo lo que estábamos experimentando en esos momentos y lo que habíamos aprendido durante esta vida.

El crecimiento que proviene del hecho de compartir con otra persona es el más maravilloso regalo de Dios, y le agradecí a Linda que me amase y su paciencia para hablar conmigo de todas las experiencias dolorosas de mi pasado. Sus puntos de vista fueron de gran ayuda y además curativos.

A través de esas conversaciones, reunimos muchos conceptos y escribimos la mayoría de ellos en revistas a medida que los discutíamos.

Se estaba desarrollando un modelo. Podíamos ver el camino de los ángeles, la ruta de la iluminación angelical que se formaba ante nuestros ojos.

Con la ayuda de la energía fortalecedora de Gabriel, fuimos capaces de actuar y producir el mensaje de sanación de los arcángeles para la humanidad en plenos albores de la era de Acuario.

Estoy continuando mi trabajo muy de cerca con el arcángel Gabriel. Mientras que se revela esta misión, prometo que me voy a encomendar al plan de sanación de los arcángeles y que me voy a comprometer en el logro de la iluminación espiritual. Persistiré en el cumplimiento de la misión de mi vida, en lo que tiene que ver con lo exterior y en el plano interior, continuaré procesando mis experiencias cotidianas para mantener abierto mi corazón.

Trataré de hacerles frente, de forma valiente, a las experiencias de mi pasado con el fin de obtener entendimiento y de cultivar la sabiduría. Deseo incrementar mi capacidad para amar, para aceptar el amor de Dios y para permitirle que fluya a través de mi corazón.

Durante mi viaje, me he dado cuenta de que Uriel, el arcángel del amor, de la belleza y de la apreciación, ha permanecido a mi lado. De la misma manera en que lo hace un padre cariñoso, él me ha cuidado; igualmente, Miguel, Rafael y Gabriel han trabajado conmigo durante este proceso hacia la iluminación angelical.

Pretendo realizar por completo mi misión, purificarme y curarme a mí mismo y experimentar cada vez más la amable ayuda de Uriel a medida que el tiempo va transcurriendo. Siento que la culminación del aprendizaje con el cual este arcángel me está ayudando completará el ciclo de la iluminación angelical que comencé en 1994. Espero continuar esparciendo el amor de los arcángeles –y el mío propio– hacia las demás personas y hacia el mundo en general.

Permite que la paz, el crecimiento, el amor y el entendimiento embellezcan tu vida y la de aquellas personas a las cuales amas, y permítete encontrar esas cosas que tanto deseas.

Con mucho amor,
PETER MILLER-RUSSO

## Un mensaje de Linda

Cuando era niña, siempre me motivaban para que examinase los misterios de la vida. Las conversaciones a la hora de las comidas se centraban frecuentemente en los milagros de los santos, en la vida después de la muerte, en las apariciones de la Virgen María y en los sueños relacionados con ángeles o con seres espirituales. Educada en una atmósfera de posibilidades y de fe, aprendí a creer y a confiar en la presencia y en el cariño de Jesús, de los ángeles y de los santos.

A veces puedo sentir, o tengo esa sensación, la presencia de ángeles y de seres luminosos. Considero que esta habilidad de sentir evolucionó naturalmente a partir de la actitud de reverencia hacia la espiritualidad promovida dentro de mi familia y a partir de la profunda conexión que tuve con la naturaleza y que aprendí por haber crecido en una región agrícola. Durante el verano, frecuentemente me dirigía hacia un lugar claro en medio de los árboles, me sentaba bajo mi pino favorito, cerraba los ojos y, simplemente, me relajaba. Podía respirar la fragancia fresca del pino y escuchar el zumbido de los insectos y el trinar de los pájaros. Toda la vida parecía estar conectada. La tierra era nuestra madre.

Mi padre es un magnífico narrador de historias. Con mucha frecuencia estimulaba mi imaginación contándome historias de gigantes, gnomos y duendes. Él sabía de mis estadías entre los árboles y me aconsejaba, «Tan sólo siéntate lo más tranquilamente posible, escucha cuidadosamente, quédate quietecita y verás que pronto las criaturas de todas las especies empezarán a aparecerse ante ti, ardillas, taltuzas rayadas y puercoespines…, y si tienes suerte, quizás hasta un duendecillo saldrá de su escondite para que lo veas».

La vida en el campo era simple y llena de posibilidades. Leía todos los libros que llegaran a mis manos y algunas veces escribía junto con Phyllis –mi vecino y mi mejor amigo– algunas historias. Como éramos niños, usábamos nuestra imaginación para convertir a varios seres de la naturaleza, que iban desde el legendario Pegaso –el caballo con alas– hasta criaturas del reino de Fantasía. Siempre tenían que llamarme a gritos para sacarme de ese mundo maravilloso, para que fuera a ayudar en alguna tarea.

Durante mi adolescencia, las oraciones y las meditaciones informales con la naturaleza continuaron conectándome con el mundo espiritual y con mi propio ser superior. Fue durante esta época, cuando tenía aproximadamente diecisiete años, que tuve mi primer «recuerdo» de una vida pasada que había vivido en el área de Nueva Inglaterra.

Dos años antes, había estudiado la reencarnación y el karma en una clase sobre las religiones del mundo. Aunque esos conceptos no formaban parte de mi educación religiosa, me pareció que tenían lógica y los sentía como si fueran verdaderos. Decidí incorporarlos a mi filosofía personal relacionada con la forma en la que probablemente funcionó en el mundo. Más tarde, en mi edad adulta, hice varias lecturas espirituales y regresiones a vidas pasadas que parecieron confirmar los detalles de los «recuerdos» que había experimentado durante mi adolescencia.

Durante los siguientes veinte años, continué ampliando, estudiando y creciendo, es decir, aprendiendo todo lo posible sobre psicología y espiritualidad. Mi amiga Mary y yo, con bastante frecuencia hacíamos lecturas espirituales e interpretaciones de los sueños entre nosotras mismas. A través de este proceso, aprendí acerca de la simbología universal tanto como de la personal.

En el otoño de 1993, hice un compromiso de concentrarme en mi espiritualidad y de descubrir mi misión personal. Me puse en contacto con exploradores espirituales mentalistas y me sumergí en estudios espirituales, meditaciones diarias, sanación y clases de desarrollo intuitivo. Aprendí a invocar –invitar– conscientemente a los ángeles, a los arcángeles y a los guías espirituales para que me ayudaran a brindarme la verdad completa en mis relaciones, en la curación de mis cuerpos tanto emocional como etéreo y en el descubrimiento de mi misión.

Durante la primavera y el verano de 1994, estaba trabajando muy de cerca con el arcángel Uriel sobre los procesos transformacionales de la aceptación y de la apreciación de la naturaleza divina de la humanidad. Estaba aprendiendo cómo escuchar la sabiduría de mi ser superior y a producir esa sabiduría en mis acciones cotidianas. En una soleada mañana de junio de 1994, llegué a la conclusión de que la mariposa no era tan sólo un símbolo universal de la transformación, sino que también era el símbolo o la señal personal que mi ser superior utilizaba para confirmarme que había tomado la decisión correcta.

Esa mañana de junio, a eso de las siete, estaba a punto de salir para el trabajo; mi mente estaba preocupada con muchos detalles puesto que al día siguiente iba a salir del estado para un retiro espiritual que duraría una semana. Estaba entusiasmada y nerviosa; si todo iba bien, había planeado ingresar formalmente en un programa ministerial durante esa semana. Salí de casa con esa decisión difícil de tomar en mente –¿podría pagarme los estudios? ¿Aguantaría mi coche los largos viajes hacia el seminario?–, cuando de repente casi pisé una enorme mariposa. No podía creer lo que veían mis ojos. Sobre el suelo, enfrente de mí –justo en mi camino– estaba una hermosa mariposa monarca con unas alas de por lo menos treinta centímetros de envergadura.

No podía creerlo. Las mariposas son pequeñas en Minnesota; nunca antes había visto una que tuviera alas de más de siete centímetros de largo. Sin embargo, ahí estaba. No podía dejarla en el suelo porque mi vecino podía pisarla, así que tomé un pedazo de cartón y lo deslicé por debajo de la mariposa; agitó las alas mientras que la movía suavemente –era pesada para ser una mariposa– y la puse a salvo sobre el césped. Fue difícil concentrarme en el trabajo ese día, mientras que pensaba acerca de lo que ese hecho podía significar. Sentí que debería ser la señal que le había estado pidiendo a mi ser superior, la señal de que había tomado la decisión correcta al inscribirme en el seminario. A medida que el día transcurría lentamente, empecé a cuestionarme a mí misma. ¿Tal vez me habría imaginado el enorme tamaño de esta mariposa? Decidí dejar de pensar en eso; tenía bastante trabajo por preparar y algunas reuniones que atender esa misma tarde.

Cuando salí del trabajo, los asuntos laborales habían conducido todos los pensamientos relacionados con la mariposa fuera de mi mente. Pero mientras que me dirigía hacia el garaje, noté algo anaranjado que estaba tirado justo por donde yo tenía que pasar. Entonces salí del coche y, para mi sorpresa, ¡ahí estaba otra vez! Tan grande como siempre había sido; la mariposa estaba posada directamente enfrente de mí.

No existía ninguna duda de que se trataba de una señal. Otra vez me dirigí hacia la mariposa para colocarla en un sitio en el que pudiera estar a salvo y le di las gracias por haberme permitido disfrutar de esa segunda confirmación de mi ser superior.

Desde esa experiencia de 1994, le pido conscientemente a mi ser superior que me envíe una señal para saber si estoy en el camino correcto a través de una mariposa. Cada vez que llega la señal de la mariposa, lo hace de una manera diferente –en una nueva forma– de manera que yo no pueda predecirla. A veces la mariposa aparece en mis sueños; otras veces alguien, inesperadamente, me regala una. La última vez apareció en forma de una pintura de una hermosa mariposa. En esos momentos siento la energía del arcángel Uriel, quien, al parecer, facilita mi conexión con mi ser superior y me ayuda a incrementar mi nivel de conciencia y de apreciación de la belleza y de la divinidad que existe en la humanidad y en todo lo largo y ancho del mundo.

Agradezco diariamente el regalo de tener a mi familia y a mis amigos, el regalo que ha significado para mí la granja y mi esposo Peter, quien fue, definitivamente, la chispa que dio origen a este proyecto. Le agradezco su tremenda energía, su gran entusiasmo y su gran visión.

Permite que este libro te inspire para que se desarrolle el crecimiento dentro de ti y permite que la adorable presencia de los ángeles y de los arcángeles se convierta en una realidad que despierte en tu vida.

En el espíritu de la luz y del amor,
LINDA MILLER-RUSSO

# Sección 1

## El plan de sanación de los arcángeles para la humanidad

Porque él les dará a sus ángeles
la capacidad de influir sobre ti
para conservarte en todas tus formas.
Ellos te llevarán en sus brazos
para evitar que tropieces con una piedra.

–Libro de los Salmos 91, 11-12

# 1

# La vida es un proceso, no un resultado

La vida es un proceso, no un resultado. *Los arcángeles: Un plan de curación* es una guía. Este libro te ayudará a aprender cómo procesar tus experiencias cotidianas de una manera que favorezca los centros de energía en tu cuerpo, para que fluyan a medida que te curas y pacificas tus patrones de conducta.

La mayoría de los problemas de la vida –si es que no son todos– se originan cuando no nos tomamos el tiempo necesario para procesar o aprender acerca de nuestras experiencias. Cuando nos tomamos tiempo para aprender y poner en práctica maneras constructivas para procesar nuestras experiencias, encontramos que la vida empieza a ser más agradable y llena de sentido, porque realmente sentimos el amor y la alegría en nuestro ser. Este hecho, en parte, proviene del estado de honestidad que requiere el proceso real.

Tanto el amor como la alegría han sido subvalorados por las experiencias en este mundo que nos lastiman. Estas experiencias han estropeado la habilidad de ocuparnos de nuestro dolor. Cada vez que has sido rechazado, tu amor propio se ha escondido cada vez más dentro de ti. «Ser como un niño pequeño», dijo Jesús, es ser como el más alto de los seres. Ser como el más alto de los seres es vivir en permanente estado de amor y de alegría, lo cual equivale a tu estado natural como ser humano.

¿Pero cómo se puede alcanzar de nuevo el estado natural de ser humano? ¿Realmente has perdido contacto con ese estado? Muchos de nosotros, hasta cierto punto, lo hemos hecho en diferentes momentos de nuestra vida. ¿No has añorado, alguna vez, experimentar algún momento que haya ocurrido en tu pasado? ¿Desearías que ese estado regresara algún día a ti, como si se tratara de una oportunidad? ¿Acaso estás conforme con dejarlo todo en manos de tu destino y no saber nunca hacia dónde te llevarán mañana los vientos de la vida?

Considera la posibilidad de que podrías vivir una vida impregnada de alegría y amor, sentimientos que hacen la vida verdaderamente importante. ¿Qué podrías hacer para conseguirlo? Este libro contiene la manera de lograr este estado de un modo firme y consistente. Ya no seguirás siendo espiritual porque vayas de acuerdo con tu religión, sino porque realmente estarás sintiendo el amor en tu interior. Como han dicho los antiguos inspirados por los ángeles: «El hombre se conoce a sí mismo». Esta afirmación es tan verdadera hoy como lo fue hace milenios.

Los arcángeles Miguel, Rafael, Gabriel y Uriel han inculcado su sabiduría y su amor para la humanidad en las páginas de este libro y nos muestran de nuevo el camino hacia nuestro corazón. El regalo de los arcángeles llega en el momento en el que más lo necesitamos. Debemos agradecerles a los arcángeles su ayuda y orientación.

## El plan de los arcángeles

El plan de los arcángeles para salvar a la humanidad es un proceso. Éste fluye a través de las energías divinas de los cuatro arcángeles. Cada uno tiene un propósito y unos poderes específicos para conseguir la iluminación angelical.

Los arcángeles son conocidos con diferentes nombres en las diversas religiones del mundo. Este libro se refiere a ellos con los nombres que les han dado los cristianos del mundo occidental. En resumen, los cuatro arcángeles, su principal poder, su propósito primordial y sus segmentos para desarrollar su proceso en particular, están explicados a continuación. Cada arcángel será detallado en las secciones dos a cinco.

| Arcángel | Propósito | Poder principal | Proceso |
|---|---|---|---|
| San Miguel | Verdad, honestidad, justicia | Visión | Entendimiento |
| San Rafael | Curación, totalidad, aceptación | Sentimiento | Expresión |
| San Gabriel | Fortaleza, constancia, compromiso | Acción | Realización |
| San Uriel | Amor, belleza, conocimiento | Ser | Apreciación |

A través de la orientación de cada uno de los cuatro arcángeles, nos sentimos motivados para emprender un viaje. Este camino culmina en un máximo conocimiento de nosotros mismos y de nuestra espiritualidad. De manera seguida y en ocasiones concurrente, cada uno de los arcángeles introduce en nuestro caudal de energía una vibración particular. Esta vibración nos ayuda a desplazarnos dentro de unos nuevos ciclos y dentro de unos nuevos patrones de energía. Estos nuevos modelos nos presentan las oportunidades para escoger otros ciclos de experiencias. Estos ciclos, a su vez, acelerarán nuestro crecimiento a través de la educación de nuestro ser en el arte de vivir.

Cuando, de buenas maneras, dejamos que se vayan los patrones viejos y curamos las heridas del pasado, empezamos a darnos cuenta de lo que estuvimos haciendo antes y que no era realmente *vivir,* era simplemente existir. La diferencia que existe entre vivir y existir radica en que al vivir se establece un propósito.

A medida que el plan de sanación de los arcángeles empiece a trabajar en nuestras vidas, empezaremos a recibir los destellos de pureza y luz que llenarán nuestro corazón de alegría y motivación. Cuando las nubes desaparezcan y el sol permita que sus rayos calienten nuestro cuerpo después de haber padecido durante los días fríos, a partir de ese momento los rayos de la energía divina calientan nuestras almas, mientras que observamos los destellos de nuestra inocencia infantil que llevamos dentro. El plan de sanación de los arcángeles es, por encima de todo, un método utilizado para procesar nuestras experiencias diarias de manera que permita que nuestro corazón esté abierto a la pureza y a la inocencia divina. Éste es nuestro estado original.

## Tanto dentro como fuera

Este mundo es un laboratorio del alma. Nosotros hemos venido a la tierra para crecer a través de la experiencia en los mundos de la materia, de la energía, del espacio y del tiempo. Parte de lo que aprendemos aquí es cómo procesar efectivamente las experiencias que ocurren en nuestra vida. Este propósito es doble. En primer lugar, procesamos para aprender de las experiencias y para integrar sus conocimientos dentro de nuestro ser. En segundo lugar, procesamos con el fin de permanecer en contacto con nuestra conexión con lo divino y a ese caudal de vida conocido como el Espíritu Santo.

Para crear un cambio, necesitamos identificar los patrones inconscientes que han llegado a convertirse en una parte de nosotros. Esto nos exige hacer un análisis honesto de lo que es nuestra situación de vida actual. Después debemos expresar cualquier sentimiento no aclarado generado durante el pasado, mientras que nos convertimos en lo que somos ahora. Posteriormente, la expresión se transforma en aceptación de las experiencias como un todo y, finalmente, se origina la liberación del ciclo de la experiencia como conocimiento, el cual ha sido integrado dentro de nuestro ser consciente con el fin de utilizarlo en esta vida.

Una vez que hayamos escogido hacer hincapié en el entendimiento de las influencias que han llegado a configurar nuestra vida, entonces estamos avanzando en el viaje, el viaje hacia nosotros mismos. Nuestro entorno es una pista vital para lo que nosotros somos. A medida que procesamos nuestras experiencias en el presente, a través de la visión de nuestras circunstancias actuales, estamos avanzando en nuestro viaje hacia el pasado. A lo largo del camino, guiados por los cuatro arcángeles, encontramos heridas no resueltas que deberían ser revisadas, entendidas, expresadas, aceptadas y liberadas. Cada paso nos va sumergiendo más profundamente en la fuente de todo, hacia el actual amor divino, hacia nuestra conciencia y, posiblemente, hacia los secretos de la vida y del universo.

Este libro es un compañero. En él, cada arcángel, empezando con san Miguel, te ayudará con su respectiva área de responsabilidad. Los arcángeles lo hacen con el conocimiento, entendimiento y amor que profesan hacia la humanidad y hacia ti. Sus métodos son siempre curativos y apoyan todos los aspectos del ser, incluyendo al ser básico-subconsciente y las sombras que se esconden dentro de éste. Se comunican con nosotros por medio de los sueños, las intuiciones, las percepciones directas, las visiones y los mensajes canalizados.

Hemos descubierto que el proceso de iluminación angelical no existe sin dolor. Pero recuerda que ese dolor no proviene de los arcángeles ni del proceso de iluminación como tal, sino que proviene de las experiencias de tu vida, esas que ahora estás enfrentando de manera cierta y honesta, con el deseo de aprender y crecer.

El plan de curación de los arcángeles para la humanidad es sublime en su simplicidad. Por medio de la aplicación consistente de varias metodologías y del deseo de ser, se puede alcanzar el estado de iluminación angelical. El plan se va realizando a su propio ritmo y decisión. No necesita grados ni certificaciones; tampoco necesita procesos de iniciación ni rituales secretos.

Lo único que el plan de los arcángeles necesita de ti es tu honestidad, aceptación, compromiso y amor. Estos atributos, por la gracia de Dios, se encuentran dentro del ser que habita en ti mismo. A medida que aprendas las técnicas de la iluminación angelical y empieces a aplicarlas en tu vida, inclusive de las maneras más sencillas, empezarán a darse muchos cambios dentro de ti. Mientras que esos cambios ocurren en tu interior, también empezarán a cambiar las decisiones que tomes en relación con el mundo que te rodea. Tanto por dentro como por fuera. El acto de amor propio que tú te demuestras a ti mismo se convierte en un acto de amor hacia toda la humanidad. De esa manera, estás viviendo en el microcosmos y en el macrocosmos simultáneamente. Entonces has alcanzado el estado de equilibrio del que hablaba Buda y, por lo tanto, vives en el estado de compasión del Cristo.

La honestidad, a la cual hacemos alusión aquí, se refiere al hecho de conocerse uno mismo. La aceptación se refiere a la definición verdadera de desprendimiento, lo que significa aceptar la realidad de cualquier situación y de las circunstancias a medida que se vayan presentando en el aquí y en el ahora. Compromiso significa girar en la esquina de la complacencia. Es decir, tomarse el tiempo necesario para recordar las prioridades de nuestra vida y motivarnos para continuar con la misión de nuestra vida. Finalmente, el plan de los arcángeles necesita de tu amor. Este aspecto divino florece dentro de ti, crece sin detenerse a medida que vayas alcanzando el estado de iluminación angelical.

Ahora bien, todo esto puede parecer una gran cantidad de trabajo, más aún, como un trabajo en sí mismo y, de hecho, lo es. Ahí es donde aparece en escena el compromiso. Pero descubrirás que, al empezar el proceso de autodescubrimiento, la vida se convierte en algo lleno de cosas maravillosas. Ahora has iniciado el proceso para recuperar tu herencia espiritual. Lo hermoso de este proceso es que, finalmente, puedes ser ¡tú mismo!

***No confundas el hecho de liberar tus problemas con el de liberar tu voluntad o con la aceptación de lo absurdo. Perdónate y acéptate a ti mismo. Regresa al pasado para descubrir la razón por la cual escogiste el camino que escogiste.***

# 2

# Un mensaje de los cuatro arcángeles

## ¿Qué es el plan de sanación de los arcángeles?

Al igual que los hombres y las mujeres del mundo físico, eres guiado a buscar el placer y a evitar el dolor. Tu naturaleza es el sentir. Ignorar tus sentimientos es negarte a ti mismo, y negarte equivale a encubrir tu dolor para descubrirlo después. Ignorar tus sentimientos es negar la experiencia que has escogido, lo cual equivale a ser deshonesto contigo mismo.

Por el contrario, si escoges revelar tus sentimientos, vas encarrilando tu vida en el camino de la honestidad. Te arriesgas a cambiar las situaciones en que te encuentras de la mejor manera. Si ése es el camino que escogiste, entonces habrás escogido la opción para vivir una vida plena de descubrimiento, de emociones, de maravillas y de paz.

El amor en sí mismo no está destinado para usarse como una venda para cubrir tus heridas; más que eso, es el agua de la vida con la cual limpias tus heridas. Limpia tus heridas con el agua del amor, con la clara luz del ser. Entonces verás todo lo que brilla a tu alrededor y además todo lo que se halla dentro de tu ser.

Encontrarás que el amor es el atributo de estar en completa honestidad total contigo mismo, Las armonías de la honestidad harán resonar la luz del ser divino. La conciencia consiste en la realización inmediata de la fuerza de la vida. Ésta es, en parte, una conciencia del medioambiente en el que existe ahora y de los mundos que escogiste como lugares para colocar toda tu atención en este momento. Cambiando tu actitud, cambias tu destino.

Los ángeles no son vendajes para cubrir tu dolor. El propósito que ellos tienen no es el de actuar como escudos para que te escondas detrás de ellos. Tampoco son una herramienta para controlar a los demás a tu voluntad. Los ángeles son mensajeros de Dios y facilitadores de la sanación y el crecimiento. De igual manera, no encontrarás paz en este mundo si no encuentras paz en tus decisiones. No vas a ser capaz de dar paz en este mundo si antes no te limpias a ti mismo con el agua de la vida, del amor. Al utilizar las armonías de la honestidad para permitir que lo más sublime de tu ser brille por encima y a través de ti, brindarás paz al interior de la manifestación y tomarás tus decisiones más a partir de la claridad que a través de la confusión.

Nosotros, los cuatro arcángeles, hemos traído este plan de sanación para la humanidad motivados por el amor que sentimos hacia la especie humana. Hemos decidido darle continuidad al modelo de la honestidad, enviando las corrientes del amor consciente a través de todos los mundos de Dios.

El plan de sanación te invita a que sigas el camino de tus deseos para encontrar la verdad de tu propio ser. Desear es la fuente de todo crecimiento. Ésta es la única posición desde la cual los hombres y las mujeres pueden conocerse entre ellos mismos. Conocerte a ti mismo es conocer tu propio ser. Éste es el punto de iniciación para cualquier cosa que quieras hacer.

Los ángeles y los arcángeles han decidido compartir este mensaje contigo. Ahora es tu oportunidad para escoger las armonías de la honestidad para enfrentar las fantasías que has levantado, como si fueran barreras protectoras, y para curar tu corazón con la claridad de la visión y con la luz pura del ser.

Dios es el único iniciador, es la causa primera de la cual han florecido todas las cosas de la vida. Las manifestaciones de Dios, la primera causa y los ángeles están todos a tu alrededor. No es el hombre el que inicia. Tú no necesitas que ningún ser conecte tu corazón con el corazón de Dios. Ya estás conectado al Creador, corazón con corazón, en energía pura más allá de todos los conceptos y de todas las medidas.

Dios es la fuerza que ilumina el universo con el amor y con el ser. El plan de los arcángeles te hace un llamamiento vehemente para curar con el agua de la vida, del amor. Esto significa que debes limpiar tus heridas y vivir con la maravilla del niño que hay dentro de ti.

Dios es la energía pura que vibra en tu alma, la que palpita dentro de ti con cada latido de tu corazón, la que construye y transmuta los mundos, las formas y las sustancias. ¿Qué es esa voz que sientes dentro de ti? Esa voz es tu más profundo ser. El yo que todos llevamos dentro. El plan de los arcángeles te da las instrucciones necesarias para que te conectes con tu más profundo ser, mediante el seguimiento del camino de tus deseos hacia la fuente de tu dolor y para curarte con el agua de la vida, del amor.

La sabiduría que proviene del estudio de los arcángeles está reflejada en un entendimiento profundo del designio universal de la vida. Éste, a su vez, viene con un compromiso de tu parte relacionado con tu total honestidad y con el hecho de confiar plenamente en el Creador de la manera que lo haría un niño.

El designio de tu naturaleza, ya sea como hombre o como mujer, es el de florecer con la energía del universo de Dios. No existe un estado estático de verdad. Todas las cosas siempre están en permanente movimiento y en continua vibración. El llamamiento de tu alma es para que nunca te detengas; para que nunca vayas a sentirte separado del Creador divino.

El secreto de la existencia de Dios radica en la *dualidad* del mundo en el cual vives. Cualquiera de vosotros, de los que pudierais intentar descubrir este conocimiento, debería empezar, en primer lugar, con sus propios deseos. Entonces los vas a seguir con el fin de encontrar tus motivaciones verdaderas. Los ángeles te piden de nuevo que examines tus valores y tus sistemas de creencias si en realidad deseas alcanzar el estado de la iluminación angelical.

Los sistemas de creencias únicamente son fragmentos de Dios, entendiéndolo como un ser completo. Tú puedes aprovechar todos sus beneficios. También puedes aprender acerca de lo que crees y descartar determinadas creencias a medida que vayas aprendiendo más. Primero se vive y después se crece. Primero debes amar y luego empiezas a conocer.

El plan de sanación de los arcángeles explica que tienes libertad de decisión, de hecho, siempre has sido libre. En el momento en el que decidas procesar tus experiencias como te hemos indicado, permitirás el flujo del Espíritu a través de tu cuerpo, sin ningún tipo de impedimentos que puedan surgir de las restricciones provenientes de los temores que puedan existir dentro de ti.

Dios es una energía combinada de diversas maneras por tu experiencia y placer. Si no deseas creer en algo, primero debes descubrir cuáles son tus creencias y después entender la forma en la que se fueron configurando.

Según el momento, las creencias se basan en la fe. En otro momento se basan en pruebas. En el fondo, las dudas se basan en supuestos. Estos supuestos, a su vez, se basan en tus experiencias, y en la parte más alta de sus experiencias, tú creas los supuestos acerca del ser divino de Dios.

Sin embargo, tus supuestos no afectan la realidad que es, sino que afectan únicamente la realidad de la que eres consciente. Si deseas vivir una vida de suposiciones, entonces pregúntate por qué razón escogiste la encarnación como una forma de experiencia. ¡Los mundos en los que vives son creados para que vivas en ellos justo ahora!

Procesa tus experiencias ahora. Tú esperas porque sientes que podría sufrir más dolor al procesar tus experiencias que al ignorarlas. Pero estás olvidando el significado real del karma. El alma escoge el ciclo de la experiencia.

Los arcángeles desean que desafíes a la vida y a ti mismo. Levantarse y desafiar los elementos. Cuestiónate, investiga y crece. Nosotros creemos en ti y confiamos plenamente en la santidad de tu corazón. Nosotros somos invisibles ante los ojos del cuerpo, pero no lo somos ante los ojos del alma, que se mueve en la verdad.

La verdad es todo aquello que abarca la totalidad de cada una de las cosas. Una vez que intentes definir la naturaleza de Dios, te separarás de aquel todo. ¡Detente! ¡Aprende! ¡Escucha! Es el señor el que te da la vida. Ven y vívela de nuevo. Levántate en contra del yugo de la complacencia, del yugo de la mediocridad, del yugo de la desmotivación y llénate de poder para completar tu propósito y tu misión sobre la tierra.

Nosotros te enseñaremos cómo procesar tus experiencias. Con esta habilidad, descubrirás que éstas van adquiriendo más vibración y más luz. Entonces empezarás a sentir cómo te vas llenando con la paz de la energía divina que corre en libertad.

La sabiduría, el poder y el amor son tuyos; no están fundamentados en ninguna clase de membresías, ni en organizaciones secretas ni no secretas; ni se ofrecen a través de procesos de iniciación controlados y a partir de situaciones externas, ajenas a tu propio ser. La sabiduría, el poder y el amor son tuyos, porque tú decidiste reconocerlos y aceptarlos, también porque te has quitado tus máscaras y te has despojado de las barreras protectoras que te mantenían alejado de esos atributos divinos.

La aceptación es un paso hacia la integración consciente con el Espíritu. ¿Por qué otra razón viniste a la tierra a experimentar si no fue para aprender? Si decides no procesar tus experiencias, pierdes todos los beneficios que éstas te ofrecen. ¿Estás seguro de que ése es tu deseo? ¿Acaso no te amas lo suficiente, como sí lo hacen los ángeles?

Desear es la fuente de todo crecimiento y está estrechamente ligado con el experimentar el mundo terrenal. Al romper con el lazo de tus condicionamientos, puedes llegar a adquirir conciencia de aquello que siempre ha existido. La duración de la paz y de la felicidad depende de ti en la medida en que vivas en la pureza de la verdad del ser; la verdad de vivir en el presente de lo que realmente estás sintiendo: el amor y el odio, la rabia y la paz, el dolor y el placer. Entender tus motivaciones, descubrir tus propios valores y descubrir la razón por la cual crees en lo que haces es de suma importancia.

Lo esencial del plan de los arcángeles es explorar las emociones que sientes y luego aprender a verificarlas apropiadamente. Es importante notar que las emociones se te han dado no como un obstáculo, sino como una herramienta valiosa para aumentar tu experiencia en los mundos que has escogido para habitar.

Los ángeles enseñan que no existen emociones correctas ni equivocadas. Simplemente existen emociones. Lo que sientes en una situación no es otra cosa diferente a tu sentimiento. Tú puedes sostenerte de la energía de la emoción y seguir la cadena de energía hasta lo más profundo de la fuente.

En la raíz de la emoción encontrarás el más grande de todos los aprendizajes y la parte más cariñosa de tu propio ser, con la cual debes de haber perdido el contacto consciente. La raíz de la emoción te conducirá a otras causas y verás los patrones que han configurado tus valores y tus creencias, las cuales, a su vez, han reducido las posibilidades de tus experiencias disponibles al enfocar tu atención tan sólo sobre una pequeña astilla de la creación.

¡Te invitamos a empezar a transitar por un camino de honestidad interior al enfrentar tus miedos más profundos! En tu corazón reposa la verdad, está oculta detrás de las paredes del miedo. Nosotros, los cuatro arcángeles, enviamos nuestro amor hacia ti con el fin de llenarte de poder para que tú mismo te ayudes.

Encuentra la paz, el entendimiento y el valor necesario para vivir tu vida con la verdad, la honestidad y la apreciación de todas las cosas.

En la luz y el amor del Creador, siempre estamos contigo.

–Miguel, Rafael, Gabriel y Uriel

***No existen las pruebas,***
***únicamente existe la experiencia,***
***la creencia y la fe.***

# 3

# Los cinco segmentos del ser y las siete claves para el autoconocimiento

Para un mejor entendimiento, hemos dividido la integridad humana en cinco segmentos: el ser del alma, el ser superior, el ser emocional, el ser básico-subconsciente y el ser consciente-intelectual. Por medio de la integración de cada uno de ellos, en plenitud de conciencia, empezaremos a ganar cada una de las siete claves del autoconocimiento. Hemos seguido la observación de los antiguos y hemos venido a «conocernos a nosotros mismos».

## Los cinco segmentos del ser

1. El ser del alma
2. El ser superior
3. El ser emocional
4. El ser básico-subconsciente
5. El ser consciente-intelectual

### *Segmento uno. El ser del alma: Átomo indestructible de Dios*

El alma es el componente clave del ser. Es eterna y está compuesta del espíritu puro. El alma tiene su propia identidad y propósito en su elección para extenderse a sí misma dentro del mundo de las encarnaciones para experimentar. Cuando todo el ser se encuentra integrado, existe un estado de infusión del alma dentro del individuo. Algunas veces se confunde el ser interior con el ser del alma. El ser del alma es esa voz espiritual que existe dentro de ti y que lleva una vibración de un amor inmenso y de bienestar. No conoce el miedo, ni el hambre, ni la oscuridad ni la decadencia.

Como parte de Dios, el ser del alma tiene libre voluntad para explorar los mundos del espíritu y los mundos de la materia. Se ha dicho que el ser del alma puede tener múltiples existencias simultáneamente en una multiplicidad de mundos, tanto físicos como no físicos. Por lo tanto, al alma le es posible adquirir experiencia de diversas encarnaciones al mismo tiempo. El ser consciente no se da cuenta de estas otras personificaciones, tampoco es necesario que lo sepa.

### *Segmento dos. El ser superior: Nuestra fuente del saber*

El ser superior es un depósito de experiencias terrestres entresacadas de las innumerables entradas sensoriales del hombre como ser. Para satisfacer por completo el propósito del alma para esta vida, nosotros, con la mente consciente, intentamos conectarnos a la sabiduría del ser superior y recurrimos a ese conocimiento para ayudarnos en nuestra vida cotidiana.

Nuestro ser superior se puede alcanzar a través de la meditación y de la facultad de la imaginación que Dios nos ha dado. El ser superior es una vasija de espíritu que almacena la sabiduría obtenida en el transcurso de nuestras experiencias de la vida. El ser del alma hace girar al ser consciente, a la personalidad, dentro de la existencia en los mundos físicos de la materia, de la energía, del espacio y del tiempo. El ser superior actúa como conducto entre el ser consciente y el ser del alma.

### *Segmento tres. El ser emocional: Guía hacia la verdad*

Nuestro ser emocional intenta darnos la orientación necesaria en forma de pistas a partir de nuestras experiencias cotidianas en el trabajo y en la casa, con los compañeros del trabajo o con nuestros seres queridos. Al aprender a entender y a trabajar permanentemente con el ser emocional, podremos evitar que el ser básico tenga que trabajar en exceso en sus intentos por alcanzar nuestro ser consciente.

Con frecuencia calumniado por muchas personas como algo negativo, el ser emocional es un componente clave del ser humano integrado, el cual desarrolla una función muy real y necesaria. Nos dice en qué momento necesitamos actuar y nos indica la dirección hacia la sanación. Ignorar sus mensajes equivale a perder claves vitales para mantener el corazón y la mente abierta al Espíritu Santo en el amor y en la buena voluntad.

La habilidad de sentir las emociones experimentadas por el ser emocional es una facultad que Dios nos ha dado, con una importancia similar a la de la imaginación, la cual, cuando es entendida por el ser consciente-intelectual, se ve como una herramienta invaluable a la hora de vivir nuestra vida con un corazón abierto.

### *Segmento cuatro. El ser básico-subconsciente: El niño que llevamos por dentro*

Al mismo tiempo que nuestro ser consciente está esforzándose para conseguir el equilibrio entre todos los factores de la vida moderna, constantemente estamos recibiendo impulsos de nuestro ser básico (el ser subconsciente). Estos impulsos vienen en forma de sentimientos fuertes, de deseos instintivos y de sueños.

La sombra del ser forma parte de nuestro ser básico. Es esa parte de nosotros que estuvo brillando y se convirtió en oscuridad con el fin de servir para nuestro propio desdoblamiento. Ésta es la parte dolorosa a la cual ya no necesitamos proteger. Las sombras interiores pueden ser llevadas de regreso a la luz cuando estimemos que están curadas y liberadas.

El ser básico está relacionado con la supervivencia. Nos referimos a la supervivencia física, emocional e intelectual. Algunas veces es primitivo en sus imaginaciones. Nosotros lo aceptamos y honramos por la valiosa función que nos brinda –conexión con el mundo y con los elementos de la tierra, el aire, el agua y el fuego– y nuestra permanente supervivencia en este mundo.

El problema aquí es que el ser básico por sí solo no está equipado con los componentes necesarios para juzgar con exactitud las experiencias del ser consciente. Cuando, predominantemente, reaccionamos hacia la vida a partir del ser básico, nuestras acciones son exclusivamente de supervivencia. Este instinto de supervivencia obviamente tiene un propósito –el bienestar físico y psicológico son necesarios para existir en el plano físico y para interactuar con el medioambiente–, pero el ser básico lleva el control, estaríamos corriendo el riesgo de hacer retroceder nuestra existencia al plano del reino animal.

Ningún estado de conciencia es permanente en el sentido de que debamos permanecer en él de manera indefinida. La energía del universo es fluida y dinámica. Nosotros estamos en el mar de la energía de Dios. Si nos encontramos atascados o anclados a un patrón o a una experiencia que nos ha resultado intolerable, entonces existe una ayuda. Normalmente puedes ayudarte a ti mismo a salir de algún patrón o modelo no deseado a través del uso de una o más metodologías de las que aparecen descritas en este libro, particularmente la técnica LEARN presentada en el capítulo 15.

### *Segmento cinco. El ser consciente-intelectual: Despertar de la personalidad*

El ser consciente es el estado con el que más fácilmente podemos identificarnos. Éste es el despertar de la personalidad por medio de la cual el mundo nos conoce. Es además el modelo del alma por el cual esta vida ha permanecido trabajando en sí misma dentro de los mundos materiales. Recuerda que el ser del alma hace girar a la personalidad dentro de los mundos terrenales. Esa personalidad es la mayor parte del despertar del ser (el ser consciente).

La personalidad está constituida por nuestros valores, gustos, aversiones y por las actitudes generales en relación con diversos aspectos (nuestras creencias). Está construida por factores ambientales que han ido apareciendo a medida que hemos ido creciendo, así como también por factores hereditarios genéticos. Ambos factores forman parte de la estructura del alma cuando hace girar la personalidad dentro de la existencia. Con el fin de mover al ser consciente hacia las áreas de experiencia que se deseen, el ser del alma confecciona la encarnación del ser consciente.

Mientras que nosotros, el ser consciente, aprendemos más sobre nuestras características y sobre los cinco segmentos del ser, empezamos a alinear nuestro propio ser hacia el Espíritu Santo y hacia nuestra misión en la vida. Llegamos a entender y a integrar los patrones de alma para esta vida. Entramos en el estado de infusión del alma, en donde permanecemos vivos con la energía divina en todos los segmentos del ser.

## Las siete claves del autoconocimiento

Además de entender los cinco segmentos del ser, necesitamos estudiar las siguientes siete claves del autoconocimiento. Al observar la información que aparece cuando nos enfocamos en cada una de las claves, estamos ganando un mayor nivel de conciencia y el entendimiento de nuestro proceso interno. Las siete claves del autoconocimiento son:

1. Entender tus sueños
2. Entender tus sentimientos
3. Entender tus patrones de pensamiento
4. Entender tu cuerpo
5. Entender tus deseos
6. Entender tu sombra interior
7. Entender tu mortalidad

### *Clave uno: Entender tus sueños*

Los sueños, algunas veces, contienen mensajes provenientes del ser básico. Estos mensajes están en la dirección del ser del alma. En otras ocasiones, los sueños contienen información proveniente de la fuente de la sabiduría del ser superior. Cuando llegamos a comprender nuestros sueños, logramos un conocimiento interno y experimental acerca de cómo opera nuestro ser básico para darnos información significativa de nuestra vida.

Las experiencias relacionadas con los sueños, tal como se explica en el capítulo 4, resultan ser tan válidas como las experiencias de nuestra vida cotidiana. Es justamente en el momento de procesar nuestras experiencias –ya se traten de sueños o de cualquier otra índole– cuando ganamos percepción y sabiduría.

¡El primer paso para entender tus sueños es recordarlos! Si tienes dificultad para recordar tus sueños, asegúrate primero de que estás descansando lo suficiente. Si esto no te ayuda, trata de cambiar tu posición para dormir, coloca la cabeza al norte y los pies en dirección al sur. Experimenta hasta que puedas tener acceso al recuerdo de tus sueños. Permanece en la cama durante un momento al despertarte. Recordar tranquilamente puede ayudarte a hacer un viaje retrospectivo y a acordarte del sueño. Con frecuencia, evocar un detalle del sueño desencadenará más recuerdos localizados dentro de ti. La simbología de los sueños está estudiada y se discute con más detalle en el capítulo 27.

### *Clave dos: Entender tus sentimientos*

Los sentimientos y las emociones han influido en hombres y mujeres desde el principio de los tiempos. A muchos de nosotros nos han enseñado (especialmente en algunas de las tendencias que existen de «la nueva era») que nuestras emociones son negativas y carecen de espiritualidad. El Círculo de Iluminación Angelical enseña que todas y cada una de las partes de nosotros mismos (los autosegmentos) son partes santas, dignas de todo honor y de total respeto. El respeto se produce cuando enfocamos nuestra atención en cada uno de los autosegmentos con el deseo de aprender, crecer y aceptar cualquier cosa que se nos revele.

La primera clave para entender tus sentimientos es reconocerlos. Tan simple como eso, muchas veces fallamos cuando debemos reconocer y aceptar nuestros sentimientos porque nuestra mente condicionada tiene miedo de que esos sentimientos no sean espirituales o de que podamos perder amor si llegamos a reconocerlos.

Reconocer nuestros sentimientos no significa trasladarlos a alguien más. Con mucha frecuencia es aconsejable «procesar» antes de hablar.

De esta manera puedes formular tus respuestas de forma que estén de acuerdo con lo que comunicas adecuada y positivamente del estado que estás experimentando en ese preciso momento.

Como se presenta en el capítulo 28, «Una guía para las emociones», los sentimientos y las emociones pueden ser agrupados dentro de dos áreas básicas:

1. Sentimientos que reflejan una aceptación de amor.
2. Sentimientos que reflejan el temor de la pérdida del amor.

Practica la identificación de lo que estás sintiendo y trabaja hacia el descubrimiento de los elementos más profundos de estos sentimientos. Por ejemplo, trata de minimizar la emoción de la rabia. Es muy normal que resulte ser algo doloroso o que incluso te sientas herido. Puedes seguir el camino de la emoción inicial hasta llegar al sentimiento en el que nace, ese que existe en el centro de tu corazón.

### *Clave tres: Entender tus patrones de pensamiento*

Se dice que los pensamientos son como si fueran cosas. Esto significa que lo que concebimos como pensamientos en las energías mentales, finalmente influencia nuestras acciones físicas, lo cual después va a afectar las formas materiales y las sustancias que existen dentro de nuestro mundo.

Entender los patrones de pensamiento es, quizás, una de las siete claves más difíciles para descubrir y entender. Esto es así, principalmente, porque debemos utilizar los procesos de pensamiento para intentar comprender éste en sí mismo y los patrones o modelos que lo crean.

Uno de los métodos de entendimiento de los patrones de pensamiento es observar detenidamente las condiciones y situaciones de vida. De una u otra forma, los patrones de pensamiento han tenido influencia en la generación de las condiciones. Por supuesto que existen muchísimos más factores que afectan nuestras condiciones de vida. El factor externo más importante es la forma en la que los patrones de pensamiento de otros seres y sus acciones físicas influyen en nuestra vida. Aunque eso es importante, necesitamos enfatizar específicamente sobre nuestros propios patrones de pensamiento. Al modificar nuestros patrones de pensamiento, nuestras acciones también empiezan a cambiar y, en consecuencia, el mundo a nuestro alrededor reacciona ante el cambio de ritmo en nuestras energías y éstas empiezan a cambiar también.

Otro método para alcanzar el entendimiento de los patrones de pensamiento es hacerle una pregunta al procesador de pensamiento (es decir, a tu mente) y esperar la respuesta. Los procesos de pensamiento gustan de «hablar» internamente. Por ejemplo, pregúntate a ti mismo: ¿por qué tuve ese pensamiento? o ¿por qué tomé esa decisión? –u otras preguntas expresadas de modo que conlleven a una respuesta constructiva–, después, espera una respuesta. Notarás que rápidamente recibirás como respuesta un «proceso de pensamiento».

Algunas veces, las respuestas serán completas; otras veces necesitarás hacer más preguntas. Como ha dicho Cristo, «pedid y recibiréis», por lo tanto, tú también puedes aplicar esa frase a tu propio ser. Pregúntate a ti mismo y acepta las respuestas que recibas no como si fueran la verdad absoluta, sino como pistas profundas para descubrir los misterios de tu ser.

### *Clave cuatro: Entender tu cuerpo*

Nuestro cuerpo como materia física son formas y sustancias que existen en el mundo material. Como formas y sustancias, son extensiones y patrones de pensamiento. Como tal, nuestro cuerpo ha sido proyectado dentro del mundo a través de las energías de pensamiento creativo para experimentar y ganar sabiduría. Respetamos el templo de nuestro cuerpo por la habilidad que nos da para experimentar la alegría de la vida, así como también las penas, para aprender, apreciar y crecer.

Escuchar a nuestro cuerpo también puede ayudarnos en nuestra salud básica. Por ejemplo, algunas personas tienen reacciones alérgicas frente a diferentes alimentos. En otra forma menos violenta, pero no por eso menos real, las comidas y otras sustancias afectan nuestra habilidad para concentrarnos y enfrentar la vida de manera más positiva.

Cuando prestamos atención a nuestro cuerpo, aprendemos cómo las diferentes sustancias afectan nuestra personalidad. Entonces podemos escoger entre usar o evitar estas sustancias para crear, aumentar o evitar un estado específico del ser.

Una manera de entender mejor tu cuerpo es limitar temporalmente su funcionamiento. Por ejemplo, trata de no utilizar las manos durante una media hora. Después, escribe tus pensamientos y tus sentimientos de acuerdo a lo que hayas experimentado. El capítulo 25 te dará algunas sugerencias específicas en esta área, las cuales podrás ensayar. A medida que aprendas a apreciar los dones divinos de tu cuerpo, lo verás no como una limitación, sino como una ventaja valiosa con la que experimentas el mundo terrenal.

### *Clave cinco: Entender tus deseos*

Se dice que los deseos son la fuente de todo dolor, pero cuando los honramos y los entendemos como un componente del autoconocimiento, descubrimos que representan una de las claves más útiles para centramos en nuestros asuntos más importantes.

Los deseos llegan como sentimientos fuertes y poderosos que crean dentro de nosotros una energía, como una especie de adrenalina, que nos hace actuar. En ocasiones, sentimos temor de nuestros deseos porque hemos actuado previamente sobre ellos y, como resultado, hemos experimentado alguna clase de dolor. Por lo tanto, la afirmación de que «los deseos son la fuente del dolor» ha sido transmitida a través de los tiempos.

Pero si vemos nuestros deseos con anhelo de entenderlos (por ejemplo: por qué razón los tenemos en un primer lugar), entonces las energías que los componen se separan en partes más discretas. Observar las partes individuales del deseo nos ayuda a entendernos mejor. Las partes que componen el deseo son patrones de pensamiento y sentimientos. El propósito de estas combinaciones es crear un estado deseado del ser (por ejemplo: la felicidad o el compromiso). Este estado se puede alcanzar a través de cambios internos o cambios del mundo exterior alrededor nuestro.

Tus deseos son pistas poderosas para revelar los secretos de tu ser interior. La próxima vez que quieras algo, tómate un momento para localizar la parte de tu cuerpo que emana ese deseo. Ten en cuenta la vibración de ese centro energético cuando sientas ese deseo. Por ejemplo, ¿el deseo proviene el centro de tu garganta? Es posible que exista la necesidad de expresar verbalmente tu verdad. Luego, imagínate que el deseo ha sido satisfecho. ¿Qué es lo que «visualizas» como resultado de haber satisfecho tu deseo? ¿Tuviste alguna sorpresa? ¿Cómo te sientes y cuáles son tus pensamientos?

### *Clave seis: Entender tu sombra interior*

Se dice que la sombra interior es aquella «parte de la luz que se convirtió en oscuridad» para poder enseñar. La sombra interior es la parte de nosotros que teme ser rechazada y que implora la aceptación. Es la parte de nosotros que nos mueve para actuar dentro de patrones «negativos» con el fin de examinar el amor que sienten las demás personas hacia nosotros. También se conoce con el nombre de niño interior.

A medida que empezamos a mostrar amor y aceptación incondicional hacia nuestro niño interior, la conexión de sanación entre nuestro ser básico y nuestro ser consciente se olvida. Esta relación puede llegar a prosperar estimulando al ser básico para que comparta el significado de sus sentimientos más íntimos con los otros autosegmentos.

Para entender la sombra interior, imagínate que tienes cinco años otra vez. Accidentalmente, has roto el florero de cristal de tu madre, justo el que le había regalado su abuela. Asustado por la pérdida de su obsequio, ocultas los pedazos de vidrio en la esquina del armario de tu cuarto (como si tu madre no fuera a notar la ausencia de la antigüedad o como si ella no se fuera a dar cuenta del agua derramada sobre el suelo, la cual no has terminado de limpiar). ¿Qué es lo que quieres que tu madre te diga cuando encuentre los vidrios rotos? ¿Qué es lo que quieres decirle a tu madre?

Tu sombra interna es como un niño de cinco años. Se necesita cuidado y entendimiento para poder ser capaz de crecer y unir las otras partes del ser. Tú, como un ser consciente, deberías esforzarte para entender y aceptar la sombra interior. Escúchala y aliméntala con el propósito de obtener una mayor integración entre todos tus propios autosegmentos. Esto te ayudará a alinear los cuerpos interiores, los cuales, a su vez, son los que te proporcionan el poder (la habilidad) para definir, manifestar y complementar la misión de tu vida.

### *Clave siete: Entender tu mortalidad*

La vida y la muerte están tan íntimamente entrelazadas hasta tal grado que si pudiéramos llegar a entender nuestra mortalidad (la muerte), entonces llegaríamos a entender el misterio de la vida misma. Uno por uno, cada uno de nosotros perderá todas las cosas y a todas las personas que hayan sido importantes durante nuestra vida. La vida es un proceso que es indispensable definir desde el primer instante para cualquier cosa y para desarrollar las relaciones entre cada uno. Después es necesario aprender a decir adiós a todo y a todos. Cuando reflexionamos sobre esta realidad, cada momento de la vida se convierte en algo sagrado porque lo único que tenemos es el momento; en cada persona o en cada elemento de la naturaleza y en cada cosa de la creación.

Puesto que aún no existe ninguna prueba objetiva sobre vida después de la muerte, debemos decidir qué deseamos creer. Esto hace que recaiga completamente sobre nuestros hombros la responsabilidad de tomar la decisión de aceptar o rechazar a Dios (la vida eterna). Por medio del entendimiento y la contemplación de nuestra mortalidad, estamos obligados a utilizar los atributos de la fe y las creencias para determinar si nos acogemos a la idea de que la muerte nos conducirá a la vida eterna, o si equivale a la experiencia final de nuestra conciencia individual.

Al contemplar nuestra mortalidad nos sentimos motivados para vivir, aquí y ahora. Estamos energizados para escoger y llevar a cabo nuestro propósito de vida. Llegamos a apreciar la oportunidad de vivir cuando entendemos completamente que nuestro cuerpo cesará de funcionar y aceptamos la realidad de nuestra mortalidad. El tiempo de vivir es ahora, mientras estamos aquí y en plenitud de conciencia.

## El individuo íntegro: El iluminado

Iluminación. Ese estado esquivo tan mencionado sobre el cual han escrito los sabios, los místicos y los maestros durante siglos, es ahora desenmascarado para que tú puedas verlo. No se trata de una serie misteriosa de reglas y de suposiciones antiguas. Tampoco se trata de un secreto íntimo cuya enseñanza requiere de procesos de iniciaciones ni rituales. La iluminación no necesita que tengas que vivir una vida de ascetismo en la que tú mismo te niegues la posibilidad de acceder a las cosas de este mundo.

La iluminación es simplemente la aceptación y el trabajo con todos los segmentos del ser para vivir una vida basada en la verdad, la aceptación y el aprendizaje. Si logramos hacerlo, será cuestión de tiempo antes de que alcancemos el estado de iluminación, gracias al cual estamos viviendo como lo dijeron los hombres de la antigüedad: «El hombre se conoce a sí mismo».

Un individuo integrado acepta cada uno de los elementos de sí mismo como lo que son en realidad, aquí y ahora, mientras que permanecen en continuo desplazamiento hacia el propósito del alma. En otras palabras, no nos quedamos esperando a ver si empezamos a ser integrados mágicamente. Nosotros participamos en nuestra propia vida. Si sentimos que no podemos participar, entonces podemos pedir la ayuda de los arcángeles que nos dan la inspiración para empezar el proceso de integración.

Nosotros integramos los cinco autosegmentos del ser para que podamos llegar a entenderlos racionalmente y aprender a utilizarlos a diario con plenitud de conciencia. Literalmente, nos convertimos en una luz y brillamos con un amor que no conoce el fin. El entendimiento de los cinco segmentos del ser y su interacción es importante dentro del proceso de iluminación angelical. Podemos entender mucho mejor estos segmentos practicando ejercicios que nos ayudan a enfocarnos en cada uno de los segmentos. Los dos ejercicios siguientes están diseñados para proporcionarte un nivel de conciencia más amplio y directo acerca de cada uno de los autosegmentos y sus respectivos propósitos.

## EJERCICIO

### *Conectar al ser consciente con el ser del alma y con el ser superior*

Siéntate tranquilamente en tu habitación. Asegúrate de que no serás interrumpido ni molestado durante un período de varios minutos. Ahora relájate y practica unas cuantas respiraciones profundas de limpieza. Luego, empieza a contar mentalmente en orden regresivo, empezando con el número siete hasta llegar al número uno. Comienza el conteo.

En cada número haz una pausa y centra tu atención como aparece a continuación.

7... Centra tu atención en la base de tu columna vertebral. Hazlo calmadamente. Coloca allí toda tu energía de una forma muy relajada. Espera hasta que te sientas en completo equilibrio. Libera la totalidad de los indicios de energía restrictiva que puedas detectar.

6... Centra ahora tu atención sobre la parte más baja de tu abdomen. Siente una vez más la energía que se encuentra en ese lugar. Imagina la energía liberándose. Libera la totalidad de los indicios de energía restrictiva que puedas detectar.

5... Centra tu atención sobre el área ubicada ocho centímetros por encima de tu ombligo. Observa cómo la energía se va arremolinando sin ninguna clase de límites y luego se libera. Libera la totalidad de los indicios de energía restrictiva que puedas detectar.

4... Centra tu atención sobre el área de tu corazón. Siente cómo la energía te va calentando y tranquilizando. Libera la totalidad de los indicios de energía restrictiva que puedas detectar.

3... Centra tu atención sobre el área de la garganta. Deja que se relaje, Permite que la energía fluya libremente. Libera la totalidad de los indicios de energía restrictiva que puedas detectar.

2... Centra tu atención sobre el área entre tus cejas, en el punto llamado el tercer ojo. Imagínate la energía girando libremente. Libera la totalidad de los indicios de energía restrictiva que puedas detectar.

1... Concéntrate sobre la parte más alta de tu cabeza. Ábrela para recibir la energía del universo. Libera la totalidad de los indicios de energía restrictiva que puedas detectar.

Ahora imagínate que unas cintas en forma de anillos circulares se están rompiendo en pedazos a tu alrededor, desde la base de tu columna vertebral hasta la parte más alta de tu cabeza. Se liberan y caen a la tierra. Ahora, tu energía está fluyendo en forma natural y libre. La energía proveniente de ti se mueve hacia fuera en forma de ondas sobre un estanque formado por múltiples niveles.

A medida que la energía de los anillos se empieza a mover hacia tu exterior, tú empiezas a flotar hacia arriba, lentamente hacia arriba. Permítete ser tú mismo. Flote en ese caudal de energía positiva. Déjate arremolinar dentro de esa luz y siente su maravilloso poder. Después de un momento te sentirás como si fueras parte de esa misma luz. Desde esta privilegiada posición podrás ver, conocer y estar en todas las direcciones simultáneamente. Entonces estarás experimentando la visión de tu ser del alma.

A tu lado podrás ver al ser superior. Éste aparece como la fuente de la sabiduría reluciendo a tu alrededor. Perlas doradas de la sabiduría flotan sobre la superficie del zafiro. Cada perla es el destello que proviene de la luz que se refleja alrededor de ti.

Por debajo de ti verás el caudal de energía que conduce al mundo terrenal y el cuerpo en el cual habita tu ser consciente. Envías corrientes de amor en ese caudal de energía, así como también mensajes de apoyo y de orientación.

Ahora levantas una perla de sabiduría de la fuente del ser superior y la colocas dentro del caudal de energía. Ésta se va disolviendo, en pequeñas gotas de oro líquido, a medida que va viajando en el caudal de energía hacia el ser consciente.

Permaneces en este estado durante unos cuantos minutos, mientras que estás experimentando las maravillas de la luz, la sabiduría, la conciencia y el compromiso que se producen dentro de ti. Cuando ya hayas terminado, relájate de nuevo y, suavemente, permite que tu conciencia descienda de nuevo a tu cuerpo y a la tierra. Después de unos cuantos segundos abre los ojos. Respira profundamente y mueve el cuerpo. Tómate el tiempo necesario para revisar e integrar tus experiencias. También es posible que sientas deseos de escribirlas.

## EJERCICIO

### *Conectar al ser consciente con el ser emocional y con el ser básico*

Siéntate en una silla cómoda o acuéstate sobre una cama. Relájate.

Siente como la tensión de tu cuerpo va desapareciendo. Después de un rato empezarás a darte cuenta de algo que te va a sacudir la conciencia. En tu corazón, otra vez, en alguna parte dentro de ti, sentirás una insistencia. Imagina que estás girando alrededor del origen de esta insistencia, dándole la cara, enfrentándola. Entonces empiezas a caminar.

Está oscuro y tú estás caminando con la mano sobre un pasamanos en una pared o en un túnel. Sigues caminando sin estar seguro de hacia dónde va. De nuevo, sientes la suave sacudida otra vez. Después de un rato, ves una luz débil más adelante. Entonces te diriges hacia la luz a medida que continúas apoyándote sobre el pasamanos.

Mientras te vas acercando, puedes ver una puerta cerrada. Llegas hasta la puerta y te detienes. Sobre la puerta hay una aldaba de madera en forma de cabeza de león. Llevas la mano hacia la aldaba y golpeas tres veces. Después de unos pocos instantes, la puerta se abre lentamente y deja ver una escena.

Ésta es una escena que proviene del pasado de tu vida. Aparece representada para ti por parte de tu ser emocional. Puede que sea una de las heridas no resueltas que te causan remordimientos o una escena de alegría y felicidad. Caminas por esa habitación tranquilamente.

Mientras que ves la escena, empiezas a percibir una presencia detrás de ti. Te está invitando a actuar, a hacer algo. Esta presencia es tu ser básico. Sigue tus impulsos e involúcrate en la escena que el ser emocional te ha presentado. Haz parte de la escena e interactúa con todo su contenido y con sus personalidades. Hazlo durante unos cuantos minutos (siempre y cuando lo encuentres agradable).

Después de un rato, cuando consideres que ya haya sido suficiente, ofrécele una despedida a la escena. Agradece al ser básico y al ser emocional su valiosa ayuda. Luego abandona la habitación y cierra la puerta.

El camino de regreso es más fácil, mientras que sigues la luz del ser consciente de regreso a su estado de conciencia despierta. Abre los ojos y descansa durante un momento. Medita acerca del significado de esta experiencia. Éste ha sido un mensaje que te han enviado tus seres emocional y básico.

Pon en práctica estos dos ejercicios. Tómate tu tiempo para experimentarlos. Mientras que continúas en tu proceso de alcanzar el estado de la iluminación angelical, recuerda que todos los segmentos del ser deben ser integrados. Nosotros no somos un solo segmento, sino todos los segmentos al mismo tiempo. Ésta es nuestra humanidad y, en verdad, estamos hechos de una sola energía, la energía del Creador.

***Los sueños con frecuencia son la manera más práctica que utiliza el ser básico para resolver las inconsistencias que se tienen en la vida despierta, las cosas que decides no enfrentar de forma consciente.***

# 4

# Experiencias y herramientas espirituales para la iluminación angelical

Las técnicas y metodologías de la iluminación angelical incluyen los cinco tipos básicos resaltados en este capítulo, pero no se limitan a ellos. Éstos son: la oración, la meditación, la contemplación, la interpretación de los sueños, la evocación de la vida pasada y, por último, el sonido, la música y la vibración. Además de estas herramientas, cada arcángel tiene una técnica principal que aparece descrita en su sección respectiva.

Estos métodos y técnicas son como los instrumentos de tu caja de herramientas espirituales. Cada herramienta tiene un propósito para llevar a cabo una tarea. El instrumento no es el objetivo como tal. Tampoco lo es la idea de utilizarlo durante determinados intervalos o durante unos períodos especiales de tiempo.

Imagina que usas un destornillador para ajustar un tornillo que sostiene una cortina. ¿Utilizar el destornillador es la meta? ¿El objetivo es poder usar el destornillador todos los días? ¿Acaso el hecho de utilizar el destornillador te convierte en una mejor persona? ¡Por supuesto que la respuesta a todas estas preguntas es no!

Otra analogía sobre los instrumentos espirituales y sus propósitos se refiere al viaje de Día de Acción de Gracias. En este ejemplo, un hombre regresa a su casa para compartir la cena de este día con su padre, a quien no ha visto desde hace muchos años. De la misma manera que el hijo pródigo retornó a casa, así también este hombre ahora desea ver y aprender del pasado, en este caso, de su padre. Él deberá viajar por todo el país para poder llegar y celebrar el Día de Acción de Gracias.

Primero, deberá decidir qué método de viaje va a utilizar para alcanzar su meta. Puede tomar un avión o un tren. También podría tomar un autobús o conducir. En este caso, decide conducir.

Luego, decide la ruta que ha de seguir para llegar a la casa de su padre. Desdobla su mapa y encuentra que existen dos posibles rutas. Entonces consulta el parte del tiempo para saber si debería tomar la ruta del extremo norte o la ruta del extremo sur y así poder determinar a través de qué estados necesitará viajar para llegar a su destino.

Finalmente, toma su coche y empieza su largo viaje. Tres días más tarde y después de cruzar por varios estados por fin consigue su meta, la casa de su padre, y puede compartir con él la cena. Aquella reunión es de alegría marcada por la aceptación, por sentimientos profundos y el amor.

En esta analogía:

- El hombre (en este caso el hijo) nos representa a nosotros mismos.
- El vehículo (el coche) que utilizó para llegar a su objetivo representa el instrumento espiritual que decidimos usar cuando nos abrimos a la energía divina.
- La consulta del mapa y la verificación del estado del tiempo representa la mirada honesta de nuestras motivaciones y de la situación real de nuestra vida cuando vamos a empezar nuestro recorrido espiritual.
- Los estados que atravesó representan los diferentes estados de conciencia que experimentamos en el camino de nuestras metas espirituales.
- El padre representa a nuestro ser del alma y la cena representa la sabiduría del ser superior.
- La felicidad de la reunión indica que la experiencia de la infusión del alma es cuando cada uno de nuestros autosegmentos llega a alinearse con la energía divina y con el modelo de alma establecido para este lapso de vida.

Nosotros utilizamos los instrumentos en la medida en que los vamos necesitando. Ellos cumplen con su propósito y luego se colocan a un lado. Vivir nuestra vida consiste simplemente en ser. Una vez que el hombre (el hijo) alcanzó el objetivo de llegar a la casa de su padre, como lo describe la historia, no permaneció dentro de su vehículo, sino que lo colocó a un lado, mientras que disfrutaba con su padre.

Los instrumentos de la iluminación angelical nos ayudarán a realizar modificaciones y ajustes específicos en nuestro mundo interior. Nos ayudan a centrarnos en nuestras experiencias para poderlas procesar, así como en la sabiduría –las experiencias procesadas e integradas– del ser superior. Además, también nos ayudan a abrirnos a la energía de los arcángeles y de otros seres divinos.

## ¿Qué son las experiencias?

Las experiencias son las partes de la vida que transportan el sello vibracional de todos los niveles de nuestra conciencia en un momento específico. Por lo tanto, observamos que todas y cada una de las experiencias contienen el completo misterio de la vida misma.

Las experiencias pueden conducirnos a estados particulares de conciencia. Al utilizar los instrumentos espirituales, podremos alinearnos en relación con los niveles de una experiencia en particular y, por lo tanto, alcanzar su correspondiente estado de conciencia. Dentro de nosotros está la memoria y la experiencia del mundo celestial del Creador. Los estados del *ser* que se encuentran asociados con los grandes místicos del pasado y del presente son nuestros, ya que hemos experimentado tales estados y podríamos experimentarlos de nuevo.

Nosotros, como almas encarnadas, procesamos múltiples tipos de experiencias. El alma está enseñándonos constantemente no sólo durante estados de vigilia, sino también durante el sueño, mientras dormimos y soñamos despiertos. Los principales tipos de experiencias que podemos procesar utilizando la caja de herramientas espirituales de la iluminación angelical son las experiencias del presente y las experiencias del pasado, las experiencias de los sueños y las experiencias de la imaginación (cuando soñamos despiertos).

### *Las experiencias del presente*

Éstas equivalen al vivir diario. Nosotros nos esforzamos para procesar las experiencias diarias a medida que van sucediendo. Al hacerlo conseguimos detener el patrón que acumula más experiencias que se quedarían sin ser procesadas y que probablemente necesitarán una nueva revisión más tarde. Al ignorar lo que, en nuestros corazones, sabemos que podríamos estar enfrentando y resolviendo, no solamente estamos agregándole más cosas a nuestra carga para el futuro, sino que, en forma muy sutil, empezamos a limitar el presente. Esto es menos represivo que práctico. No podemos procesar todas las experiencias del presente simultáneamente. Muchas veces el procesamiento nos conduce hacia el pasado y de por sí, ésta es una situación que ocupa considerable tiempo físico. Pero podemos procesar nuestras experiencias diarias a través de la verdad reconociendo que tenemos asuntos que enfrentar a medida que sentimos las emociones que se desencadenan en nuestro interior. A partir de este punto de vista, nos esforzamos por expresar nuestras emociones de una forma saludable en lugar de reprimirlas. Una manera de estar al tanto con las experiencias diarias es usar la técnica LEARN presentada en el capítulo 15.

### *Las experiencias del pasado*

El pasado fue alguna vez el presente, como el futuro será el presente y luego será pasado. Cuando hablamos de la *experiencia,* nos referimos a un estado del ser. Este estado consiste en los exactos lineamientos mentales, emocionales, espirituales, físicos y subconscientes de la energía divina, los cuales existen en un momento determinado del tiempo.

Las experiencias no procesadas permanecen esperando para ser descubiertas y examinadas. Cuando estamos perplejos en el presente o cuando empezamos a procesar conscientemente nuestra vida presente, con frecuencia nuestra atención está dirigida hacia las experiencias del pasado. Cuando en el presente estamos confundidos por las emociones y no sabemos por qué razón estamos sintiendo lo que sentimos, ha llegado el momento de explorar el pasado para buscar una respuesta.

Nos esforzamos por procesar nuestras experiencias del pasado. Este pasado pudo haber sido ayer o hace veinte años. A medida que trabajamos para examinar nuestras respuestas en el presente, estamos inevitablemente atraídos por el pasado para buscar el origen de la experiencia. Este origen se encuentra en el lugar a donde nos condujo el camino para que lográramos llegar al entendimiento y al crecimiento. Entonces, de alguna manera, procesar el pasado es procesar el presente, ya que siempre estamos aquí y ahora. Al sumergirnos en nuestro pasado, podemos llegar a curar viejas heridas de nuestro corazón, a ocuparnos de viejos remordimientos que podamos tener y a abrazar nuestra experiencia de una manera tal que hubiéramos sido incapaces de hacerlo cuando esas experiencias ocurrieron por primera vez.

Las experiencias provenientes del pasado pueden incluir momentos de vidas anteriores. Se puede tener acceso al conocimiento proveniente de vidas pasadas y utilizarse en el presente para ayudarnos a regresar a los estados de conciencia en los cuales deseamos vivir, pero hemos olvidado cómo lograrlo. Estas experiencias son almacenadas dentro del depósito llamado ser superior.

### *Experiencias de los sueños*

Al comienzo puede que parezca extraño el hecho de ver los sueños como experiencias de la vida, pero eso es lo que son en realidad. De la misma manera que ocurre con los mensajes del ser del alma o del ser básico, son experiencias que procesamos a través de las técnicas de interpretación de los sueños. Las experiencias de los sueños son algunas veces increíbles y fantásticas. En los sueños tenemos experiencias que no podemos tener en la vida física, tales como el sueño de volar.

Los sueños también son la forma que utiliza la mente subconsciente para descansar del estrés. Los asuntos no resueltos del soñador se revelan de forma que, en muchas ocasiones, nos dejan perplejos. Además, la simbología manifestada por el soñador difiere uno de otro. En el capítulo 27 aprenderás cómo entender y descubrir la simbología de tus sueños.

### *Las experiencias con la imaginación (cuando soñamos despiertos)*

Es una de las experiencias más relajantes y preciosas que se encuentran en el recorrido que nuestro ser interior efectúa durante las horas del día. En estos sueños tenemos experiencias que se forman a partir del principio del «¿qué pasaría si…?». Otras veces nos desplazamos hacia estados de conciencia del pasado conocidas comúnmente como ensueño. Esta etapa es muy importante para nosotros. Recordar el pasado y utilizar el saber adquirido allí equivale a darle más vida al presente con la suma total de nuestro ser espiritual.

## Los instrumentos espirituales nos ayudan a procesar nuestras experiencias

Nosotros utilizamos la oración, la evocación de la vida pasada, la meditación, la contemplación, el sonido, la música y la interpretación de los sueños como métodos para alcanzar un estado de concentración que nos permita acceder al ser superior. Éste nos dispone hacia el conocimiento y nos dirige hacia el ser del alma. Una vez abiertos a estas fuentes y funcionando desde el espíritu de la verdad y la honestidad, claramente, podemos trabajar a través de nuestra experiencia e integrar sus lecciones.

### *La oración*

La oración es una forma que utilizamos para solicitar desde lo más profundo de nuestro corazón la ayuda del poder y de la gracia divina de Dios. No consideramos la oración como el camino para conseguir las cosas que queremos ni como una forma de imponer nuestra voluntad sobre los demás. La oración es una forma de comunicarnos con la parte sagrada que existe dentro de nosotros mismos.

La redacción de la oración es importante, así como las intenciones. Las oraciones de este libro, todas ellas inspiradas por los ángeles, promueven el poder individual. Las oraciones que solicitan la ayuda y la orientación en el proceso de la integración del ser están dirigidas hacia el arcángel apropiado.

Al hacer un repaso de lo que pedimos en nuestras oraciones, podemos aprender más acerca de lo que estamos sintiendo en relación con una situación o una persona en particular. El siguiente es un ejemplo de una oración de solicitud seguida por la misma petición, expresada de una manera que describe más detalladamente nuestras preocupaciones más íntimas. A medida que oramos, podemos intentar llegar de forma continua hasta la parte más profunda de nuestro corazón, con el fin de comunicar de manera explícita, tanto a nosotros como al Creador, quiénes somos y qué es lo que estamos sintiendo.

Primer ejemplo de oración: «Querido Señor, por favor, ayuda a mi hijo para que deje de actuar irresponsablemente y permítele que pare de beber».

Segundo ejemplo de oración: «Querido Señor, por favor, ayuda a mi hijo enviándole la fortaleza de tu presencia para que él pueda entender la razón por la cual no se siente capaz de controlar sus acciones. Hago esta oración para que él pueda ser capaz de enfrentar su dolor y sanar su corazón. Espero que él pueda perdonarme por el dolor que pude haberle causado. Te pido que por favor lo protejas en este momento tan difícil que está atravesando».

La siguiente oración está dirigida para uno de los arcángeles. Puedes utilizar las oraciones que aparecen en este libro o modificarlas de acuerdo a la necesidad:

Querido arcángel Miguel:

Te estoy haciendo esta oración para que me ayudes a fortalecer mi conciencia de tu divina inspiración en mi vida. Abro mi corazón hacia ti y te pido que derrames sobre mí tu divina energía. Te pido que me asistas

para remover las máscaras de mi corazón y vivir en el espíritu de la verdad, la honestidad y la justicia más y más cada día.
Te lo pido a través de la energía del Cristo universal, amén.

La oración es un camino para hablar con tu ser interior para descubrir tus deseos. Los deseos son la fuente del crecimiento. A medida que permitas que tus deseos más íntimos salgan a la superficie, intenta observarlos con una mente abierta y síguelos hasta llegar a lo más profundo de sus raíces. Con la oración podemos centrarnos en las experiencias de nuestra vida con el deseo de mejorar y crecer. Deseamos este crecimiento para nosotros, lo mismo que para aquéllos a quienes amamos y para toda la humanidad en sí misma. El Creador no necesita de nuestras oraciones. Nosotros sí. Las oraciones pueden conducirnos a un mayor descubrimiento de nuestra naturaleza divina.

### *Las interpretaciones de los sueños*

Los sueños se utilizan en el proceso de iluminación angelical principalmente por el poder de sus mensajes simbólicos de uno o más de los autosegmentos, enviados por intermedio del ser superior. Al aprender el lenguaje de los sueños podemos interpretar de una manera efectiva estos mensajes.

Los asuntos olvidados o aquellos que nos confunden son llevados hasta nuestra atención para un mejor entendimiento. Como resultado, nos concentramos en asuntos que son importantes y los resolvemos para permanecer conectados con el propósito de nuestra alma o para mantener el equilibrio emocional. Es posible recibir la orientación directa con respecto a una situación o a una relación determinada.

El entendimiento adecuado de los símbolos de un sueño es importante, por lo tanto, debemos ser cuidadosos y no racionalizar su significado. En otras palabras, no debemos permitir que la mente consciente ignore el verdadero mensaje del sueño (el capítulo 27 analiza este tema).

Ocasionalmente, podemos tener experiencias de sueños con seres del reino de los ángeles que habitan más allá del mundo terrenal. Algunas veces, estos sueños están marcados por su claridad. Comparados con estos sueños lúcidos, los otros sueños podrían aparecer como bidimensionales.

El propósito de recordar la ayuda de los ángeles tiene como fin el crecimiento espiritual. Esto se logra, en parte, eliminado los bloqueos de nuestra propia humanidad. Como el padre y la madre que ayudan a su niño a crecer y a valerse por sí mismo, de la misma forma proceden los seres angelicales que nos cuidan.

Cuando llamas a los ángeles para que te ayuden, ellos te prestan su asistencia de la manera más conveniente para tu aprendizaje y crecimiento. Un buen padre sabe cuándo intervenir para ayudar a sus hijos y cuándo retroceder para permitirles experimentar por su propia cuenta. Los ángeles hacen exactamente lo mismo.

Todas las personas sueñan. Es posible que no puedas recordar tus sueños, pero eso no significa que no los tengas. Los sueños son necesarios para nuestro bienestar físico, emocional, mental y espiritual. Hay estudios que demuestran que los individuos que se despiertan repetidamente justo cuando están a punto de entrar en el ciclo REM del sueño, manifiestan, con mucha frecuencia, síntomas negativos. Estos síntomas incluyen pérdida de peso, irritabilidad, confusión y, en casos extremos, la incapacidad para funcionar en las labores cotidianas. La interpretación adecuada de los sueños se extiende hacia la función constructora fisioespiritual del soñar para lograr el mejor beneficio de la experiencia de los sueños.

### *La meditación y la contemplación*

La meditación está relacionada con el apaciguamiento temporal de la mente. En el momento en el que el ser consciente-intelectual centra la atención en una imagen, un mantra o un área del cuerpo en particular, por ejemplo, el caudal normal del pensamiento se deja a un lado y podemos llegar a otro nivel del pensamiento.

Este nuevo caudal del pensamiento, normalmente cargado de la sabiduría del ser superior o de mensajes de nuestra alma, se puede experimentar en un ambiente multidimensional mientras que tu cuerpo se ubica tranquilamente en un estado de separación del mundo sensorial.

Los ejercicios de cantos y respiración constituyen una parte de las técnicas de meditación. Estos ejercicios entrenan los sistemas del cuerpo físico y el cerebro para profundizar en los patrones de relajación. Los cuales, a su vez, nos llevan a la aceptación de la existencia de otros centros de energía. Estos centros de energía normalmente se encuentran lejos como para reconocerlos en la vida diaria.

La contemplación, parecida a la meditación, es similar al uso de la imaginación como visualización creativa. En la contemplación, uno puede tomar una decisión confusa o un sueño extraño y observarlo desde muchos ángulos diferentes. Este dominio físico que poseemos cada uno de nosotros es un extraordinario laboratorio interior. En él, podemos experimentar el contenido de nuestro corazón de acuerdo con los conceptos y patrones para llegar a un entendimiento más profundo de nuestras experiencias de la vida.

La meditación dirigida puede ayudar a reconectarse con los diversos centros de energía de tu cuerpo etéreo con el fin de regular la energía que fluye de cada uno de ellos. Existen siete centros mayores de energía en el cuerpo etéreo. También se conocen comúnmente con el nombre de chakras. *(Véase* el cuadro a continuación).

| Número | Nombre | Localización | Color | Propósito |
|---|---|---|---|---|
| Séptimo | Corona | Coronilla | Violeta blanco | Brindar la energía espiritual de Dios |
| Sexto | Tercer ojo | Frente | Índigo | Claridad en la visión; precognición |
| Quinto | Garganta | Garganta | Azul | La verdad al hablar; audición clara |
| Cuarto | Corazón | Corazón | Verde | Amor, crecimiento y claridad |
| Tercero | Plexo solar | Plexo solar | Amarillo | Emociones, sentimientos y sensaciones |
| Segundo | Sexual | Ombligo | Naranja | Reproducción y creatividad |
| Primero | Base | Base de la rabadilla | Rojo | Instintos, salud física, conexión con la energía terrestre |

*Los siete chakras*

Puedes utilizar la meditación orientada para explorar los centros de energía. También la puedes dirigir hacia las áreas o los centros de energía que consideres que se encuentran bloqueados. Utiliza tu imaginación para sentir que la energía entra en un equilibrio o se abre en un área en particular. Los centros de energía son receptivos ante tus pensamientos y tus imaginaciones. Por ejemplo, cuando trates de revitalizar un centro, imagínate respirando con la energía del color relacionado con el centro específico (respira energía de color índigo para el centro del tercer ojo).

Durante este proceso puedes llegar a adquirir conciencia de las cosas más ocultas y confrontarlas. Muy probablemente están relacionadas con el centro de energía en el cual te estás centrado actualmente. Son parte de los asuntos que podrían haber originado un desequilibrio en un centro en particular. Reconócelos, siéntelos y resuélvelos si es necesario o si sientes el deseo de hacerlo –o las dos cosas–, ya sea durante la meditación o más tarde.

### *Recordar la vida pasada y la regresión*

Recordar la vida pasada se utiliza también para integrar los autosegmentos del ser. Al ser conscientes de las experiencias de la vida pasada a través del contacto con el ser superior, ponemos en práctica las lecciones aprendidas en el pasado. Todos somos, por supuesto, un compuesto de todas nuestras experiencias. Cuando no encontramos la respuesta a un problema en nuestra vida actual, la conciencia proveniente del pasado podría tener la clave para actuar en el presente. Algunas personas podrían recordar vidas pasadas mientras que otras pueden no hacerlo. La evocación se puede realizar a través de sueños o recurriendo a la experiencia psíquica directa, ya sea de manera visual o en forma intuitiva. Las lecturas y las regresiones de las vidas pasadas, así como ocurre también con las técnicas autoadministradas, pueden ayudarte a acceder a la sabiduría proveniente del ser superior.

Éste es el momento apropiado para hacer una pequeña exposición acerca del karma y sobre la forma en la que nosotros lo vemos. Creemos que somos alma y que el alma desplaza hacia la materia (a la vida terrenal) una parte de ella misma, nuestra personalidad, con el fin de adquirir experiencia, de aprender, de crecer y de evolucionar. Consideramos que escogemos como alma lo que queremos experimentar en cada etapa de la vida. Esto compromete nuestra decisión en relación con cuál de nuestra causa y efecto forjador, o karma, deseamos integrar completamente con el fin de complementar ese ciclo de experiencia.

En nuestra opinión, el karma no es un castigo por las acciones equivocadas del pasado; mucho más que eso, representa cuánto queremos enfrentar, abarcar o aprender de ellas en una etapa determinada de nuestra vida. Cada uno de nosotros tiene la libre voluntad para escoger las experiencias de aprendizaje que vamos a tener en cada vida. Las habilidades y destrezas desarrolladas en vidas pasadas pueden ser utilizadas y aplicadas de nuevas maneras en cada etapa de la vida. Pero cuando el karma es utilizado por otros –quizás por algunas tendencias espirituales– para controlar nuestras acciones, nos crea limitaciones. Podríamos bloquear la habilidad para resolver los asuntos de nuestra vida. La técnica LEARN considera los problemas que pueden surgir de la racionalización de las experiencias para satisfacer un sistema de creencias en particular.

Recuerda que las experiencias de la vida pasada no son diferentes a las experiencias de la vida presente. Constituyen partes vibracionales de un todo o imágenes en el tiempo. Con frecuencia ocurre que, durante la regresión a una vida pasada, los asuntos son enviados al ser consciente desde el ser superior a través de la iniciativa del ser del alma. De esta manera, las experiencias y la sabiduría de la vida pasada pueden ser accesibles para ti en el presente.

La relación con cualquier experiencia es que fallamos al aprender de ella. El momento actual siempre se convierte en pasado. Tan rápidamente como experimentamos, así mismo nos dirigimos hacia la experiencia siguiente. No te olvides de vivir en el momento inclusive mientras estés procesando el pasado.

## Sonido, música y vibración

El sonido y la música también juegan un papel muy importante en la obtención de la iluminación angelical. El sonido y la música actúan principalmente sobre los centros físicos y emocionales. Al estar interconectados los autosegmentos, vemos que cuando uno se activa, todos los demás son afectados de igual manera.

El sonido y la música se pueden utilizar para colocar el cerebro físico en una frecuencia de onda determinada. Se ha comprobado que ciertas frecuencias de onda del cerebro conducen a proyecciones extracorporales, viajes durante los sueños, percepciones extrasensoriales, profecías, curación general y bienestar. El canto es una técnica reconocida que utiliza el sonido para la expansión espiritual. A través del tintineo y de los efectos de las ondas producidos por el canto, el sonido llega hasta el cerebro a través del oído izquierdo y derecho en una frecuencia un poco diferente. Esta diferencia se convierte en la frecuencia para la cual el cerebro está condicionado.

La música, conocida también como el lenguaje universal del alma, comunica sin palabras en forma misteriosa como pocos otros lenguajes pueden hacerlo. A medida que vas integrando tus autosegmentos del ser, podrías tener la experiencia de cantar espontáneamente. Encontrarás que varios estilos de música serán más impactantes y te confrontarán con asuntos que necesitas tratar.

Por ejemplo, la música con un ritmo fuerte podría ayudarte a ponerte en contacto con el ser básico y con sus asuntos. En otros momentos, esta clase de música te ayudará a confrontar tus experiencias de ira del pasado. Diversos estilos musicales pueden ser utilizados para estimular las diferentes partes del ser.

### *Está sonando nuestra canción*

La música tiene el poder de transportarnos en el tiempo hacia estados específicos del ser que llevan consigo su propio sello vibracional. ¿Cuántas veces has escuchado una canción en la radio y te has sentido transportado hacia la época en la que se compuso la canción? La canción no sólo desplaza tu atención hacia diferentes épocas, sino que además nos trae al recuerdo diversas emociones conectadas con las experiencias de esa época. De esta manera, puedes utilizar la música para alinear de nuevo tu ser actual hacia un estado de conciencia que desees o que necesites experimentar otra vez.

Trata de utilizar el poder de la música para lograr el estado de conciencia en el que deseas vivir. A partir de ahí, puedes explorar la forma en la que llegaste hasta esa experiencia o hasta ese determinado estado. Puedes aprender mucho más de lo que esperas. En algunos casos, puedes incluso sanarte tú mismo alineándote en un estado en el que la energía divina estaba floreciendo a través de ti, sin impedimentos causados por restricciones de tu propia formación.

## *¿Cómo te ayudan el canto y la vibración?*

El canto se ha utilizado a través de los siglos como una herramienta para centrar la atención sobre los poderes supremos. No son las palabras en sí mismas las que proporcionan el beneficio más grande del canto; más allá de eso, su importancia está en la forma en que afecta al cerebro. El canto genera cambios en las vibraciones del mecanismo del cuerpo físico y del cerebro. Al cerrar los ojos, efectivamente, cambia la forma en la que te sientes. Ya no podrás ver lo que está a tu alrededor y tu foco de atención se desplazará hacia los centros de tu función cerebral relacionados con el sentir (el tacto) y hacia lo que escuchas (la audición).

Cuando cantas una palabra o un mantra, las vibraciones del sonido que emanan desde tu voz son transferidas a tu cerebro en frecuencias sutilmente diferentes, como resultado de las posiciones de los oídos y de las variaciones en el tono del canto o de la canción misma. Justamente de la misma forma en la que la música de los cuencos tibetanos genera sonidos de varias frecuencias, los cánticos ponen en movimiento un sonido con un efecto de gorjeo. El oído izquierdo y el oído derecho escuchan diferentes frecuencias de sonido. Las frecuencias están muy unidas entre sí y ésta es la diferencia entre ellas cuando son procesadas por el cerebro, el cual, a su vez, se entrena para recibir esa frecuencia específica.

Hay estudios sobre las ondas del cerebro que han hallado bastantes grupos o niveles de actividad de las ondas cerebrales tales como beta, alfa, theta y delta. Cada uno de estos grupos posee una frecuencia de 6 Hz. En otras palabras, cuando el hemisferio izquierdo procesa los sonidos del oído derecho a 12 000 Hz y el hemisferio derecho procesa los sonidos del oído izquierdo a 12 010 Hz, el cerebro está procesando a 10 Hz.

| Tipo de onda | Rango de frecuencia | Descripción |
|---|---|---|
| Beta | 13-30 Hz | Atención externa (estado de alerta) |
| Alfa | 8-13 Hz | Estado de relajación |
| Theta | 4-7 Hz | Sueño profundo, acceso a los recuerdos profundos |
| Delta | 0,5-4 Hz | Sueño profundo |

*Actividad de onda en el cerebro y las frecuencias del sonido*

Mantener el ritmo de los cánticos durante un tiempo considerable produce un cambio físico en los patrones de las ondas del cerebro. Éste afecta la manera de sentir, tu habilidad para visualizar y puede llegar a conducirte a hacer uso de los centros del cerebro que hasta ese momento habían permanecido inutilizados. ¿Son estos centros bloques de sueños o aperturas a los mundos celestiales?

En cualquier caso, el uso de los cánticos y de las vibraciones nos ayuda a calmar el cuerpo y el cerebro, con el objetivo de acceder a la información proveniente de las fuentes divinas. Esta información nos ayuda a procesar las experiencias en el inmediato presente.

## El resultado final: Permitirnos a nosotros mismos ser

La vida es un continuo proceso. Aprendemos a visualizar honestamente nuestras reacciones ante las experiencias de la vida. Luego expresamos nuestros sentimientos, aceptamos nuestra experiencia y liberamos el ciclo del aprendizaje para integrarlo dentro del ser superior. Después, nos preguntamos cómo podríamos actuar de manera diferente en las situaciones del futuro. Entonces habremos tomado el conocimiento adquirido y lo habremos aplicado en nuestra vida.

Lo que buscamos no es la habilidad de usar las herramientas espirituales o la habilidad para actuar. Lo que buscamos es mantener nuestro corazón abierto hacia el espíritu de la vida y vivir en un estado de amor y felicidad. El resultado final de la iluminación angelical está representado por el arcángel Uriel: simplemente, ser.

***El desprendimiento es aceptar la realidad de tu vida como es en este preciso momento.***

# 5

# Empezando tu viaje con los arcángeles

Los cuatro arcángeles están preparados para llevarte en un viaje. Este capítulo trata de cómo puedes prepararte para ese viaje. Aquí se te dirá qué necesitas llevar y qué tendrás que dejar atrás. Se te dirá cómo de largo es el viaje y lo que observarás cuando llegues a tu destino. Finalmente, se te revelará el siguiente paso para empezar tu propio viaje.

## Qué llevar en tu viaje: El deseo

Al ser analizado cuidadosamente, el deseo –en particular nuestros propios deseos– constituye un sendero hacia el entendimiento y la aceptación de nuestro ser como aprendiz espiritual y como parte de la humanidad. Estos dos estudios, espiritualidad y humanidad, no se pueden asumir por separado y el uno no puede ser aprendido a expensas del otro. La persona comprometida con estos dos estudios dentro de una total exploración de vida engendrará dentro de sí misma una compasión y un amor hacia la humanidad, un deseo por descubrir los secretos de la vida y de la muerte, de Dios y del Espíritu, de manera que beneficiará todo lo que exista a su alrededor.

Cuando nos centramos en nosotros mismos, en nuestras experiencias y sentimientos y en vivir cada día aceptando nuestra humanidad, encontraremos que los elementos espirituales que siempre hemos buscado están a nuestro lado. Tu misión espiritual empezará a aclararse y tú la seguirás y la vivirás. Al procesar diariamente tus sentimientos, permitirás que el corazón permanezca en su estado natural de apertura y de amor. Éste se constituye en una experiencia de la gracia de Dios.

El espíritu arrollador de la vida maneja nuestra voz, nuestras manos, nuestro corazón y cada movimiento se hace en paz y en armonía. Pero todavía existen momentos en los que, inconscientemente, impedimos este flujo de amor, de la misma manera en la que una represa impide el curso de un río. El agua da marcha atrás. Finalmente, la represa se llenará y el amor que hemos mantenido represado se desbordará hacia el mundo a través de nosotros.

Al procesar honestamente nuestras experiencias diarias, podemos evitar que se forme la represa desde el principio. Esto nos ayudará a evitar los altibajos de dar amor, negarlo, darlo de nuevo, sin entender las fuerzas que nos empujan hacia ese ciclo inestable.

Para alcanzar la automaestría (el autoconocimiento), debemos aceptar lo que somos, nuestros sentimientos y deseos. En segundo lugar, debemos esforzarnos para entender la razón por la cual deseamos lo que deseamos, sin condenarnos a nosotros mismos. Al seguir el curso de nuestros deseos, empezamos nuestro viaje hacia el autodescubrimiento. Esta jornada es, en esencia, lo que en la antigüedad se describió con la expresión de «conócete a ti mismo». Ahora, esto no significa: «cámbiate a ti mismo» ni «condénate a ti mismo», ni siquiera «vive bajo una serie de leyes». Se trata simplemente de que el hombre se conozca a sí mismo.

## Qué debes dejar detrás antes de iniciar tu viaje: Creencias autolimitantes

Las creencias autolimitantes son pensamientos que restringen tu poder. El poder está definido, en una forma positiva, como la habilidad para actuar. Esta habilidad es crucial debido a que vivimos en un mundo que requiere la creación para modificar la energía divina en varias formas con el fin de lograr las metas dentro del reino de la materia, la energía, el espacio y el tiempo.

Por medio del incorrecto análisis y aplicación de las lecciones de una experiencia, podemos, inconsistentemente, instalar creencias limitantes que cambien nuestro destino. De nuestro destino se ha dicho que es nuestra meta. Al cambiar nuestras creencias cambiamos nuestras experiencias, y al cambiar nuestras experiencias cambiamos nuestro destino o meta final.

El plan de los arcángeles te enseñará cómo crear nuevos patrones para eliminar tus creencias autolimitantes. De esa manera, lograrás la fuerza necesaria a través de las creencias positivas para vivir la clase de vida que verdaderamente deseas.

A través del tiempo y las enseñanzas, el poder y el deseo han ganado connotaciones negativas. El poder y el deseo no son negativos en sí, pero sí lo es el mal uso que se haga de estos conceptos. Una vez que extendemos estos conceptos hacia el exterior de nuestro propio espacio personal, en un esfuerzo para utilizar el poder y actuar sobre otras personas o dirigir nuestros deseos para cambiar a los demás en contra de su voluntad, entonces cruzamos la línea que existe entre la creatividad y la destrucción. La apropiada aplicación de los principios del poder y del deseo resulta esencial en el cumplimiento de la misión de nuestra vida acorde con el patrón del alma y con el plan divino.

Las creencias autolimitantes deberían dejarse abandonadas en el momento en el que decidas empezar tu viaje. En el caso de que lleves algunas, por accidente, no te preocupes. Existen muchos sitios por el camino en donde podrás descartar patrones no deseados a medida que vayas aprendiendo y comprendiendo la razón por la cual llegaste a aceptarlas en primer lugar.

## ¿Cuánto durará la jornada?

La velocidad y la distancia de la jornada dependerán de cada individuo. Cada uno de nosotros es único y tiene gran variedad de experiencias en esta vida y en el pasado. Si eres sincero y estás entregado al proceso de la iluminación angelical, podrás darte cuenta de que el proceso se mueve a medida que lo hacen las estaciones, es decir, lenta pero firmemente.

Los cuatro arcángeles trabajan juntos para ayudarte, a veces de manera independiente cada uno en su momento y otras veces de manera simultánea. El tiempo empleado con el arcángel Miguel puede variar dependiendo de la cantidad de represión que haya rodeado de discordia tu vida. Algunas veces, después de que el arcángel Miguel haya empezado a ayudarte, el arcángel Rafael vendrá a orientarte para que te ocupes de las verdades que ahora estás descubriendo. La cantidad de tiempo que le dediques a Rafael dependerá de la cantidad de dolor que hayas dejado sin procesar durante tu pasado y de la forma en la que ahora desees procesar ese dolor.

Después de aceptar la verdad y curar las heridas de tu corazón, estás en posición para aceptar el desafío de definir y de llevar a cabo los pasos para cumplir la misión de tu vida. El arcángel Gabriel llega a ti para ofrecerte el envío divino: tomar la iniciativa para completar el propósito de tu alma durante esta vida. Esto implica la definición del propósito y la elaboración concreta de los planes y parámetros para lograr el objetivo.

Gabriel te enseñará sobre la energía divina de la creación, el mantenimiento y la disolución. Tú trabajarás con los patrones de la naturaleza y necesitarás desarrollar la fortaleza para poder continuar con el proceso de la iluminación angelical a través de tu realización. La cantidad de tiempo en esta área de desarrollo depende de tu misión específica y de tu situación en particular.

Uriel viene para ayudarte a encontrar la apreciación en el simple vivir. Por medio de la orientación de los otros arcángeles, tú puedes llegar a convertirte en un ser humano integral. Tú eres de los cuerpos que están en armonía con el mundo exterior. Esta energía del Espíritu Santo llega a ti por medio del ser del alma sin ningún tipo de restricción originado por los patrones inconscientes de limitación. El tiempo gastado con el arcángel Uriel depende de tu progreso en el procesamiento de tus experiencias y en la integración de la sabiduría mientras trabajas junto con los arcángeles Miguel, Rafael y Gabriel.

No hay límite de tiempo en la iluminación angelical. Al final utilizaremos lo que hemos aprendido en el viaje. Los arcángeles Miguel,

Rafael, Gabriel y Uriel siempre estarán con nosotros. Las lecciones que hemos aprendido empiezan a ser integradas dentro de nuestro ser superior. Hemos aclarado las obstrucciones de nuestro centro de energía. Esto permite progresivamente almacenar una mayor cantidad de energía divina que entra en nuestro corazón y fluye hacia el mundo.

## ¿Qué encontraré al final del viaje?

¿Puedes imaginar el amor ilimitado del Creador moviéndose a través de ti continuamente? ¿Quieres experimentar la interminable felicidad y el profundo conocimiento de tu propia naturaleza y la de los demás? ¿Puedes recordar vivir en armonía con el infinito? ¿Puedes imaginar ser como un niño? ¿Cómo te sentirías al tener el corazón lleno y desbordado de amor, compasión y alegría?

Estas y otras expectativas te esperan al llegar al final del viaje junto con los dolores y las penas de la vida humana. No abandonamos nuestra humanidad para lograr la iluminación angelical. El dolor, el placer, la agonía y el éxtasis. Por medio de la aceptación de la vida tal como es, con el deseo de amar y brindar mucho más amor en el mundo, vivimos nuestra vida con el espíritu y de acuerdo con los patrones del alma. Descubrimos que cada paso que damos y cada palabra que decimos está llena de poder y de la misión del Espíritu Santo.

## Tu futuro, nuestro futuro, el futuro

Nuestro futuro es totalmente previsible si aprendemos a ver y a interpretar los patrones de nuestro propio ser. Utilizando la caja de herramientas espirituales, puedes empezar a ser mucho más consciente de tus patrones y de las maneras que has aprendido para responder y procesar tus experiencias.

Una vez que veas claramente los patrones que dirigen tu vida, el futuro perderá sus misterios. Al poner en práctica sus enseñanzas, el futuro se convierte en el resultado de tus decisiones, que haces conscientemente en el presente. Estas decisiones pueden terminar en éxitos o fracasos.

Nadie conoce las alturas hasta las cuales nos podemos elevar ni las profundidades de nuestra propia introspección. Por lo tanto, todavía nadie conoce el futuro. Allí se encuentra una gran aventura, ábrete a todos aquellos que han recibido el regalo de la conciencia. Toma el regalo de tu vida y construye el futuro en el que deseas vivir.

## Tu próximo paso es el primer paso hacia la iluminación

Haz las maletas, ya estás listo para empezar tu jornada. En la siguiente sección del libro conocerás al arcángel Miguel. Miguel es el arcángel de la verdad y la justicia. Él te ayudará a ver con la verdad tus acciones y tus elecciones. Sigue su orientación. Éste es el primer paso hacia la iluminación angelical.

Para una mejor ayuda en tu trabajo con Miguel, asegúrate de hacer el ejercicio del trazado de tu vida (capítulo 10) inspirado por él. Usa las meditaciones y las oraciones al pie de la letra, tal como aparecen en la sección 2. Presta suma atención a tus sueños y tómate un tiempo para revisarlos. Aprende a entender los mensajes de tus mundos internos.

Tómate las cosas con tranquilidad. Éste no es un viaje de autocondenación, sino uno de autoaceptación y renovación. Eres amado y al mismo tiempo eres un ser de amor. Que tu viaje esté lleno de aventura, crecimiento y entendimiento.

***La necesidad espiritual es una necesidad humana.***

# Sección 2

## El arcángel Miguel

Un ángel puede iluminar el pensamiento
y la mente de un hombre
a través del fortalecimiento del poder de la visión
y a través de brindarle a su alcance alguna verdad
que el mismo ángel contempla.

–Santo Tomás de Aquino, *La dicha del camino*

# 6

# Miguel: El arcángel de la verdad y la justicia

El primer arcángel que te guía a través de tu viaje es san Miguel. Miguel normalmente aparece representado con una armadura, una espada en la mano derecha y una balanza en la mano izquierda. Otras veces aparece en una batalla con el talón sobre la parte posterior del cuello del ángel caído. Esto simboliza la última iluminación del ser más grande sobre el egoísmo.

El arcángel Miguel fue el primero en reconocer a Pedro cuando éste comenzó su ciclo de exploración en el reino de los ángeles. Con la ayuda y asistencia de la energía de Miguel, Pedro empezó a romper sus propias barreras. Fue capaz de participar de la verdad de su vida, en una posición de alineamiento con su modelo y con el propósito de su alma.

Con la ayuda de Miguel, encontramos que la verdad es el estado de autoentendimiento. Logramos este estado observando objetivamente los patrones de nuestra condición. Esto nos ayuda a mirar la verdad de cómo la conciencia (la personalidad) toma decisiones. Aceptando la verdad de nuestro condicionamiento, podemos cambiar la realidad que experimentamos cambiando nuestros propios patrones de comportamiento.

El atributo de justicia puede verse como una disposición para aceptar el ciclo de experiencias como resultado de nuestras elecciones. Esto se relaciona con el concepto de karma, sus causas y efectos. El atributo de la justicia está enfocado en uno mismo. En otras palabras, no buscamos hacer cumplir la justicia sobre otros. La justicia autorreflexiva es el tipo de justicia que Miguel representa dentro de la iluminación angelical.

El atributo de honestidad es igualmente válido para el individuo como para aquellos que nos rodean. Una característica de la honestidad es no malinterpretar (para nosotros mismos y para los demás) los patrones de condicionamiento que hemos llegado a entender.

Por ejemplo, digamos que alguien acepta la verdad de que él o ella tiene un patrón de comportamiento que lo instiga a robar. Para ellos sería deshonesto decirse que no tienen un problema o una inclinación a robar. También podría ser deshonesto que ellos mismos se representaran de manera equivocada ante los demás como una persona en quien se puede confiar al estar sola en una tienda. Al ser honestos, encontramos la razón de nuestro ser. Esto nos dará un espacio para mirar las formas de cambiar nuestros patrones y buscar las razones más profundas de por qué éstas existen en ese primer lugar. La verdad es esencial. Si no admitimos que tenemos un problema, entonces no existe una manera en la que podamos conseguir cambiar los patrones inconscientes que rodean y provocan ese problema.

Siempre llega el momento en el que a cada uno de nosotros se nos presenta el reto de enfrentar honestamente aquellos hechos en nuestra vida que son el resultado de decisiones. Este momento está marcado por el reconocimiento de la espada de la verdad del arcángel Miguel.

Esta espada simbólica, la espada de la verdad, la manejan individuos valientes, quienes aceptan la tarea consciente de integrar su vida en el proceso de involucrar su pasado con experiencias actuales para vivir una vida amorosa y apasionada. Cada uno de nosotros tenemos esa espada de la verdad a nuestra disposición en este momento. Está guardada dentro de su vaina esperando nuestra orden. Con ella, nosotros podemos cortar las barreras internas que mantenemos y que impiden el propósito de realización de nuestra vida, el logro de un autoconocimiento y la integración de nuestros autosegmentos.

## Los tres atributos de la espada de la verdad

1. Reconocimiento. Reconocer que en este momento llevas la espada de la verdad contigo todo el tiempo, no hay fórmulas ni herramientas que deban comprarse. Todo lo que necesitas ahora eres tú.
2. Valentía. Generar la valentía para sacar la espada de su vaina a tu lado y utilizarla para entenderte a ti mismo y tu propósito. Podrías sorprenderte por lo que ves.
3. Compromiso. Compromiso significa que una vez que empuñes la espada de la verdad, no habrá retorno. Uno debe cumplir con la honestidad necesaria cuando la espada de la verdad se desenvaina. Uno debe moverse hacia un compromiso y esforzarse todo el tiempo para ver la verdad de nuestras acciones y deseos.

Es muy probable que al estar leyendo esta información, ya hayas utilizado la espada de la verdad, o tal vez, estás por enfrentarte a la posibilidad del reto más grande de tu vida. Algo por lo que has estado esperando mucho tiempo: convertirte en el portador de la espada de la verdad.

## Creer no es igual a la verdad

Creer no es igual a la verdad, pero creer afecta las experiencias en la vida. Por ejemplo, si crees que no eres un experto en cierto deporte y tu práctica es pobre y crea dolor, escogerás no participar en ese deporte en absoluto. Esto limita tu experiencia y todo aquello que pudiera surgir de la práctica de ese deporte, tanto situaciones positivas como negativas. Por el contrario, si consideras que con práctica puedes lograr experiencia, entonces tratarás de aprender nuevas cosas. Esta creencia también afectará tu experiencia.

Imagínate que estás en una playa de espaldas al agua. Enfrente de ti se encuentra el bosque y detrás está el océano. Empiezas a caminar. Tu experiencia será muy diferente dependiendo de la dirección que tomes cuando empieces a caminar. Si caminas hacia el bosque, verás árboles y animales. Si caminas hacia el océano, experimentarás la arena, el agua, las olas y la vida del mar. De una manera similar, nuestras creencias se enfocan al alcance de las experiencias disponibles dentro de una amplia asociación. Éstas definen nuestra visión, nuestra perspectiva. Debido a que estamos limitados por los puntos de vista basados en nuestro sistema de creencias, sólo podemos experimentar la vida a partir de ese conjunto de puntos de vista.

Como puedes ver, creer no es igual a la verdad, ésta iguala un alineamiento en particular de tu punto de vista. El alineamiento incrementa o disminuye las experiencias disponibles que puedas encontrar. Trata de extender esta analogía física en tus sistemas de creencia espiritual.

Algunas personas consideran que el grupo de creencias son como las llaves. Sienten que si mantienen el grupo de creencias apropiado, éstas representan las llaves del reino de los cielos. Creen que estas llaves les darán la salvación del espíritu después de la muerte de su cuerpo. Consideran que si fallan en sus propias creencias, no podrán abrir la puerta del cielo a la hora de morir.

Una de las metas de la iluminación es ayudarte a lograr un mayor conocimiento de tu sistema de creencias. Siguiendo la dirección del arcángel Miguel y practicando las técnicas inspiradas por él, podrás llegar a entender la razón por la cual crees en lo que haces. Entonces puedes escoger el cambio de tus creencias. Cambiando tus pensamientos, cambiarás tus puntos de vista y a su vez te expondrás a una amplia gama de experiencias.

## Cómo están formadas las creencias

Miguel enseña que las creencias se forman al procesar experiencias. En la elaboración de experiencias hacemos suposiciones de causa y efecto. Con el tiempo, éstas empiezan a ser parte del sistema de creencias que puedan limitar nuestras experiencias. Los arcángeles nos animan a elaborar un estado del alma infundida. Cuando integramos todos los autosegmentos y procedemos de un estado de infusión del alma, somos capaces de extraer todas las enseñanzas de cada una de las experiencias.

Cuando tocamos el fuego con la mano, nos quemamos. Allí procesamos esa experiencia y aprendemos lo que podría suceder si tocamos el fuego. Creamos la idea de que el fuego nos hará daño basándonos en la integración de la sabiduría de la experiencia a través de un proceso. Aprendemos cómo interactuar físicamente con el medioambiente procesando nuestras interacciones con él.

Las creencias también están formadas por nuestras experiencias con los demás. Los padres son normalmente nuestro primer contacto en la vida. A medida que crecemos, las relaciones se expanden para interactuar con hermanos, parientes, amigos y con el mundo en general. Los patrones de aceptación y de rechazo que encontramos crean nuestras creencias.

Las creencias formadas por nuestras relaciones definen el amplio grupo de experiencias que podemos tener. De la misma manera que una serpiente que se está comiendo su propia cola, podríamos –hablando en sentido figurado– girar dentro de un amplio grupo de experiencias porque el grupo se refleja a sí mismo. Estos patrones pueden mantener tu atención centrada en áreas específicas durante meses y años hasta que otra energía ajena a nuestra conciencia actúe sobre nosotros.

El principio físico establece que un objeto permanecerá en movimiento hasta que otra fuerza actúe sobre él. Igualmente, tus creencias se moverán en una dirección (dentro de tu grupo de experiencias) hasta que la otra fuerza actúe sobre ti. Esto puede ocurrir de varias maneras.

Por ejemplo, una vez que hagas el esfuerzo (energía directa) de examinar tus creencias, para entender como están formadas y escoger entre aceptar o cambiar, introducirás una nueva fuerza sobre ti. La energía externa puede influenciarte a través de otras personas, el medioambiente, tus propios segmentos y el reino espiritual. Estas fuentes pueden cambiar tu patrón de creencias.

## Tiempo: ¿Falso o real?

El tiempo no espera a nadie. El mundo marcha. Se dice en términos metafísicos que el tiempo y el espacio son ilusiones. Desde el punto de vista de la eternidad, los conceptos de tiempo y de espacio pierden significado. Pero cuando se vive en el mundo de las reencarnaciones, el tiempo y el espacio son de gran importancia. Tienen un gran significado y no son ni una ilusión ni una trampa para atraparte y ocultarte la verdad.

El tiempo y su extensión es una experiencia. Las experiencias relacionadas con el tiempo pueden generar suficiente acumulación de energía que influye sobre ti para modificar tus creencias. Por ejemplo, digamos que crees en cierta técnica de meditación que te brindará paz y felicidad. Durante un período de meses y años practicas esta técnica. Al final, tus resultados son menores de lo que esperabas; tu creencia de que esta técnica de meditación sería eficaz ha disminuido.

Con frecuencia, la gente no procesa completamente sus experiencias ni acepta las lecciones que éstas presentan. Este hecho también es conocido como represión. Sin embargo, en el ejemplo de la técnica de meditación, descubrimos que dicha técnica no resultó como se prometía; en ese caso, el meditador puede decidir culparse a sí mismo. Puede argumentar que no practicó la técnica correctamente o que no está espiritualmente maduro para este trabajo; puede poner una gran cantidad de excusas, todas dirigidas a él mismo.

Culparnos es algunas veces la forma de proteger otros intereses nuestros. Por ejemplo, si el meditador escoge cambiar su creencia en la técnica de meditación, puede estar internamente presionado para cambiar su creencia en el camino espiritual o religioso que propone dicha técnica. Reconociéndose a sí mismo que la técnica de meditación no brinda lo que promete, entonces necesitará considerar que el resto de su viaje podría estar fuera de los alineamientos del plan y del propósito del alma. Puede sentir la necesidad de cambiar su vida. Cambiar es difícil para muchos de nosotros, especialmente cuando se trata de cambios de gran importancia. El camino espiritual es uno de los cambios más importantes en la vida.

Hazte la siguiente pregunta: ¿qué gano con reprimir el proceso de mis experiencias? Incluso si este proceso te conduce a dejar viejos ambientes, viejas relaciones y viejos caminos, no existe razón para retardarla. A largo plazo podrás terminar abandonándolos de todos modos; cansado y agotado por los años de represión.

Ahora tómate tu tiempo para reflexionar. Después, cuando hayas curado las heridas del pasado y hayas procesado tus experiencias con la ayuda del arcángel Rafael, el arcángel Gabriel llegará para enseñarte. Él te mostrará cómo generar consistentemente la fuerza, la persistencia y la entrega que se necesitan para aceptar y llevar a cabo la misión de tu vida.

## Estancamiento espiritual

El estancamiento espiritual ocurre cuando no recordamos que podemos girar y mirar nuestras vidas desde un ángulo diferente. Nos olvidamos de que tenemos alternativas. Es como si estuviéramos congelados, caminando en dirección recta incapaces de girar hacia alguna dirección experimentando sólo lo que está frente a nosotros.

Las creencias no son una verdad objetiva. Son una opción de actitud con respecto a la dirección a la cual estamos expuestos. Los ojos humanos tienen un ángulo limitado de visión de unos 140° de izquierda a derecha. Así son también las creencias que nos proporcionan con un rango limitado de experiencia.

Las creencias están en parte formadas por experiencias, y el rango de experiencia está definido por nuestras creencias. Los patrones están establecidos por las repetidas experiencias que un sistema particular de creencias ofrece. Estos patrones tienden a centrar su atención sobre otras experiencias que simplemente refuerzan las creencias obtenidas. A medida que pasa el tiempo, podemos enclaustrarnos en patrones, dejando muchos aspectos de la vida fuera de nuestro alcance. Miguel puede ayudarte a romper esas barreras y esos modelos para descubrir que la vida consiste en mucho más que un solo sistema de creencias.

¿Qué beneficios en particular te ofrece tu sistema de creencias? ¿Te mantiene cómodo o te facilita tu expansión? Hazte estas preguntas. Te ayudarán a analizar objetivamente los diferentes sistemas de creencias.

### EJERCICIO

#### *Descubre tu sistema de creencias*

Sobre un trozo de papel, haz una lista de las carreras o trabajos que sientas que podrás hacer. Luego, escribe las carreras o trabajos que sientas que no eres capaz de hacer. Tómate tu tiempo para escribirlo.

Después de que hayas escrito seis ocupaciones o carreras, cierra los ojos. Descansa por un momento. Ahora, retrocede en el tiempo hasta cuando tenías doce años. Después de un momento, regresa hasta cuando tenías diez años, luego a los ocho, luego a los siete y, finalmente, a los seis años de edad.

¿Recuerdas estar jugando con tus amigos cuando tenías seis años? Pudiste haber jugado a «pretendiendo ser». Probablemente, te imaginabas que crecías y que desempeñabas diferentes roles. Te viste como un doctor, un astronauta, un bombero, o quizás como un obrero manejando una gran grúa. ¿Recuerdas cómo te sentiste al imaginar todo esto? ¿No sentiste que era completamente posible poder crecer para cumplir con todos estos roles?

¿Por qué pensaste que podrías cumplir con todos estos roles?

Ahora mira tus seis alternativas. Revisa las tres ocupaciones o carreras que sientes que no podrás realizar. ¿Cuáles son las creencias que no te permiten llevar a cabo estos roles? ¿Has tenido experiencias en tu vida que te hagan pensar que no podrás cumplir con estos retos? ¿Los consideras verdaderos? Si realmente hicieras el esfuerzo, ¿no crees que podrías lograr uno de estos tres roles? Si no es así, pregúntate por qué no.

Los sistemas de creencias son relativamente individuales. Por ejemplo, un sistema de creencias que puede proporcionarle a una persona mayores experiencias disponibles, puede que a otra le ofrezca experiencias disponibles más limitadas. En muchos casos, cambiar un sistema de creencias te alinea de manera que tendrás nuevas experiencias que no estaban disponibles para ti en tu anterior sistema de creencias.

Los sistemas de creencias no son ni buenos ni malos. Son autoimpuestos. Con el conocimiento consciente de cómo procesar tus experiencias día a día, desde el punto de vista del sentimiento infundido, puedes integrar el conocimiento en tu vida y escoger un cambio o modificar tus creencias.

Por ejemplo, puede que no creas en los arcángeles. Esto podría excluir experiencias con ellos. Pero deberías preguntarte ¿cómo se puede creer sin experiencia? Esto brinda un tributo a la fe. Una persona puede escoger creer en algo sin experimentarlo y tener fe en ello.

Existe el peligro de aceptar el sistema de creencias como última verdad. Por ejemplo, imagínate que tienes unas gafas que te ayudan a ver. Unas gafas que te permiten ver claramente a tres kilómetros de distancia, pero no de cerca; otro par te permite ver de cerca, pero no a más de un kilómetro de distancia. Otro par te permite ver a quince kilómetros de distancia en cualquier dirección. En cada caso, tu percepción es tu experiencia.

Recuerda que los diferentes sistemas de creencias te disponen hacia los diferentes grupos de experiencias. Por lo tanto, escoges un sistema de creencias por las experiencias que éste te ofrezca. A partir de este estado de conciencia, podrás prevenir qué modelos autolimitantes serán instalados en tu sistema corporal y mental.

Miguel te ayuda a romper con los viejos patrones y sistemas de creencias. Tú puedes experimentar cada vez más las creaciones de Dios. Ahora eres como un niño otra vez. La creencia de que puedes tener una experiencia específica te ayudará en la manifestación de esa experiencia en tu vida.

## El poder de la creencia

El poder de la creencia es un elemento importante en la iluminación angelical. Trabaja y estudia con Miguel, ya que él te ayudará a ver los patrones que han estado instalados dentro de ti. El ejercicio del cuadro de tu vida en el capítulo 10 fue inspirado por el arcángel Miguel para ayudarte a entender lo que vales, lo que valoras y lo que crees. A medida que brilla la luz de la espada de la verdad sobre uno mismo, el proceso de integración del propósito del alma y del modelo se habrá iniciado.

Entender la forma en la que tus creencias pueden definir la competencia de tus experiencias es uno de los primeros pasos de la iluminación angelical. El arcángel Miguel puede inspirarte y guiarte durante todo este proceso. Confía en él y libera las ataduras de una energía protectora que limita tus experiencias. Acepta la creencia de que la vida puede estar llena de amor, maravillas y misterios una vez más. Escoge creer en los arcángeles y haz hincapié en permitir que los atributos de Miguel –la verdad, la justicia y la honestidad– florezcan dentro de ti.

Reconoce que ahora tienes el símbolo de la espada de la verdad a tu disposición. Puedes usarla en cualquier momento. Utiliza la espada para cortar tus propias barreras e ilusiones. Comprométete en el proceso del entendimiento y descubre tus modelos. Libérate del estancamiento espiritual. Esto podría resultar un proceso difícil y desafiante, pero el arcángel Miguel te ayudará con su presencia y te inspirará con su amor a la verdad, la honestidad y la justicia.

***No es que el poder o el deseo sean negativos,***
***lo negativo es una aplicación incorrecta de estos atributos.***

7

# Di toda la verdad: Los poderes, el propósito y el proceso de Miguel

Al iniciar tu trabajo con el arcángel Miguel obtendrás un grandioso entendimiento del propósito, poder y proceso que él representa. Empezarás a ser consciente del enfoque de Miguel mientras tú avanzas en tu trayecto hacia la meta. Como un viaje hacia un lugar lejano, éste representará nuevas visiones para ti. Estas visiones son, en parte, un reconocimiento de los poderes, del propósito y del principal proceso de Miguel. Como quedó establecido en el capítulo 1, el principal poder de Miguel es la visión, su principal proceso es el entendimiento y su propósito es hacer florecer los atributos religiosos de la verdad, la honestidad y la justicia.

## El poder de la visión

El poder principal de la energía que surge de Miguel se simboliza con la espada de la verdad. Cuando el poder de su espada se hace evidente en el individuo, las vendas son eliminadas de sus ojos, por así decirlo. Todas sus concepciones e ilusiones se presentan al desnudo ante ellos.

A través del enfoque de la función de la visión llegamos a entender nuestros sentimientos, pensamientos y acciones. No pretendemos poseer la verdad, la honestidad y la justicia, pero sí la claridad en la visión que nos brinda el entendimiento. Este entendimiento se manifiesta en el mundo en acciones que tienen sus raíces en los atributos divinos de la verdad, la honestidad y la justicia.

Miguel te guiará para seguir la voz de la verdad dentro de tu ser. Esta voz no es la voz de tus pensamientos ni la de tu corazón, son ambas y muchas más. El estado de infusión del alma se convierte en una parte de tu vida cotidiana. Desde este estado, tu poder de visión se agudiza. Aquí eres capaz de distinguir la verdad de la autodecepción. Cuando percibes que algo no es correcto en una situación o problema, estás reaccionando ante una situación de desequilibrio de uno o más de sus autosegmentos.

No te desanimes. Cuando atravesamos por una tormenta es muy difícil ver con claridad a medida que tratamos de equilibrar múltiples factores para permanecer verticales y seguir caminando. Cuando trabajamos el estado de la infusión del alma, es como si habitáramos en el centro de una tormenta; aquel lugar de calma y tranquilidad. Es exactamente desde aquí desde donde podemos juzgar nuestras acciones y motivaciones.

## El mundo es nuestro escenario

Se ha dicho que todo el mundo es un escenario y nosotros somos sus actores. Desde el centro de la tormenta, tú puedes ver el escenario, identificar a los actores, relacionar las funciones que ellos representan y apreciar las acciones como un todo. La claridad de visión que se adquiere al decir la verdad te permite hacer cambios que te dan poder y enriquecen tu vida.

¿Qué papel representas en este mundo? ¿Estás seguro de tu diálogo? ¿Estás preocupado por lo que viene? No podemos detener a los demás en su actuación. Ellos tienen plena libertad de hacerlo, de la misma forma que nosotros tenemos libertad de actuar. Lo que podemos hacer es encontrar la tranquilidad y el silencio dentro de nosotros y luego presentarle al mundo, a los seres queridos y a nosotros mismos la verdad del ser espiritual que somos. Esto proviene de nuestra experiencia directa, más allá del papel que estamos representando. Se origina en la experiencia individual de iluminación, mientras brillamos con la luz de la visión sobre el mundo a nuestro alrededor.

El poder de la visión es como el poder del sol. Cuando lo enfocamos sobre nosotros, de la misma forma en que el sol enfoca su luz sobre la tierra, vemos la realidad de la vida libre de ilusiones. Las sombras son eliminadas. La luz del sol proporciona energía para el crecimiento y la nutrición de la tierra; de igual manera, tú debes centrarte y proporcionarte el entendimiento, lo que te da la energía para los atributos de la verdad, la honestidad y la justicia, para crecer en tu paisaje interior.

## El proceso de entendimiento

El entendimiento llega en la medida en la que tú hagas brillar la luz de tu atención sobre tus experiencias. A través de continuas experiencias, se agudiza la capacidad de juzgar los elementos y las fuerzas que existan a tu alrededor. Las circunstancias que encuentras en ti mismo te permiten aprender más sobre ti.

Al centrar tu atención más allá de las situaciones superficiales, tu conocimiento será recompensado. Este conocimiento calma tu corazón y tu mente, pero además puede proporcionarte un gran dolor al notar que con tus decisiones pudiste haber herido a los demás, así como también a ti mismo.

Aun cuando es importante vivir en el presente, no debemos olvidar las lecciones del pasado para no cometer los mismos errores una vez más. Es necesario curar el dolor y vivir en armonía, ya que la vida continúa sin importar lo que se haga. Hasta que aceptemos que nuestro cuerpo va a morir (cuarta clave para el autoconocimiento), no podemos experimentar en su totalidad lo más profundo de la vida, lo cual viene de aceptar nuestra inherente mortalidad (séptima clave para el autoconocimiento).

## El propósito de la verdad, la honestidad y la justicia

El propósito principal de la energía que emana de este ángel sagrado es ayudar al florecimiento de los atributos divinos de la verdad, la honestidad y la justicia dentro de cada uno de nosotros. El propósito principal de Miguel lo simboliza, una vez más, la balanza que sostiene en su mano izquierda. Todas las acciones requieren de una reacción. Por lo tanto, todas nuestras acciones necesitarán ser equilibradas. Éste es el propósito de la balanza. Esto es conocido como karma.

Recuerda que no debemos presionar la verdad, la honestidad y la justicia sobre nosotros mismos o sobre los demás. Podría ser lo mismo que falsificar un sentimiento. Si no sentimos compasión, necesitamos seguir el camino de la falta de esa emoción para descubrir por qué no reaccionamos de la forma que deseamos. La respuesta se encuentra en nuestro interior y no en los demás.

Si no crees que puedas ser honesto contigo mismo y parece que te preocupas más por tu caos personal que por la justicia, pregúntate por qué lo haces. Normalmente, la respuesta puedes encontrarla en tus sentimientos. Una vez que identifiques tus sentimientos con el poder de la visión, estás listo para viajar a la raíz de tus emociones. Rafael te ayudará a procesar tus sentimientos y emociones. Miguel te ayudará a verlos.

Permítete sentir. No hacerlo sería como deshonrar una parte de ti. La sanación llega a todos los niveles. No separes ninguna parte de ti. Integremos todas las partes de nuestro ser. Nuestras experiencias siempre serán nuestras experiencias y nunca podrán ser borradas de la memoria del alma.

## Cinco formas de decir la verdad total (cómo decir la verdad total)

Decir la verdad total no significa pararse en un podio y contar a todos aquellos que están a tu alrededor la historia de tu vida, todo lo que piensas, sientes y sabes. Decir la verdad total significa ser honesto con uno mismo; decir la verdad total significa que eres capaz de aceptar los cambios y los patrones que se han establecido dentro de ti.

Paradójicamente, al decir la verdad, le estás contando al mundo la verdad total de ti mismo. El verbo *decir* puede ser engañoso. No está pronunciando palabras a otros, sino que tus reacciones a ellas provienen de un nivel de autohonestidad que representa la verdad. En respuesta, ellos también tienen la oportunidad para contestarte de igual manera.

## HISTORIA DE PEDRO

### *Decir la verdad total*

Durante los años de juventud de mi hijo, yo reaccioné ante sus acciones de forma que estableciera el control. Esta actitud provenía de mi patrón de pensamiento: «Ésta es la manera en la que se hará y punto». Su rebelión en contra de la conformidad era justamente lo mismo que yo había sentido como adolescente, la única diferencia era que en ese momento yo estaba al otro lado de la cerca.

No importaba qué hacía o cómo le respondía, parecía que siempre él peleaba conmigo. ¡Sentía que ya había alcanzado el límite de mi frustración y que él lo había sobrepasado cientos de veces! Pero entonces los arcángeles Miguel y Rafael empezaron a trabajar conmigo.

Mis conversaciones con mi hijo empezaron a cambiar. Al aceptarme y mirarme claramente a mí mismo con la ayuda de Miguel, fui capaz de tomar la iniciativa para el siguiente paso y mostrarme a mí mismo y a mi hijo de una manera abierta.

Una noche, mi hijo me llamó por teléfono. Por aquella época estaba separado de mi exesposa, lo que aumentó la confusión en ese momento. Encontré un teléfono y lo llamé para saber que quería. Necesitaba que lo llevara a algún lugar. Eran las nueve de la noche del domingo y estaba nevando mucho.

Mi hijo sabía, según nuestros acuerdos previos, que si necesitaba que lo llevara a alguna parte, él tenía que avisarme con un día de anticipación.

En ese momento yo estaba cansado y no me sentía bien como para conducir hasta la casa de su amigo, pero me preocupaba que se enojara conmigo si se lo decía. Entonces empecé a explicarle que no quería conducir y reaccionó con los patrones viejos, repitiendo los mismos argumentos de discusiones pasadas. En lugar de contestarle que no una y otra vez, le dije de manera más honesta cómo me sentía: «Me siento mal cuando tengo que decirte que no, pero esta noche estoy muy cansado y necesito quedarme en casa». Para mi sorpresa, él respondió tranquilamente: «Muy bien». Allí terminó la conversación sin ningún mal sentimiento.

Esta simple conversación con mi hijo fue una experiencia de iluminación y un giro en el entendimiento y el poder de visión y los beneficios que brinda el hecho de decir la verdad total.

## *¿Cuál es la verdad total?*

Decir siempre la verdad total es un paso muy importante en las conexiones de los autosegmentos. La verdad total está reflejada en la totalidad de tus experiencias procesadas, no procesadas e integradas. Es la realidad de Dios como lo has experimentado. En este sentido, todas las experiencias de la vida son sagradas. Provienen del universo de Dios, nacido de la esencia de lo creado. Tú estás hecho de la esencia del amor y eres un ser de amor que vive en la verdad total del Creador. Miguel nos pide encender la luz de la lámpara de la divinidad que hay dentro de cada uno de nosotros, para poder vernos a nosotros mismos una y otra vez y así compartir con el mundo en paz y armonía una vez más.

## *¿Cuándo debería decirse la verdad total?*

Dite la verdad total a ti mismo todas las mañanas, todas las tardes y todas las noches. Di la verdad total todo el tiempo, mientras ves como las tendencias egocéntricas interpretan las experiencias a su manera. Aprende a entender las tendencias egocéntricas. Éstas no están equivocadas ni son malas. Simplemente, apuntan a una verdad basada en tus reacciones de supervivencia. Por lo tanto, cuando eres consciente de que una parte de ti está escondiendo la verdad, no la condenes ni esquives. Más bien, haz brillar la luz del sentimiento del amor y trasládala de un lugar de miedo a un lugar de aceptación. Éste será el inicio como un ser de luz, de sentimientos, de paz y equilibrio.

Di la verdad total en todo momento y vivirás una vida llena de alegría. Tus elecciones serán honestas, cualquier aflicción será purificada y tus lágrimas serán como la mano de Dios sobre tu hombro. Tu sonrisa será la salida del sol que alumbra en la oscuridad.

### *¿Dónde está la verdad total?*

Esto se entiende mejor con otra pregunta anterior: ¿dónde estás tú? La verdad total es la sabiduría integrada que habita en el ser superior, combinada con experiencias no procesadas o procesadas parcialmente que encontramos en nuestra memoria del alma. La verdad total se encuentra en la voluntad para admitir e iniciar el proceso de integración y de sabia agrupación. La voluntad es confianza. Esto significa que tu ser, a través de mensajes e impulsos, te hace un llamamiento para manifestarte la valentía de vivir.

### *¿Por qué se debería decir la verdad total?*

¿Quieres paz, amor, entendimiento y felicidad en tu vida y la de tus seres queridos? ¿Quieres vivir cada día con la alegría de la infancia? Éstas, y muchas más, son las razones por las cuales deberías siempre decirte la verdad total a ti mismo y a los demás.

Una mentira puede ser más fácil decirla en un momento específico. Aun cuando cierres los ojos a una parte de la verdad, mintiéndote a ti mismo por un momento, algún día será descubierta. Lo que haces es aplazar tu crecimiento.

Recuerda que así como tu cuerpo inspira y espira, y así como tu cuerpo descansa y se ejercita, así también tú procesas y luego integras la sabiduría. Primero experimentas y luego meditas. Permite que la sabiduría del ser superior y las enseñanzas de tu alma te den las respuestas necesarias para incorporarlas en tu vivir diario.

## ¿Cómo decir la verdad total?

Éstas son algunas formas para decir la verdad total:

1. Escucha a tu conciencia. Escucha esa voz calmada dentro de ti. Está ahí por alguna razón. Ésta es la voz del alma, enviando impulsos para guiarte en tus metas y propósitos para tu propio beneficio.
2. Practica el plan de tu vida. Este ejercicio fue inspirado por el arcángel Miguel. Puede ayudarte a identificar las áreas que necesitan algún entendimiento y proceso para lograr conocimiento.
3. Ora e invoca la presencia de Miguel. Esto nos ayuda a ver con claridad y nos da inspiración para continuar. Recuerda ser amable contigo mismo durante este proceso.
4. Practica las meditaciones de este libro. Estos ejercicios, particularmente los del capítulo 9, te ayudarán a ubicar tu atención en el proceso de entendimiento individual a través del poder de la visión.
5. ¡Inténtalo…, te gustará! Después de decirte la verdad, podrás descansar. Todas aquellas cosas por las que estabas preocupado y que te estaban ahogando, quizás no iban a suceder, o si ocurren, no eran tan trágicas o dramáticas como pensabas.

## ¡Empieza hoy!

Empieza a decir la verdad hoy, mañana podría ser demasiado tarde. Nadie sabe cuándo dejaremos este mundo o cuándo nos dejarán nuestros seres queridos. Háblales ahora desde la verdad en la que tú te encuentras. Comparte con ellos tu propia verdad, esa que está dentro de tu corazón. Anímalos para que ellos también la compartan entre sí (de la manera más amplia que puedan hacerlo) y acepta y aprende de lo que ellos compartan contigo. Agradéceles su amor y, en respuesta, ámalos también a todos ellos.

Decir la verdad total se constituye en un largo proceso en la vida, el cual empieza en el momento en el que adquieres conciencia de que estás vivo. Observa a Miguel. Sostén con valor y determinación la espada de la verdad. Sostenla con el poder sanador del amor que proviene de la gracia de Dios y de tu propio deseo de aprender y de crecer.

*Al seguir el camino de nuestros deseos, empezamos nuestro viaje de autodescubrimiento.*

# 8

# Un mensaje de Miguel

## Entender e integrar el patrón del alma

Yo vengo en nombre de la verdad y la voy a dar a conocer. Es la verdad que has ignorado durante mucho tiempo. Es esa verdad que siempre ha existido en tu interior, en lo más profundo de tu ser. Es la verdad que has olvidado a medida que has perdido contacto con tu inocencia.

Pido a aquellos que buscan mi ayuda que tengan el valor para enfrentarse a sí mismos sin sus máscaras de protección. Necesitáis coraje para soportar el dolor de las experiencias que os habéis negado a procesar. Además, necesitáis un fuerte deseo para conoceros a vosotros mismos.

En el pasado se decía: «Hombre, conócete a ti mismo». Pero ¿cómo puedes conocerte a tí mismo hasta entender la razón por la cual decidiste hacer lo que haces? Hasta que logres entender los factores que te motivan en tu vida, saltarás de experiencia en experiencia sin saber cuál es el camino por donde está forjado tu destino.

Yo te ofrezco la balanza de la justicia, para que todos los hombres conozcan la verdad del Creador. Ofrezco la balanza de la justicia para que entiendas que cada acción necesita de una reacción en los mundos de la energía, la materia, el tiempo y el espacio. Esta reacción no es de castigo. Esta reacción es parte de la naturaleza cíclica del mundo terrenal.

Si me llamas, no te voy a fallar. Voy a guiarte hacia el sitio donde habita la espada de la verdad que está esperando tu aceptación. Con el símbolo de la espada de la verdad, ahora tienes el poder para ver tus verdaderas motivaciones y entenderte a ti mismo.

Ya no decidirás mirar tus experiencias y tomar decisiones basadas únicamente en tu interés personal. Ya no justificarás con razones obvias que sustentan los sistemas de creencias que tú has puesto al servicio de tu interés.

La experiencia es la razón por la cual el alma decide girar en torno a la encarnación que ahora es consciente. Esta experiencia es para el beneficio integral del ser. Es un regalo de Dios. Cuídalo y hónralo con todo el respeto que se merece. Todas y cada una de las formas tienen su propósito y su función. Todas ellas son formas de vida brindadas por la energía pura del Creador.

¿Cómo podrías llegar a entender el patrón del alma? El proceso con el cual los cuatro arcángeles te guiarán es el proceso de autodescubrimiento, curación, compromiso y amor.

Hombres y mujeres de la tierra, buscad la verdad del amor en vuestros corazones. Yo no tengo el poder para desenmascararlos. No puedo ni empujarlos, ni influenciarlos, ni obligarlos ni consentirlos. Mirarse a sí mismo en la luz de la verdad es traumático y conmovedor, pero al mismo tiempo restaurador. A medida que aceptas la energía divina como una manifestación de la verdad, la honestidad y la justicia, tu vieja conciencia (el ser que había sido construido bajo tus viejos patrones) empieza a desintegrarse. En el fondo se encuentra la parte sensible de tu ser; dulce, viva y de buena voluntad para vivir la vida plenamente. Te pido que aceptes la plenitud de la vida para el enternecimiento de tu verdadero ser, con el fin de manifestar una mayor claridad, verdad y amor en el mundo que te rodea.

El plan de sanación de los arcángeles es simple. No necesitas comprar nada. No hay nada que buscar y no existen restricciones que te aparten del beneficio que te ofrece el plan. Existen requisitos, pero estos requisitos son normas que se han de seguir. Con el fin de expandirse, hay que desplazarse, y para ello debe haber motivación.

Entender el propósito del alma requiere entender tu patrón de comportamiento. Todo es como debiera ser en este momento, incluyendo el hecho de que, en este instante, tú estés decidiendo convertirte en un ser integrado consciente en todos los niveles: desde el ser del alma hasta el ser superior a través de los seres consciente, emocional y básico.

Cada uno a su debido tiempo y para cada momento un propósito. Con este propósito llega la información que ha de ayudarte a eliminar los vendajes de tus ojos y así decidir conscientemente el curso de tu propia acción para curar las heridas del pasado que mantienen tu corazón lejos de disfrutar una vida de plenitud; para que te comprometas con persistencia y con fuerza para realizar tu propósito en tu vida en múltiples niveles y –en, antes, durante y después de todas las cosas y eventos de este mundo– para apreciar, amar y ser.

Para ser verdadero hay que admitir los sentimientos que se tienen. Rafael te ayudará a aceptar tus emociones y a aprender de tus deseos. Al admitir las emociones que estás sintiendo, puedes llegar a derribar las barreras que existen a tu alrededor. Niveles profundos de honestidad requieren una apertura mayor a tu ser y a tu mundo exterior. Un entendimiento más profundo de la justicia te conducirá a aceptar los ciclos de experiencia que hayas escogido. Así mismo, los niveles más profundos de fortaleza y de compromiso te ayudarán a llevar a cabo la misión de tu vida.

Yo vengo hasta ti para ofrecerte el cáliz de pureza, y al beberlo, estarás bebiendo de tu propia verdad, aceptando y nutriéndote de la verdad interior que eres tú mismo. Acepta mi ayuda, que se ofrece libremente. Eleva la cabeza hacia los cielos, para que sea Dios quien te cuide. No sientas miedo, puesto que los ángeles y los arcángeles están cerca de ti.

No vengo para mostrarte la verdad de otras vidas. Vengo para mostrarte el camino de tu propia verdad. ¿De qué otra forma puedes cambiar si no miras la realidad en la que tu vida ha sido construida? ¿De qué otra forma puedes avanzar si no es rompiendo las barreras que enceguecen tus centros de energía? La tarea de observar la verdad e investigar en el espejo de ella misma no es para los tímidos. Se necesita el atributo de la fortaleza. A medida que yo te guío, puedes pedirles a los otros arcángeles que te inspiren y que manifiesten en tu favor los atributos divinos que posee cada uno de ellos.

Rafael te ayuda a través de la sanación, la aceptación y la totalidad. Si miras en el espejo de la verdad y no puedes curarte, entonces te sentirás afligido por la verdad que veas. Si miras en el espejo de la verdad y no aceptas lo que ves, entonces se detendrá tu búsqueda de la verdad interior. Si miras en el espejo de la verdad sin entender la totalidad de la vida, entonces vas a sentir lástima de ti mismo.

Gabriel te ayuda a través de la fortaleza, de la persistencia y del compromiso. Si miras en tu propia verdad, pero no tienes el compromiso necesario, entonces te detendrás. Si miras a través de tu propia verdad, pero no tienes la fortaleza para continuar, entonces vacilarás. Y si miras la verdad en ti mismo, pero no tienes la persistencia suficiente, entonces tus esfuerzos serán por un tiempo y no alcanzarás lo que te habías propuesto y lo que habías deseado.

Uriel te ayudará a través del amor, la belleza y la apreciación. Si miras en el espejo de la verdad sin amor, entonces sentirás desprecio por ti mismo. Si miras en el espejo de la verdad sin ver la belleza tanto de lo negativo como de lo positivo, entonces fracasarás en el intento de comprender las fuerzas que te empujan y que te impulsan hacia tu destino. Si miras en el espejo de la verdad y fallas en lo que concierne al aprecio de tu vida, entonces no habrás ganado nada.

A través de los atributos del Creador (manifestados por el propósito y los poderes de los cuatro arcángeles) tú buscas, ves, aceptas e integras toda la verdad. Yo te ayudaré a ver la verdad que hay en ti mismo y allí verás la verdad de tus creaciones. Esto te dará una gran alegría en el proceso de integración transformacional.

Te he ofrecido este mensaje por intermedio de la energía universal del Cristo del Creador.

***Niveles profundos de honestidad requieren una apertura mayor a tu ser y a tu mundo exterior.***

# 9

# Oraciones y meditaciones para contactar con el arcángel Miguel

## Una oración de honestidad

Querido Miguel:
Ayúdame a lograr la honestidad que se necesita para llevar una vida de verdad y justicia. Permanece junto a mí en mi esfuerzo para romper mis patrones construidos. Envíame tu energía en mi deseo de cambiar mi vida de manera consciente, para ser más honesto tanto de palabra como de expresión y de acción.
Te pido a través de la energía del Cristo universal, amén.

### MEDITACIÓN
***En presencia de Miguel***

Siéntate o acuéstate sobre una cama. Viste ropa ligera que no te incomode. Utiliza el método que más te facilite relajarte (como el de respiración profunda). Esto te ayudará a centrar toda tu atención en tu propio interior. Asegúrate de que no te van a interrumpir durante entre unos quince a treinta minutos. Después de que tu cuerpo esté relajado y tu mente se ha tranquilizado, continúa con el resto de la meditación.

Te encuentras de pie en un templo. Está iluminado y es amplio. Los suelos son de mármol muy brillantes y hay grandes columnas que se levantan por todo su interior. Te sientes muy seguro allí y sabes que es un lugar muy bueno.

No hay nadie más a tu alrededor, así que decides explorar el templo. Abres una gran puerta de piedra y entras en una habitación. Puedes observar bastantes mesas. Hay muchas cajas en forma de adornos colocadas sobre las mesas. Entonces te acercas a una de las mesas y abres una hermosa caja tallada a mano. Dentro de ella, ves que hay piedras preciosas de todas clases. Brillan. Otra caja está llena de monedas de oro y plata.

Luego ves una puerta de madera al final de la habitación y caminas hacia ella. La abres y caminas hacia otro cuarto. Este cuarto es tan maravilloso como el anterior. Éste está vacío excepto por los estantes de libros que hay en cada una de las cuatro paredes y van desde el suelo hasta el techo. Todos los estantes están llenos de libros. Si observas más detalladamente, puedes ver que los libros están escritos por reconocidos filósofos, pensadores y místicos. Muchos de los libros están cubiertos de polvo.

Luego ves otra puerta y caminas hacia ella. Ésta está hecha de vidrio. Gira fácilmente a medida que la vas abriendo. Entras a una habitación que está desocupada, excepto por un altar que está directamente frente a ti. Al caminar hacia el altar, notas que hay un gran espejo sobre la pared que está detrás de éste. Miras hacia el espejo, que refleja tu imagen. Mírate a ti mismo durante un buen rato, mientras que permaneces en esa habitación.

Escuchas una voz que proviene de detrás de ti. Te das la vuelta y ves a Miguel cargando un cáliz en la mano derecha y una espada en la mano izquierda. Él camina hacia ti y te ofrece el cáliz. Lo tomas lentamente y lo miras. En él ves agua. Entonces empiezas a beberla, te asombras por el sabor del agua. No se parece a ningún agua que hubieras tomado antes. Miras hacia los ojos de Miguel. Tómate un momento para relajarte en la presencia de Miguel. Hazle las preguntas que desees.

Después de un rato, tú y Miguel abandonáis la habitación. Cuando regresas al cuarto con la puerta de madera, notas que ahora está completamente vacío. ¡No hay ni un solo estante en las paredes! Ahora te diriges hacia la habitación con la puerta de piedra y notas que las cajas ya no están sobre las mesas. De hecho, no hay mesas en el cuarto. Ahora dejas el cuarto de la puerta de piedra y entras en el santuario principal del templo. Estás solo otra vez.

Después de un momento dale las gracias a Miguel y abre lentamente los ojos. Descansa y permite la presencia de Miguel para que esté contigo mientras que examinas el significado de tu experiencia.

## Una oración a la verdad

Querido Miguel:
Ayúdame a levantar la venda que cubre mis ojos y mi mente. Sé que me he escondido la verdad de mi ser a mí mismo por mucho tiempo. Ahora estoy listo para avanzar sin ningún temor. Me comprometo a revelar toda la verdad de lo que soy, de una forma amable y amorosa.
Te lo pido a través de la energía del Cristo universal, amén.

### MEDITACIÓN

*Sobre la verdad*

Siéntate en una silla o acuéstate sobre una cama. Viste ropa ligera que no te incomode. Utiliza el método que más te facilite relajarte (como el de respiración profunda). Esto te ayudará a centrar toda tu atención en tu propio interior. Asegúrate de que no te van a interrumpir durante entre quince y treinta minutos. Después de que tu cuerpo esté relajado y tu mente se ha tranquilizado, continúa con el resto de la meditación.

Imagínate que estás enfrente de un gran espejo. El espejo cubre toda la pared. En el centro del espejo puedes verte a ti mismo como eres hoy en vida actual. Estás vestido con tu ropa normal y apareces en un estado de relajamiento.

Ahora piensa en ti como si fueras un bebé, un recién nacido. Tómate un tiempo y «siéntete» como un verdadero recién nacido... Luego, toma la imagen de ti mismo en forma de un recién nacido y «ubícala» en el espejo, a la izquierda del centro. Ahora, a medida que miras hacia el espejo, puedes observar dos imágenes: una de ti mismo como un niño recién nacido y otra como te ves ahora, en el momento actual.

Luego piensa en ti como si se tratara de un niño que empieza a caminar alrededor de su casa. Una vez más, tómate un momento para sentirte como un niño. Ahora coloca esa imagen tuya al lado de la imagen del niño recién nacido que hay en el espejo. De izquierda a derecha, ahora deberás ver la imagen del recién nacido, la del niño que empieza a caminar y, finalmente, tu imagen actual.

Ahora avanza en períodos de cinco años. Con cada avance, piensa en ti en esa edad en particular. Tómate tu tiempo para «sentir» que estás viviendo en esa época. Asegúrate de tomar la imagen de cada época y ubícala en el espejo junto a la imagen anterior. Continúa haciéndolo hasta que llegues a la edad actual.

Tómate un momento y mira las imágenes que hay en el espejo.

Ahora, apártate un poco del espejo. Para tu sorpresa, a medida que retrocedes, tu imagen actual permanece en el mismo lugar dentro del espejo. Ahora eres independiente de las imágenes del espejo. Estás en el centro de visión del ser del alma. Ahora eres una sola unidad de conciencia.

Desde este punto, revisa cada una de las imágenes en el espejo otra vez. Con cada imagen y con cada una de las progresiones de las imágenes –desde la juventud hasta tu edad actual– trata de ver cómo fue forjada para esta vida tu personalidad. Cada imagen contiene las semillas que la crearon. Ésta se ha manifestado desde tu banco de memoria y ahora está en el espejo para que la revises.

Ahora observa con honestidad las decisiones que has tomado y las experiencias que ocurrieron en cada uno de esos momentos. Trata de descubrir los valores que obtuviste y la forma en la que se formaron en cada una de las ocasiones. ¿Cómo asociaste tu experiencia a la causa y al efecto, y cómo hiciste para procesarla para configurar tus creencias? ¿De dónde provienen esas creencias? ¿Han sido tus experiencias completamente procesadas? ¿Puedes verlas ahora de una manera diferente? ¿Puede que un futuro proceso te ayude a crecer?

Haz este ejercicio durante unos diez o quince minutos. No te excedas, ya que siempre puedes regresar y explorar más si lo deseas. El objetivo de esta meditación es el de descubrir la forma en que se han formado tanto tu personalidad como tu visión general sobre la vida, de manera que puedas ver la verdad en ti mismo y empezar a cambiar elementos de tus valores y de tus creencias. Conocer y entender tus valores y tus creencias te ayuda a tomar decisiones conscientes en el presente. Éste es uno de los significados de la libre voluntad: decidir siempre y cuando se conozca la forma en la que tus creencias afectan a las experiencias de tu vida.

## Una oración a la justicia

Querido Miguel:
Ayúdame mientras acojo la verdad y la compasión dentro de mi ser por medio de la aceptación de mi humanidad. Prometo ser amable y mostrar compasión cuando me corresponda hacerlo. También prometo ser justo en todas mis relaciones con los hombres sobre la tierra y en el cielo. Permanece conmigo, Miguel, y enséñame más sobre la justicia durante cada día de mi vida.
Te lo pido a través de la energía del Cristo universal, amén.

***Tú estás vivo en el mar de la energía de Dios.***

# 10

# Trazando tu vida: Un ejercicio con Miguel

Debido a la velocidad con la que mucha gente vive en este mundo moderno, algunas veces, la vida se presenta con un aspecto borroso. El sol se levanta y se oculta y cada instante parece estar lleno de deberes y responsabilidades. No es coincidencia que, para muchos, los años vengan y se vayan sin ninguna importancia. El ejercicio de trazar tu vida te ayuda a disminuir la velocidad en tu vida, de manera que puedas centrarte en la revisión de esta gran experiencia.

Este ejercicio, inspirado por el arcángel Miguel, involucra la evaluación objetiva y subjetiva. Al utilizar estos dos métodos, el ejercicio del trazado de tu vida te ofrece un método equilibrado y efectivo para vivir de una manera diferente.

El ejercicio te pide que escojas un tema que tenga interés para evaluarlo en un período de tiempo determinado. Este ejercicio es mucho más fácil de llevar a cabo si se utiliza una gráfica con las coordenadas tradicionales X e Y. Dirígete por un momento a la pág. 113. Las coordenadas horizontales describen el período de tiempo a evaluar (los segmentos de tiempo), y las coordenadas verticales describen la escala de juzgamiento.

Puedes usar el ejercicio para evaluar tu vida espiritual durante un período de tiempo. En este caso, el tema a analizar es «la satisfacción espiritual». La posición más alta sobre la escala, o sea, diez, representa «la máxima satisfacción espiritual», y la posición más baja sobre la escala, o sea, uno, representa «la mínima satisfacción espiritual». El segmento horizontal representa los años. En este ejemplo, escribirás 1978 en el primer segmento, 1980 en el segundo, y así sucesivamente, avanzando dos años en cada línea subsiguiente hasta llegar al segmento de tiempo número 12. Después de escoger tu tema, establecer su escala y decidir cuál va a ser el período de tiempo que vas a evaluar, estarás listo para continuar con el ejercicio.

Comenzando con el primer segmento de tiempo (1978) escoge el número de uno a diez que mejor represente la forma en la cual calificarías el segmento del tiempo correspondiente al tema que te ocupa (en este caso, satisfacción espiritual). Marca un punto sobre la gráfica, justo donde el primer segmento de tiempo y la escala se intersequen. Ejecuta este mismo paso con todos los segmentos del tiempo sobre tu gráfica. Después de que lo hayas hecho, dibuja una línea entre cada uno de los puntos sobre la gráfica. De esta manera, podrás apreciar fácilmente la forma en la que ha evolucionado tu tema evaluado a través del tiempo.

El siguiente paso a seguir es llenar las hojas siguientes *(Eventos y observaciones: Lado A y B)* según el tema que hayas representado (satisfacción espiritual en nuestro ejemplo).

Empezando con las notas del evento 1, piensa en los eventos principales que ocurrieron en tu vida durante ese segmento de tiempo. Escribe lo más significativo para ti. Ahora revisa cómo calificaste ese segmento de tiempo sobre tu escala de juzgamiento. Considera tu calificación y los eventos durante ese segmento de tiempo y registra tus observaciones. Esto representa la mezcla de los elementos objetivos y subjetivos de este ejercicio. El elemento subjetivo es tu entendimiento sobre el tema en cuestión durante este segmento de tiempo, calificado en una forma numérica. El elemento objetivo son tus eventos detallados durante ese segmento de tiempo y tus observaciones acerca de la correlación que existe entre la calificación y los eventos.

Después de completar la sección de notas del evento 1, termina los eventos restantes registrándolos de manera descriptiva. Quizás tengas pocos segmentos de tiempo para trazar. Si es el caso, entonces completa las notas de los eventos relacionados en su línea de tiempo. Si deseas tener más segmentos de tiempo de los que están disponibles en la gráfica, improvísalos si es necesario.

El ejercicio también te permite variar los segmentos de tiempo para ordenar el tema. Los segmentos del tiempo no tienen que ser, necesariamente, bianuales como en nuestro ejemplo. Pueden ser anuales, mensuales o diarios. En algunos casos, pueden ser de cada hora. Aquí hay un ejemplo donde se toma el sentido de los segmentos de tiempo a través de las horas: digamos que hubo una serie de eventos que dieron como resultado una seria discusión con tu cónyuge o compañero. ¿Cómo puedes determinar qué causó la discusión? ¿Puedes resumir los eventos del día? Muchas veces estos eventos pasan tan rápidamente que no podemos recordarlos muy bien. También es posible que las emociones fuertes hagan difícil observar de una manera objetiva las cosas que han ocurrido. Es aquí donde las hojas de los eventos te ayudarán a recordar.

Elabora una gráfica, escribe la fecha, la hora y el título del tema, por ejemplo: *discusión con tu cónyuge.* Marca el número diez como «el máximo motivo de discusión» y el número uno como «el mínimo motivo de discusión». Ahora establece la línea del tiempo (segmento del tiempo).

En este ejemplo, recuerdas que el punto más fuerte de la discusión fue alrededor de las 6:00 p. m. Empieza con el segmento del tiempo número 1 a las 10:00 a. m. y ve avanzando de hora en hora. Ahora deberás calificar cada período de las horas con respecto a la escala de juzgamiento ubicando un punto sobre la gráfica donde se requiera.

Toma la hoja de *Eventos y observaciones* y escribe lo que sucedió en cada segmento del tiempo. Escribe los eventos, cómo te sentiste, los pensamientos que tuviste, etc. Luego, revisa lo que has escrito y busca la causa y el efecto dentro de los eventos.

Este ejercicio está diseñado para ayudarte a descubrir tus propias motivaciones y la parte de tu responsabilidad, es decir, el papel que jugaste tú en relación con el tema de la gráfica. Es muy importante que te tomes tu tiempo para revisar lo que has escrito. Busca los vínculos que puedan existir entre los eventos y tus sentimientos.

Una manera para aumentar los beneficios de este ejercicio es desarrollar varios temas durante el mismo período de tiempo. Por ejemplo, puedes trazar tu satisfacción espiritual durante un período de diez años, así como también tu matrimonio durante el mismo período de tiempo si es tu caso. Puedes agregar más asuntos, tales como un cuadro de tu salud física para la misma línea de tiempo. Después de completar las tres gráficas y las hojas de los eventos, revísalas en conjunto. Observa y toma nota de los patrones resultantes.

## Trazando tu vida

*Hoja de la escala del asunto*

Fecha: 2 - 4 - 00　　　Hora: 6:30 p.m.

Tema: Satisfacción espiritual

Escala de 10: Máxima satisfacción

Escala de 1: Mínima satisfacción

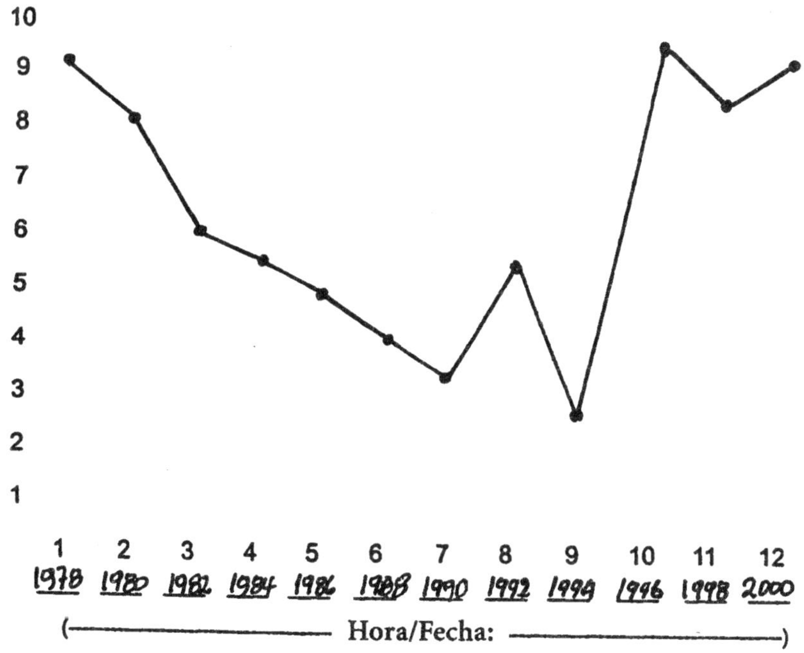


*Nota: Los números verticales determinan el grado de intensidad (máximo, mínimo). Los números horizontales corresponden al tiempo (horas, fechas, años). Las líneas que están por debajo de la sección del tiempo son para que relaciones la hora o la fecha que representan los números (1 = enero de 1978; 2 = febrero de 1980, etc.).*

## Trazando tu vida

*Eventos y observaciones: Lado A*

Fecha: 2-4-00 Tema: Satisfacción espiritual

Evento 1 Notas: Vivía en la casa con mi papá. Iba al colegio universitario y me empleaba solamente en trabajos de mano. Estaba muy involucrado en asuntos espirituales e intentaba nuevas técnicas para OBE proporcionadas por la comunidad. Descubrí que fuertes creencias eran ciertas en el camino de Dios. Sin deudas. Pocas responsabilidades. Creía que el líder de la comunidad era la mayor conciencia de la tierra. Fui admitido en la comunidad.

Evento 2 Notas: Me casé por primera vez. Abandoné el colegio. Nació mi primer hijo. Me vinculé a una organización local de la comunidad y recibí otra admisión. Esperaba más experiencias espirituales conscientes como me lo prometía el líder y las escrituras de la comunidad. Trabajaba tiempo completo. Descubrí que el líder retomaba secciones de libros de fundadores fallecidos sin reconocimiento alguno.

Evento 3 Notas: Tiempos financieros difíciles. Me fui con toda mi familia para donde mi papá por tres meses y donde el abuelo por otros tres meses. El nuevo líder se hizo cargo del grupo, presentando una transición amable. Esperaba con ansiedad mayor crecimiento y las experiencias espirituales prometidas.

Evento 4 Notas: Monté un pequeño negocio en casa. Empecé a beber mucho. Obtuve mayores créditos! Me separé de mi esposa por corto tiempo. Paré de beber en marzo del 83. Tiempos difíciles en el verano del 83. Posición lucrativa a corto plazo a finales del 83. Recibí otra admisión en la comunidad.

Evento 5 Notas: El anterior líder de la comunidad fue excomulgado por el actual, por supuesta apropiación de los fondos de la comunidad. Al fundador de la comunidad le encontraron grandes cantidades de escrituras que había tomado intactas de otros libros y las vendió como propias. Mi esposa no se daba cuenta de este problema. Sentí que tenía que olvidarme de este problema para mantener la estabilidad de mi familia. El segundo niño nació con problemas.

Evento 6 Notas: Tuve varios problemas con trabajos y sin mucho dinero. Atravesé el país para estar cerca de una clínica de especialistas para las terapias del segundo niño. Mejorías en la parte financiera con el nuevo trabajo en 1987. Conducía por largas horas. Disfrutaba del trabajo. Encontré gente de la comunidad en nuevas y muy diferentes áreas. Me di cuenta de peleas, hipocresías y elitismo entre los líderes locales.

## Trazando tu vida

*Eventos y observaciones: Lado B*

Fecha: 2-4-00 Tema: Satisfacción espiritual

Evento 7 Notas: Recibí otra admisión para llegar a ser sacerdote, clérigo de la comunidad. Seguí trabajando en un puesto bien remunerado. largas horas. En 1989 decidí mudarme a la ciudad donde estaban las principales oficinas de la comunidad. No lo quería hacer pero mi esposa fue insistente. Me trasladé y obtuve un trabajo con menos sueldo. Compré mi primera casa. Me costó trabajo adaptarme al nuevo trabajo. se está construyendo la primera iglesia.

Evento 8 Notas: Se dio apertura a la iglesia. No me invitaron a la ceremonia No pude lograr un mejor cargo en el trabajo. A finales del 91 pude pasar a una mejor posición. La iglesia no me permite enseñar en la iglesia. Es un tiempo especial. Me sentí rechazado. El hijastro está involucrado en problemas de jóvenes. El segundo hijo tuvo una dolorosa cirugía en la cadera.

Evento 9 Notas: Mi matrimonio está teniendo problemas. El primer hijo está presentando problemas en el colegio. El discurso del líder fue aburridor y redundante. El segundo hijo tuvo más cirugías en la cadera en el 92-93. De nuevo mucho dolor. Las peleas en la iglesia son más aparentes ahora. Me nombraron mejor empleado del año 93.

Evento 10 Notas: Me separé de mi esposa en abril del 94. Fallaron algunos proyectos importantes en el trabajo. Nuevo trabajo en octubre del 94. Un verano muy solitario sin mi familia. Leí libros diferentes a los de la comunidad y a los sugeridos en la lista del grupo. Perdí 40 libras. Abrí mis horizontes a otras perspectivas. Volví a sentir alegría. Conocí a Linda en sept. 94. Fluye gran creatividad. Sentí la presencia del arcángel Miguel.

Evento 11 Notas: Finalizó lo del divorcio. Vi al líder de la comunidad tratando de manipular a los seguidores. Empecé a verlo como humano y no como la más sublime conciencia sobre la tierra. Me causó enojo todos los años perdidos en la comunidad. Tuve problemas con los sistemas de creencias y el propósito de vida. Sentí la presencia de Rafael. Me casé con Linda en 1997. Compré casa. Inicié formalmente el círculo de Iluminación Angelical y creé un website: www.Angelic-circle.com. Empecé a escribir libros.

Evento 12 Notas: Se aclara mi propósito espiritual de nuevo. Avanzo con metas físicas y espirituales. Sentí la presencia de Gabriel a finales del 97. Empieza la influencia de Ariel en el 98. Me di cuenta que dentro de mí está la clave para mi propia iluminación y sanación.

Este ejercicio puede ayudarte a comprenderte a ti mismo y tus motivaciones. También te ayuda a reconocer lo que vales, lo que crees y lo que piensas. Al reconocer estos factores, entenderás las conexiones que existen entre esos aspectos con tus experiencias cotidianas. Tus pensamientos no se confundirán con respecto al significado de una situación o a la forma como reaccionas ante un evento.

Quizás te sorprenderás por tus descubrimientos. Durante el ejercicio, debes ser honesto, tanto en los aspectos objetivos como los subjetivos. Colócate subjetivamente en el período de tiempo para establecer las relaciones entre los eventos y tus sentimientos de ese momento. Luego, ubícate en el presente para hacer tus observaciones respectivas. La experiencia está ligada al conocimiento. Cuanto mayor sea el conocimiento, más grande será la habilidad para analizar el pasado, aprender de él, procesarlo e integrarlo como sabiduría almacenada en nuestro ser superior.

Antes de iniciar el ejercicio, es aconsejable practicar una técnica de relajación durante un tiempo debido al acelerado ritmo de la vida moderna que constantemente nos mantiene en movimiento. Cuando te sientas saturado de actividades, pon en práctica la siguiente técnica. Te ayudará a tranquilizar el ritmo de tus pensamientos, de manera que te puedas concentrar.

¿Alguna vez has tratado de inspirar y espirar simplemente? Si puedes, trata de espirar tres veces por cada inspiración que hagas. No lo intentes si te produce malestar. Si no puedes hacerlo físicamente, entonces imagina lo que podrías sentir si estuvieras haciéndolo. Respirar de esa manera representa un cuerpo en constante actividad: continuo movimiento sin detenernos un instante para tomar un descanso.

Ahora, imagínate que estás inspirando una vez por cada espiración. Hazlo durante tres o cuatro ciclos. Después, imagina que no estás respirando aire hacia tus pulmones, sino vida dentro de tu cuerpo, mente y espíritu. Respira los colores y las visiones que hay a tu alrededor. Observa el mundo a través de tus percepciones. Dale un espacio a tu ser y a tus centros de energía para aceptar el mundo. Ahora retorna esa energía. Estar siempre centrado en tu interior genera confusión y un falso equilibrio. Utilizando esta corta técnica de relajación, puedes equilibrar la energía que fluye a través de tu cuerpo. Practica esta técnica de relajación antes de desarrollar el ejercicio del trazado de tu vida, o en cualquier momento durante el día cuando empieces a sentir que tus pensamientos están confundidos.

Recuerda el amor y la presencia del arcángel Miguel mientras que trabajas con el ejercicio del trazado de tu vida. Aquí podrás aprender más sobre ti mismo, tu vida y las motivaciones y energías que te empujan en tus acciones. Además, puedes descubrir experiencias del pasado que no han sido procesadas en su totalidad. Muy a menudo existen dolorosos recuerdos que cumplen con estas características. Pon en práctica la técnica del LEARN del arcángel Rafael, que se presenta en la siguiente sección, para procesar todos esos recuerdos. Recuerda que la experiencia es el combustible que impulsa nuestro crecimiento.

Se nos brinda mucho amor y se espera mucho amor. Tú puedes desencadenar la paz, el amor y el cariño. Que este ejercicio inspirado por el arcángel san Miguel te ayude en el proceso de vivir.

***La prueba está en el proceso.***

# Sección 3

## El arcángel Rafael

Yo soy Rafael, uno de los siete ángeles sagrados,
el que presenta las oraciones de los santos
y aquel que se ha mantenido ante la gloria
de quien es toda santidad.

–Libro de Tobías, 12-15

# 11

# Rafael: el arcángel de la sanación y de la aceptación

El siguiente arcángel ante tu presencia es san Rafael. Es más conocido como el ángel que ayudó a Tobías durante su viaje. Considerado como el patrón de los viajeros, se representa calzando sandalias y con un bastón en la mano izquierda. Rafael te ayuda a sanar las heridas que vayas descubriendo gracias al poder de la visión. Estas heridas frecuentemente han permanecido cubiertas o sin procesar durante meses o algunas veces años. Con la ayuda de Rafael aprenderás a procesar tus emociones para sentirlas plenamente. Sin sentirlas, no puedes expresarlas enteramente; y sin expresarlas, no puedes integrar el conocimiento que subyace en ellas. Ellas permanecen como cicatrices en tu corazón.

## Siente plenamente

Retrocede tu pensamiento hasta la adolescencia. ¿Puedes recordar algún momento de tu vida cuando fueses lastimado emocionalmente? Pudo haber sido una experiencia con un amigo o con tus padres por algo que hiciste o dejaste de hacer. ¿Cómo te sentiste? ¿Trataste de ignorar el problema? ¿Fue tu respuesta honesta? ¿Cómo fue recibida tu respuesta y cuál fue la respuesta que obtuviste?

La forma en la que respondemos a experiencias es la que nos crea el desafío de expresarnos y no reprimirnos. Expresarse significa responder de forma adecuada ante las experiencias a través del camino de la verdad. Cuando confrontamos experiencias dolorosas, hay un instinto de resguardar el corazón, de la misma forma que una tortuga esconde sus patas dentro de su caparazón para buscar protección.

¿Qué ocurre cuando colocas tu corazón dentro de una concha protectora? Dejas de sentir y obstruyes tu expresión. Sin expresión, la sanación no puede ocurrir ni tampoco podemos alcanzar la integridad que proviene de la sanación. Empezamos a creer que la vida nos lastima; que el contacto y el compartir con otros es doloroso. Como dijo Cristo: «Ofrece la otra mejilla». Al ofrecer la otra mejilla, conscientemente renuncias a la reacción instintiva de protegerte y de tomar represalias. La acción de poner la otra mejilla es igualmente significativa, tanto para ti como para aquellos que te atacan.

## Descubrir de nuevo tu corazón

El temor a la pérdida, combinado con la mala interpretación de nuestras experiencias causadas por el interés propio del ser egocéntrico (o por las inseguridades del ser de las sombras), nos ha llevado a cerrar el centro de nuestro corazón. Esta combinación ha creado extrañas y misteriosas las sendas en el corazón, haciendo más difícil la comunicación entre las personas.

Al abrir el corazón, se descubre y experimenta otra vez la plenitud de la vida. Estos vendajes estaban colocados de manera temporal y como ayuda para sobrellevar otro día aquí en la tierra y no como cadenas para atarnos al temor. El primer paso para retirar las vendas del corazón es hacer brillar la luz de la verdad sobre ellas. Muchas veces, el impacto de la realidad de nuestra vida nos sobresalta y nos ubica de nuevo en patrones cómodos que nos cubren de nuestras experiencias. Debemos poner resistencia a esa necesidad que nos quita la capacidad para sentir el dolor y que no nos permite sanar ni hacer desaparecer los temores.

El siguiente paso es expresar tus sentimientos completamente, con precisión y de una manera constructiva. Esto da paso para que la esencia dorada del amor suavice y sane las heridas. Al permitirte a ti mismo sentir enteramente la alegría y el dolor de tus experiencias, tú le rindes honor a tu vida, a las vidas de aquellos que están a tu alrededor y al Creador.

La presencia de Rafael y su energía te ofrece el respaldo necesario para que continúes el proceso de sanación. Rafael estará contigo para ayudarte a ser libre. Los ángeles y los arcángeles están aquí para ayudarte. Después de experimentar el efecto positivo de la sanación que nos brinda la autoaceptación, aumentarás el deseo de abrir aún más el corazón.

## Expresar no es reprimir

Expresar nuestros sentimientos significa expresarlos todos, no reprimirlos. No basta simplemente con expresar nuestros sentimientos, debemos manifestarlos de una forma que sea constructiva y que haga posible el proceso de sanación.

Se debe evitar expresarlos de una forma hiriente y destructiva tanto hacia nosotros como hacia los demás. Si sientes la necesidad de hacerlo de esa manera, no te sientas mal, esto significa que no has procesado completamente la emoción. La técnica LEARN te puede ayudar a procesar una emoción hasta llegar a descubrir su origen. Esta técnica también nos ayuda a desarrollar nuestros sentimientos de una forma que promueve el entendimiento y la comunicación. Esto nos brinda la integridad necesaria y la aceptación de la vida en todos sus aspectos. Por ejemplo, si alguien dice algo que te hiere, es natural sentir tristeza. Para muchos, la tristeza da paso rápidamente a la ira. Mientras que algunos no responden de forma directa, otros lo hacen instantáneamente con rabia y represalia. Al adoptar una respuesta agresiva e hiriente, se cree que las personas entenderán mejor nuestros sentimientos o que, al menos, experimentarán lo que estamos sufriendo.

También existen otros que se esforzarán por escudriñar el origen de sus emociones en lo más profundo de su pasado. Las emociones tienen, a su vez, otras emociones que las originan. La ira tiene niveles subyacentes, los cuales conducen a su raíz u origen. Cuando somos conscientes de sus orígenes, existe la tendencia a comunicarnos mejor y escoger mejor las frases y las palabras, de tal manera que no suenen amenazantes; es decir, que optamos por aquellas que mejor describan lo que estamos experimentando y sintiendo.

Por ejemplo. Digamos que alguien en el trabajo tiene la costumbre de interrumpirte siempre que estás hablando. ¿Qué puedes hacer al respecto? Podrías optar por ignorarlo o por responder de igual manera. Tal vez podrías atacarlo verbalmente, ya sea de frente o a sus espaldas. Sin embargo, si deseas comunicarte de una forma constructiva, podrías optar por expresarte claramente, de esta forma: «Cuando me interrumpes lo que estoy diciendo, siento como si no te importara lo que yo pienso. Me duele que no aprecies el valor de mi opinión».

Compara la siguiente afirmación con la anterior. ¿Cómo consideras que alguien respondería a cada una de ellas? «¡Estoy harto de que siempre me estés interrumpiendo cuando estoy conversando! ¡Creo que eres un idiota y quiero decirte que estoy cansado de tus estúpidas opiniones!».

La técnica de Rafael, llamada LEARN, suministra un enfoque paso a paso para procesar tus sentimientos y tus emociones en la medida en que se relacionen con tus experiencias. Recuerda que el principal propósito de sentir y de expresarse es el crecimiento de los atributos de integridad, aceptación y sanación. La energía de estos atributos nos ayuda a mantenernos abiertos al Espíritu Santo, al ser del alma y a la sabiduría de nuestro ser superior. A su vez, esto nos permite construir un entorno cálido y protector en donde podemos vivir.

Amar al prójimo significa brindarle respeto, y amarse a sí mismo significa honrar y respetar tus propias experiencias. El honor más grande que podemos ofrecerle a la vida es procesar cada una de las experiencias en su máxima plenitud. La sabiduría adquirida quedará almacenada en el ser superior para ser compartida a través de un corazón. Ahora los sentimientos de plenitud y espiritualidad llegarán a ti cuando así lo desees. El proceso purificador de las expresiones apropiadas trae consigo estos divinos atributos para brindártelos de una forma natural y equilibrada.

## La olla a presión de la represión

Todos los años de represión, alimentados por el temor al rechazo y a la pérdida del ser egocéntrico, crean una bomba de tiempo dentro de nosotros. Esta bomba de tiempo es una especie de olla a presión a punto de estallar, es decir, «la olla a presión de la represión». A medida que se ignoran las emociones, tus energías se van comprimiendo como en una olla a presión, generando así una situación progresiva de volatilidad inminente.

La permanente represión de las emociones también crea dificultades de comunicación porque se ha decidido que no podemos ser honestos con todos aquellos que nos rodean. Cuando no somos honestos, no podemos esperar que nos respondan de una manera recíproca. Esto complicará aún más el problema. Con el tiempo, la carga y la presión llegan a ser tan fuertes que la olla explota o, por lo menos, empieza a dejar salir el vapor comprimido.

Con la ayuda del arcángel Miguel, aprendemos a descubrir la verdad de nuestra represión haciendo uso de la autohonestidad. A pesar de ser una tarea muy difícil, debemos admitir que tan sólo nosotros, y nadie más, nos hemos encargado de ocultar nuestra propia verdad. Durante mucho tiempo hemos visualizado las falsedades aceptándolas como si fueran verdad. También, empezamos a observar la forma en la que hemos deformado nuestro corazón al permitir que los temores nos controlen. A medida que empezamos a procesar las experiencias reprimidas, se va liberando la presión de la olla, y al admitir que ésta existe, nos sentimos aún más lastimados. Es entonces cuando nos damos cuenta de la forma en la que hemos pasado en vano tantos años preciosos dando vueltas entre modelos de infelicidad y de alienación. De muchas maneras, hemos vivido la vida como zombis, es decir, incapaces de sentir en lo profundo de nuestro corazón, donde se conecta nuestra humanidad y nuestra divinidad.

## Los niveles de las emociones

Al entender nuestras emociones *(véase* capítulo 28) podemos enfrentar, constructiva y positivamente, cualquier sentimiento, incluyendo el enojo, la envidia, los celos y el resto de las que se conocen como emociones negativas. El dolor que sentimos al darnos cuenta de que hemos vivido años de represión, años que no podemos recuperar, puede estar combinado con cierto nivel de ira. Recuerda que no hay emociones buenas ni malas. Simplemente, sentimos lo que sentimos. Tenemos la capacidad de sentir todas las emociones y a aprender de ellas, incluyendo la ira y las demás emociones negativas o desagradables. El siguiente es un breve ejemplo de los niveles de las emociones que podemos experimentar.

- Alguien te critica, entonces tú reaccionas con ira.
- Por debajo de la ira está el siguiente nivel de emoción; el dolor. Te sientes herido porque sabes que la crítica que recibiste tiene algo de verdad.
- Más profundamente sientes tristeza. Consideras que no has cubierto la expectativa de esa otra persona (o tal vez tu propia expectativa).
- Finalmente, llegas a la raíz más profunda de la emoción; el miedo. Tienes miedo de perder el amor de la otra persona, así como temor a no ser digno de ser amado.

En la técnica LEARN (descrita más adelante en esta sección) puedes encontrar más información adicional sobre cómo encontrar la raíz de la emoción. Esto forma parte fundamental del proceso de expresar efectivamente tus sentimientos.

## El limbo emocional

¿Te has preguntado alguna vez la razón por la cual no sientes una determinada emoción en una situación específica? Por ejemplo, en una situación en la cual la compasión es la emoción a sentir, terminas sintiendo superioridad. Tal vez, podrías sentir desprecio más que amor por la humanidad. ¿Por qué razón sientes celos en lugar de satisfacción? No tiene ninguna validez tratar de dirigir nuestros sentimientos. Simplemente no funciona. A pesar de la gran cantidad de reglas, leyes, decretos y doctrinas espirituales creadas para degradar ciertas emociones negativas, no podemos sentir emociones positivas simplemente con la fuerza de voluntad. El simple hecho de seguir las leyes y reglas espirituales no genera las emociones gloriosas de la realización espiritual y la satisfacción como humanos.

Cuando dirigimos la fuerza de voluntad hacia la visualización de nuestra verdad, tenemos la oportunidad de sentir la otra cara de las emociones negativas. De la misma forma en la que sientes las vibraciones ocasionadas por alguien que golpea el otro lado de una pared y las sigues para identificarlas, así mismo tú puedes seguir los golpecitos de tus emociones para alinearte con ellos. Esto te ayudará a sentir, ver y descubrir el siguiente paso que necesitas dar. Cuando tenemos el deseo de aprender y de crecer mediante el procesamiento completo de las experiencias de nuestra vida hasta los niveles más profundos, entonces estamos actuando desde un estado de aceptación. En una forma más natural hemos retornado al estado maravilloso de la niñez. Empezamos por experimentar, como si fuera un sentimiento glorioso, la energía de la vida que nos impulsa a través del centro del corazón. Esto se refleja en nuestras acciones y en las palabras al reconocer que estamos bajo el cuidado protector del Espíritu Santo.

## Identificar la represión

Sabemos que algún día moriremos. Nuestro cuerpo dejará de funcionar de la manera como lo ha venido haciendo desde el día en que nacimos. El siguiente ejercicio te ayudará a identificar la represión a través del análisis de la mortalidad (la séptima clave del autoconocimiento).

## EJERCICIO
### *Identificar la represión*

Relájate y concéntrate por completo. A medida que vayas leyendo cada afirmación, haz una pausa para leerla de nuevo, por lo menos una vez más:

- Algún día tu cuerpo morirá.
- Éste se desintegrará y se transformará en polvo.
- El polvo se esparcirá por toda la tierra para ser reconfigurado en otras formas.

Enseguida, identifica tus sentimientos escribiendo tres pensamientos acerca de cada una de las afirmaciones arriba mencionadas. Escribe lo que sientes. Si no puedes sentir, entonces no estás concentrado o estás rehusando liberar tu represión. Al escribir tus sentimientos, habrás empezado a expresarte a ti mismo.

Finalmente, vuelve a leer cada una de las tres afirmaciones iniciales con sus tres pensamientos respectivos. Siéntate, piensa y reflexiona acerca de lo que escribiste. ¿Puedes aceptar estos pensamientos? ¿Fuiste capaz de experimentar tus propios sentimientos? ¿Cómo te sientes al experimentar esos sentimientos?

Al no existir ninguna evidencia sobre la existencia de la vida después de la muerte, asumamos (en este ejercicio) que no existe nada después de la muerte. A medida que llevas a cabo este ejercicio, mantén tu objetividad con respecto a esta posibilidad. La muerte es una experiencia de la vida. Aceptar nuestra muerte es aceptar nuestra vida. Negar una experiencia es alejarnos de la integridad de todo. Ganamos una profunda apreciación de nuestra humanidad cuando, paradójicamente, aceptamos nuestra mortalidad y revelamos nuestro corazón al mundo que existe a nuestro alrededor.

Ahora dedica unos minutos para llevar a cabo el ejercicio anterior con tres situaciones diferentes relacionadas con el presente. Estas situaciones son las que se encuentran en tu «olla a presión de la represión».

Quizás las temas. Escríbelas y sigue los pasos señalados en el ejercicio anterior. Éstos son los asuntos sobre los cuales debes trabajar y debes procesar.

Explora tus sentimientos. Te pueden conducir a las respuestas y a las nuevas maneras de ver la vida. Esto, a su vez, abrirá tus centros de energía con la preciosa conciencia del *ahora* que reviste el eterno momento en el cual vivimos.

## Las emociones son tus amigas

Al estudiar con Rafael, estarás en la compañía de un arcángel glorioso de consuelo, aceptación y sanación. Recuerda que las emociones son tus amigas. No las subestimes; por el contrario, hónralas, al ser creaciones de Dios, con la gratitud y el agradecimiento que se merecen. Puedes utilizar las oraciones del capítulo 14 para contactar con la energía de Rafael e invocar su presencia. Practica también las meditaciones que se recomiendan o lleva a cabo las de tu preferencia. De todos los métodos, el más recomendado es la técnica LEARN. Éste es un método poderoso para ayudarte a mantener abierto el centro de tu corazón hacia el espíritu de la vida.

***Todo lo que haya sido reprimido,***
***algún día debe ser expresado.***

# 12

# Expresar los sentimientos es importante para la sanación: Los poderes, el propósito y el proceso de Rafael

El arcángel Rafael se ilustra con frecuencia llevando un bastón en la mano. El bastón simboliza la necesidad del alma para continuar avanzando en su viaje divino inspirado por el espíritu. Después de que la energía de Miguel haya quitado el vendaje de tus ojos, los atributos de Rafael te ayudarán a sanar las heridas que ahora puedes visualizar. En este segmento de tu viaje, estarás acompañado por el arcángel Rafael, quien le ayudará a visitar de nuevo las experiencias del pasado que ahora son reconocidas a través de la espada de la verdad.

El principal poder de energía que emana de este arcángel es la capacidad de sentir. Sin la ayuda de Rafael, el trauma de revivir viejas heridas emocionales podría llevar a cualquiera hacia un ciclo destructivo de autocompasión y de retribución. Y a pesar de que en un principio toda la oscuridad nace originalmente de la luz, es posible permanecer en tinieblas más tiempo del que pudieras necesitar.

## Una visita al consultorio médico

¿Alguna vez has sentido que no puedes conectarte con tus sentimientos? La mayoría hemos experimentado esta incapacidad de interactuar con nuestros sentimientos alguna vez en la vida. Esta falta de contacto sucede porque estamos apartados de nuestro ser emocional. La supresión continua de nuestros actos nos lleva a un estado de represión.

El siguiente ejemplo ilustra la importancia de expresar tus sentimientos para el proceso de sanación. Digamos que padeces un dolor de estómago. No es un dolor normal que podría desaparecer rápidamente. El dolor ha durado dos días y decides consultar con el doctor.

Llegas al consultorio del doctor unos minutos antes, te sientas en la sala de espera y después de un rato te llaman a la consulta para que el doctor te examine.

Te pide que te sientes en la camilla, luego te hace una pregunta:

—¿Qué te trae por aquí hoy?

Tú respondes:

—No me siento bien.

El doctor comienza el examen. Primero te toca la pierna y te pregunta:

—¿Te duele aquí?

Tú no dices nada.

Entonces te toca el brazo y te pregunta:

—¿Te duele aquí?

De nuevo te quedas callado. Él te palpa la cabeza y luego el estómago mientras te pregunta:

—¿Te duele en esta parte o en esta otra?

Nuevamente, tú no respondes.

En cada uno de los casos descritos, fuiste incapaz o no tuviste la voluntad para expresar lo que estabas sintiendo. El doctor no tenía idea cómo iniciar un tratamiento. Así como al expresar tus sensaciones de malestar físico ayudas al médico a diagnosticar tu problema, de esa misma forma, el expresar tus sentimientos ocasionados por tus experiencias pasadas le permite al doctor que hay dentro de ti sanar tus heridas emocionales. Expresar los sentimientos nos ayuda a centrarnos en las áreas que necesitan ser sanadas. Sin esta expresión, el proceso de sanación es prácticamente imposible.

Lo contrario de la expresión es la represión. La represión nos hace insensibles ante nuestro ser emocional. Es como padecer una dolencia crónica y negar que nos afecta y nos hace sentir mal. Con el tiempo, es fácil aceptar un pequeño dolor como algo normal. Entonces nos olvidamos que podemos vivir sin ese dolor. El proceso de sanación se inicia a partir del momento en el que admitimos la dolencia y luego expresamos el dolor. Si esperamos demasiado tiempo para admitir un problema, cuando aún hay solución, más tarde puede convertirse en una situación de emergencia.

## Consejos para ayudarte a permanecer en sintonía con tus emociones

1. Lleva la espada de la verdad. Sin este símbolo, quizás no puedes admitir o de ver la verdad por ti mismo. Tal vez llegues hasta a culparte.
2. Utiliza las oraciones y las invocaciones del capítulo 14. Te ayudarán a ser más consciente de la presencia curativa de Rafael.
3. Practica las meditaciones para contactar a Rafael. Te ayudarán a tranquilizar la mente, de tal modo que puedas adquirir conciencia de otros flujos de pensamiento y vibraciones.
4. Estudia y utiliza la técnica LEARN. Esta técnica fue inspirada por Rafael. Pon mucha atención al ejecutar la revisión nocturna, que es el componente básico de la técnica LEARN.
5. Relájate. ¡Inspira…, espira… y sé tú mismo!

## ¿Qué es la sanación?

Entender la sanación puede ser una tarea difícil. Si se define la sanación desde el punto de vista de las energías, podría considerarse como la realineación de los centros de energía del cuerpo. Cuando todos los centros de energía son curados, trabajarán en la armonía brindando un estado de paz y felicidad.

El proceso de expresar permite a los centros de energía liberarse de los patrones de energía represada. Estos patrones actúan como fuerzas gravitacionales sobre el centro de energía específico con el cual están asociados. Mientras que la energía intenta girar de una forma equilibrada hacia el interior del centro, es constantemente presionada por fuerzas gravitacionales represadas y no procesadas.

Al iniciarse el proceso de expresión, se liberará una tremenda cantidad de energía. El centro de energía puede tratar de contrarrestar esta liberación, haciéndola girar de una forma agitada de un lado para otro, intentando encontrar un punto de equilibrio. Por eso, al expresar los sentimientos, vemos que las situaciones se tornan difíciles, en lugar de mejorar. Esta búsqueda de equilibrio con relación a un centro de energía es normal y se espera que suceda, especialmente después de años de represión.

Se dice que el tiempo ayuda a curar las heridas, pero dentro de esa sanación encontramos una oportunidad para crecer. No olvides las viejas experiencias porque parezca que ya no llaman tu atención. Las lecciones valiosas permanecen ocultas, a la espera de que las descubramos y las examinemos. Utiliza la técnica LEARN para procesar tanto tus experiencias del pasado como las actuales. Esto te ayudará a mantener tus centros de energía equilibrados y abiertos al espíritu de vida.

Al procesar las experiencias del pasado, encontramos más claro el presente. Es como si nos liberáramos de un entumecimiento que no nos permitía ver con claridad. Ahora podemos sentir una vez más las energías puras de las emociones y ver con claridad el camino que nos espera.

## Sustitutos para la sanación

Cuando escondemos nuestro corazón, nos separarnos de nosotros mismos y de la humanidad. No abordamos la vida con libertad. Nos sentimos temerosos de intercambiar energías, honestamente, con nuestra pareja, con nuestros padres e hijos. En lugar de una comunicación honesta, ahora tenemos actividades controlables (adicciones) que sustituyen la diversión que llamamos felicidad. De esta manera, la represión nos ha conducido hacia la adicción y la dependencia.

Algunas de las adicciones y dependencias más comunes incluyen:

- Abuso de estupefacientes.
- Abuso de alcohol.
- Sobrepeso como resultado del exceso de alimento.
- Gastos obsesivos.
- Fanatismo religioso.
- Participación pasiva en actividades.
- Exceso de trabajo.
- Cualquier otra acción que genera exceso.

Si puedes identificarte con una o más de estas adicciones o dependencias, ¡eso es grandioso! No es grandioso por la magnitud del problema, pero sí por el hecho de admitir que tienes un asunto, o varios, de los que te debes ocupar. Aquí habrás dado un gran paso para alejarte de la represión y poder ver la verdad. Pero ¿puedes evaluar con honestidad lo que te ha costado esta dependencia y lo que te costará si continúas alimentándola en el futuro?

Si no puedes calcular el costo de la adicción, piensa en forma retrospectiva hacia el momento en el que tu dependencia aún no era tan fuerte; trata de recordar cuando la adicción se convirtió en tu refugio. ¿Qué herida o emoción recuerdas haber sentido que te condujo a establecer este refugio? Céntrate en esta experiencia e intenta procesarla usando la técnica LEARN.

Es posible que necesites llegar hasta la causa más profunda por la cual tu adicción sirve como propósito en tu vida actual. Pero tú y todos los que te rodean os beneficiaréis si encuentras un camino para satisfacer ese propósito de una manera más saludable. En la experiencia de romper con una adicción, siempre está presente la oportunidad de extraer perlas de sabiduría mediante el apropiado procesamiento de las experiencias. Estas nuevas perlas de sabiduría que cultivas están integradas dentro de la fuente de la sabiduría que existe en tu propio ser superior.

## Las adicciones son síntomas de represión

¿Por qué Rafael quiere que rompas con estas adicciones? Simplemente porque cada una de ellas reduce tu capacidad para sentir. Un efecto colateral de esta represión es que el poder de sentir disminuye. Esto sucede porque hemos aplicado inversamente nuestro poder para sentir, abusando de las sustancias mencionadas, lo cual, a su vez, paraliza nuestro centro de energía emocional.

Para agrandar aún más el problema, las dependencias pueden resultar difíciles, a veces mortales, de romper. Si eres adicto a sustancias físicas, quizás necesites ayuda profesional para resolver tu adicción. Busca la ayuda más apropiada que puedas, pero también busca siempre liberar tu represión. Eres capaz de resistirte a tus tendencias habituales hacia la represión a través del fortalecimiento de la capacidad de sentir que existe dentro de ti mismo.

La dependencia, entendida como un modelo sustituto de energía, nunca puede llegar a reemplazar verdaderamente la necesidad que se intenta satisfacer. Si ése fuera el caso, entonces seríamos felices, ¿no es cierto? Las adicciones son sustitutas para alcanzar el estado de sentimiento en el cual puedas sentir. Este estado del sentimiento es el estado de vivir la vida plenamente. La adicción crea una falsa imagen de la realidad. Esta falsa imagen es un pálido reflejo de la plenitud de la vida con su centro de energía abierto y moviéndose libremente.

Curiosamente, llevamos con nosotros todas nuestras represiones. El hecho de que no podamos expresar nuestros sentimientos no significa que no podamos sentir. Estos sentimientos se han abandonado para procesarlos más tarde. Por consiguiente, todo lo reprimido deberá expresarse en algún momento. Con mucha frecuencia, esto se hace sin llegar a apreciar lo que significa. La complacencia se considera, por lo tanto, como el yo sin conciencia de sus responsabilidades.

Recuerda que utilizamos el poder de sentir para procesar nuestras experiencias. Esto trae de nuevo a colación los propósitos de Rafael: sanación, integridad y aceptación. El siguiente ejercicio puede ayudarte a descubrir y a procesar tu represión. Se conoce con el nombre de la técnica «de enlace» y está diseñada para mostrarte qué se siente después de descubrir que has estado reprimiendo tus verdaderos sentimientos, en vez de expresarlos.

### EJERCICIO
### *La técnica de enlace*

1. Toma un pedazo de papel.
2. Piensa en tres personas importantes en tu vida.
3. Ahora, por cada persona, escribe tres asuntos sobre los cuales no has podido conversar con ellas. Puede ser un asunto sentimental o un resentimiento. Al finalizar debes tener un total de nueve situaciones.
4. Empezando con la primera persona, toma el primer asunto del cual no has podido hablar con ella y escribe tres razones por las cuales consideras que no lo has hecho. Cada razón debe clarificar la razón anterior. Al igual que un niño que pregunta sin descanso ¿por qué esto? o ¿por qué aquello?, pregúntate el porqué de cada una de las razones. Luego haz lo mismo con la segunda y con la tercera razón de la primera persona.
5. Repite el paso anterior con la segunda y con la tercera persona.
6. Si realizas este ejercicio con el poder de visión inspirado por Miguel, empezarás a descubrir y a enfrentar tu represión.

El acto de encarar la represión muchas veces es suficiente para dar el siguiente paso: procesar tus experiencias en el área descubierta. Normalmente, la represión es apenas la cima de la montaña de tus emociones. Dependiendo de la cantidad de represión que se haya suscitado, quizás hay más expresiones que se necesitan purificar y sanar. La capacidad de sentir puede ayudarte a expresarte. De hecho, cuando sientes plenamente, no puedes hacer otra cosa diferente a expresarte; simplemente lo haces o vuelves y te reprimes de nuevo.

Al expresar tus sentimientos, quizás escojas aceptar las situaciones y las personas con las cuales has estado involucrado. En el pasado pudiste haber aceptado situaciones reprimiendo tus verdaderos sentimientos, lo cual es un engaño. Cuando aprendes a expresarte a tí mismo, tus aceptaciones provienen de un estado consciente. Cuando llegues a ser más honesto contigo mismo podrás terminar alejándote de viejas situaciones y relaciones.

Algunas veces lo que tememos es lo que deseamos. Cuando expresas tus sentimientos estás viviendo la verdad –tu verdad–. No podemos forzar a los demás a que se expresen de la manera que deseamos. Mientras que tú te esfuerzas por expresarte claramente ante ti mismo, quienes están a tu alrededor también están expresándose o reprimiéndose ante sí mismos. Debemos aceptar las decisiones de las personas de expresarse o reprimirse, mientras aceptamos como válido nuestro proceso.

## ¿Cómo resistirte ante tus instintos por reprimir?

Nadie ha dicho que esto sea fácil. Aquí hay unos puntos para revisar si crees que no estás expresando tus sentimientos. Normalmente sabemos cuándo reprimimos nuestros sentimientos; este conocimiento proviene de esa pequeña voz que habita dentro de nosotros –nuestra conciencia–.

1. Recuerda que reprimir es lo contrario de expresar. Si deseas vivir una vida plena, apasionada y agradable (aquí y ahora), acuérdate de que la expresión es el proceso en el que participas ejercitando tu capacidad de sentir lo que Dios te ha dado.
2. Considera tu compromiso de crecer. Si te has propuesto la meta de la iluminación angelical, la cual es integrar tus autosegmentos, eso indica que obviamente deseas triunfar. Recuerda que has escogido esta meta por tu propia voluntad.
3. Practica las técnicas y las meditaciones. Trata de usar la técnica LEARN en el momento en el que sientas el deseo de reprimirte a través de cualquier clase de dependencia. El capítulo 15 describe cada paso de esta técnica.

Los cuatro arcángeles trabajan juntos en armonía para orientarte a través del plan de sanación. Mientras Miguel te ayuda a ver la verdad a través del poder de la visión, el arcángel Rafael te ayuda a sanar con el poder de sentir.

A través del poder de sentir del arcángel Rafael se nos ha dado la oportunidad de aprender su proceso de expresión. Después de expresar nuestros sentimientos llegamos a los estados de aceptación, sanación e integridad. Éste es el propósito del caudal de energía que emana de Rafael.

***Si piensas que no padeces ninguna dolencia, es muy posible que tengas miedo de sentir.***

# 13

# Un mensaje de Rafael

## El primer paso para sentirse mejor es sentir

A medida que avanzas en dirección de la sanación y de la integridad, te pido que recuerdes que detrás de ese dolor, que ahora enfrentas con valentía, está el amor que siempre ha estado presente en tu interior. Con la ayuda de Miguel ahora estás encarando tus temores y descubriendo la máscara que has llevado durante mucho tiempo. Ahora te pido que observes cada experiencia del pasado y del presente sin reprimir tus emociones.

Expresa todas esas emociones: odio, amor, rabia, felicidad. Son parte de la experiencia humana. Las emociones son dones divinos. Tú no necesitas sanar tus emociones –tus emociones están aquí para sanarte–.

Expresar los sentimientos es importante para el proceso de sanación. Muchos han malgastado su preciosa existencia negándose a aceptar sus experiencias. Pero yo te pregunto, ¿qué otra opción tienes que no sea aceptarlas?

Yo, por mi parte, no puedo hacer nada para sanarte. Yo no sano con magia ni con brebajes. No tengo una forma física, ni cuerpo para habitar. Todo lo que hago es dirigirme a tu corazón. Es allí a donde debes retornar. No te ayudaría a menos que tú me lo solicites. Cuando lo hagas, estaré siempre presente. Eres tú quien debe expresar tus sentimientos; eres tú quien debe explorar para encontrar la raíz donde yace la semilla de todas las experiencias.

Hasta ahora sólo has vivido una parte de tu vida. La lámpara está encendida, tan sólo cierra los ojos. Yo te diré cuándo debes abrirlos, «Abre los ojos, oh, hombre, y no temas a tu propia verdad. Abre tu corazón, oh, hombre, y siente tu propia verdad».

Si no puedes expresarte ante ti mismo, permanecerás como un extraño a la llamada del amor que has eludido durante tanto tiempo. Si optas por permanecer cerrado al espíritu del amor, permanecerás oculto ante ti mismo. Ven, que yo te mostraré el camino para que regreses a tu corazón.

¿Por qué hay sufrimiento en el mundo en el que vivimos? El propósito del sufrimiento es ayudarte a ser consciente de algo que requiere de tu atención directa e inmediata, primero para sobrevivir y luego para crecer en tu vida. Por ejemplo, cuando tocas algo caliente con la mano, el dolor que sientes te alerta de que debes retirar la mano rápidamente o sentirás más dolor y sufrimiento. Lo mismo ocurre con las emociones.

Las emociones pueden ser generadas por experiencias físicas. Por ejemplo, un intercambio de palabras durante una discusión puede ser tan doloroso como quemarse por el calor del fuego. Una vez que el dolor se siente, la primera reacción es detenerlo. Esto es muy importante y normalmente es lo que ocurre. Si no es así, entonces la situación física puede volverse mortal (por ejemplo, el hecho de mantener tus manos en el fuego).

Para muchas personas, el temor de ser rechazadas y la mala interpretación de la importancia de expresar sus emociones ocasionan que éstas tergiversen sus reacciones emocionales al suprimirlas y negarlas. Esto sucede especialmente en aquellos que han seguido un camino espiritual que ha ignorado el propósito verdadero de las reacciones humanas y que las ha denunciado como bajas y negativas en su naturaleza. En el ejemplo anterior, alguien podría negar que se ha quemado las manos y que hay dolor físico. Aunque parezca absurdo, mucha gente hace lo mismo en relación con sus emociones.

¿Qué pasa cuando uno reprime las emociones? Te pido que reconsideres lo que pasaría si reprimes el dolor físico de tus manos en el fuego o algún otro dolor similar.

Finalmente, se acumula tanta represión que puede generar una ruptura o un escape de energía emocional. Desgraciadamente, muchas veces la ruptura se convierte en un *escape interno,* la tensión creada al evadir las reacciones honestas, y puede traer como consecuencia daños físicos internos y enfermedades. A medida que el ciclo se cumple, crece tu ansiedad por encontrar las razones que causan un nuevo dolor físico, sin darte cuenta de que éste puede haber sido originado, parcialmente, por la tensión de no poder manejar las respuestas emocionales generadas en el interior de tu cuerpo de una manera abierta, honesta y oportuna.

No existe ninguna razón para que extiendas tu sufrimiento emocional. Todas las angustias mentales y sufrimientos emocionales están basados en tu propia tabla de valores y creencias. Considerando que tus decisiones se basan en la posibilidad producir dolor o brindar placer, se puede asumir que sientes y crees que es más doloroso enfrentar el dolor que causa tu sufrimiento que el dolor en sí. Es tu decisión.

Una vez que eres consciente de que tus decisiones, con respecto a las angustias mentales y emocionales, las determinan tus experiencias (las cuales son influenciadas por tus valores y creencias), entonces puedes liberarte a ti mismo. No necesitas sufrir ni angustiarte durante meses o incluso años. Considera esto: hoy mismo puedes desatar el poder del amor desde tu interior. El amor no tiene preferencias. Es el néctar dulce de la paz interior que constituye nuestra propia esencia. ¿Pero cómo se puede desatar el amor desde dentro?

Hay muchas formas de tratar las emociones. Estos métodos incluyen: represándolas totalmente, el perdón a los demás y a nosotros por las decisiones que han causado mutuo dolor, y la honestidad con nosotros y con el prójimo, pudiendo así expresar libremente los sentimientos en cualquier momento.

Con mi orientación, Linda y Peter desarrollaron el Círculo de Iluminación Angelical que nos ofrece una técnica conocida como LEARN. Esto puede ayudarte a procesar tus emociones y el dolor de una experiencia, al expresar, por ejemplo, la rabia, la tristeza, el resentimiento en su camino hacia la comprensión, la alegría y el amor que yace bajo las heridas. Estudia esta técnica, hazla parte de tu vida diaria. Yo te prometo que estaré aquí contigo para ayudarte cuando abras la ternura de tu corazón.

La sanación que buscas no es sólo la sanación del cuerpo, sino el retorno al corazón de Dios. Yo te ayudaré en tu sanación; seré tu amigo y tu guía si me pides que caminemos juntos por la senda de la peregrinación hacia tu pasado. A medida que transcurra el día, recuerda que la primera forma de sentirse mejor es permitirse a sí mismo sentir.

Que el amor florezca dentro de ti, sane las heridas de tu vida y te alivie con la energía y la paz divina.

*Todas las personas sienten dolor.*
*No todas lo reconocen.*

# 14

# Oraciones y meditaciones para contactar con el arcángel Rafael

## Una oración de sanación

Querido Rafael:
Te ofrezco esta oración para que estés conmigo, mientras hago el esfuerzo de sanar mi corazón por las heridas de mi pasado que permanecen sin resolver. Por favor envíame tu energía curativa, para sanar mis heridas cotidianas, en la verdad y en el amor. Prometo que seguiré tu orientación en mi compromiso para sanar todos los aspectos de mi ser.
Te lo pido en nombre de la energía del Cristo universal, amén.

### MEDITACIÓN

***En la presencia de Rafael***

Siéntate en una silla cómoda o acuéstate sobre una cama. Libérate de cualquier clase de presión ocasionada por la ropa. Utiliza el método de relajación que mejor te parezca (puede ser el de respirar profundamente). Esto te ayudará a concentrarte en tu interior. Asegúrate de que nada te vaya a perturbar entre unos quince y treinta minutos. Después de que tu mente se haya quedado tranquila y tu cuerpo esté relajado, continúa con el resto de la meditación.

Imagínate que estás caminando a la luz del día. El día está soleado y cálido. Sólo hay unas pocas nubes en el firmamento. Te encuentras en un bosque; los árboles son bastante altos, pero no te sientes encerrado. Puedes escuchar el trinar de los pájaros y el ruido de los animales a medida que caminas.

Te detienes y te sientas cerca de un riachuelo. Te acercas a la orilla y recoges un poco de agua con las manos y te la bebes. El frío del agua te refresca. Mientras que miras a través del agua, ves aparecer un reflejo. Tiene la forma de un hombre. Observas que está sosteniendo un bastón en la mano.

Te levantas y te das la vuelta. Ahora estás cara a cara con un bello ser de luz. El amor está brillando en sus ojos. Él extiende una mano y te dice que es el arcángel Rafael.

Imagínatelo con todos sus detalles. ¿Qué lleva puesto? ¿Cuál es el color de su cabello? Mira su bastón. ¿De qué clase de madera está hecho? ¿Hay grabados en la madera del bastón?

Nota un brillo dorado que emana de todo su ser. Él te pregunta si puede caminar contigo en tu viaje. ¿Qué le respondes?

Permanece en este escenario todo el tiempo que consideres necesario. Hazle cualquier pregunta a Rafael. Solicítale ayuda y consejo para tu viaje.

Después de un rato, dale las gracias y abre lentamente los ojos. Relájate, permite que la presencia sanadora de Rafael lo cubra todo. Considera lo que has experimentado durante esta meditación.

## Una oración de integridad

Querido Rafael:
Mi oración de integridad es para estar cada vez más pleno de mí mismo. Para aceptar cada parte de mí; mi pasado, mi presente y mi futuro. Te pido que me ayudes a ver la verdad de mis amigos, de mis vecinos y de mis desafíos, para entender los designios del Creador. Me comprometo a considerar otros puntos de vista antes de hablar y a respetar el punto de vista de los demás cuando los escuche.
Te lo pido en nombre de la energía del Cristo universal, amén.

## MEDITACIÓN

### *Sobre la aceptación*

Comenzaremos como ya aprendimos a relajarnos anteriormente. Después de que tu mente haya quedado tranquila y tu cuerpo esté relajado, continúa con el resto de la meditación.

Imagínate que estás afuera. Está a punto de amanecer. Todavía está oscuro. Estás vestido cómodamente. El clima es cálido, no hay brisa. Te sientes bien. La luz empieza a cambiar de negro a matices de azul oscuro. Las estrellas empiezan a desaparecer lentamente. Después de disfrutar el paisaje, el sol empieza a salir. Observas cómo el círculo dorado de luz empieza su ascenso. El cielo cambia a medida que los caudales de luces de colores se extienden hasta el horizonte.

Después de un tiempo la escena desaparece. Ahora eres consciente del brillante resplandor y del calor del sol del mediodía sobre tu cabeza. No hay sombras, solamente hay luz. No hace frío, sólo calor. La brillantez te encandila al principio, pero después te acostumbras. Todas las cosas están vivas y respondiendo a los rayos de energía que provienen del sol.

Esta escena también se desvanece y hay un momento de oscuridad. Ahora miras la puesta del sol en el horizonte. A medida que el sol se pone, sientes tristeza, pero a la vez entusiasmo. Las estrellas y los planetas pronto llenarán el cielo infinito de la noche. Te relajas y aceptas que el sol se ha ocultado. Te maravillas ante tanta belleza. Sabes que mañana el sol saldrá de nuevo. Ahora sólo disfrutas del momento.

Luego hay una completa oscuridad y te imaginas que estás flotando, suspendido en el espacio. Todo a tu alrededor es espacio, pero no sientes miedo. Un círculo de luz se abre a tu izquierda. Dentro de él se forma una imagen tuya, justo cuando estabas naciendo. Ves que tu madre te acepta y te sostiene en los brazos, muy cerca de su pecho. Ella te cubre las manitas con sus dedos.

Ahora aparece otro círculo de luz directamente frente a ti. En él hay otra imagen. Eres tú tal y como te ves actualmente. Estás sonriendo y eres muy feliz. En esta imagen ves todo lo bueno y lo malo que ha sucedido durante el transcurso de tu vida. Sientes las penas y las alegrías dentro de tu corazón. Aceptas tu vida como es.

Al rato, aparece otro círculo de luz a tu derecha. Dentro de él, te ves una vez más. Esta vez te estás preparando para partir de este mundo. Es el fin del ciclo de la vida. Has hecho las preparaciones debidas contigo y con tu familia. Has reflexionado sobre tu vida. A medida que empiezas a abandonar el cuerpo, te rodea una sensación plena de bienestar.

Así como el sol se levanta, se dirige al punto más alto y se sitúa detrás de una cortina de estrellas, así lo hacemos como encarnaciones vivientes. Cuando los elementos que forman nuestro cuerpo son nuevamente llamados a la tierra, ascendemos como materia etérea hacia las estrellas de los mundos espirituales. Sabemos que volveremos a levantarnos de nuevo, ya sea en este o en otro mundo.

Relájate. Medita sobre los ciclos de la vida. Trabaja alrededor del concepto de la aceptación. Acepta todos los ciclos, puesto que ignorar y rechazar alguno equivale a ignorarlos o rechazarlos todos.

Abre los ojos, respira profundamente y mira a tu alrededor. Estás vivo y listo para vivir tu vida en este día.

## Una oración de aceptación

Querido Rafael:
Con esta oración confirmo que tendré conocimiento de tu presencia. Te pido que me ayudes a encontrar el apoyo necesario para traer a mi vida la aceptación de las decisiones que he tomado. Procuraré analizar y considerar antes de ignorar o juzgar. A medida que viva mi vida, espero que mi corazón sea puro y amoroso como el tuyo.
Esto te lo pido en nombre de la energía del Cristo universal, amén.

***Cuando no puedas experimentar tus propios sentimientos es porque no estás en sintonía, no estás emocionalmente conectado.***

# 15

# La técnica LEARN: Un ejercicio con Rafael

La técnica LEARN fue diseñada por inspiración de los cuatro arcángeles. Aunque la influencia de cada arcángel se puede sentir a través de esta metodología, Rafael es el principal gestor de esta técnica. Esta poderosa técnica combina múltiples elementos de la iluminación angelical y sirve como piedra angular para alcanzar dicho objetivo.

La técnica LEARN está diseñada para integrar sutilmente el ser emocional. Uno de los autosegmentos más difíciles de entender e integrar es el ser emocional. Comúnmente mal entendidos, los poderosos sentimientos llamados emociones nos inclinan hacia la acción o hacia la inactividad. Al integrarse el ser emocional, el ser consciente y el ser básico se benefician por igual. Una alineación tripartita de energía tiene lugar, la cual desbloquea el centro de tu corazón, llevando bendiciones infinitas hacia la luz.

La expresión LEARN es un acrónimo. La palabra *learn* (en inglés, «aprender») es apropiada como acrónimo porque estamos aquí para experimentar y para crecer. *Aprender* significa aceptar las experiencias de la vida, procesarlas y crecer a partir del resultado de ese procesamiento. Las letras del acrónimo de LEARN representan lo siguiente:

L = *(label)* identificar
E = *(express)* expresar
A = *(accept)* aceptar

R = *(release)* liberar

N = *(nightly review)* revisión nocturna

*Véanse* las págs. 153 y 155 al final de este capítulo a medida que continuas la lectura. Utiliza estos modelos en correlación con los pasos de la técnica LEARN. En el apéndice B se incluyen modelos en blanco que puedes fotocopiar para tu uso personal.

Usa los siguientes pasos cuando estés confundido acerca de los sentimientos que puedas experimentar en una determinada situación. Escoge una situación que te desconcierte o preocupe y resúmela sobre el modelo *Descubriendo la raíz de la emoción* que aparece en el apéndice B. Para orientarte se incluye un modelo a manera de ejemplo en este capítulo. Este ejemplo te indicará cómo se usa el modelo. Después de haber resumido la situación, continúa con el ejercicio.

## 1. Identificar tus emociones

Para entender las emociones es necesario identificar con exactitud lo que estamos sintiendo. Mucha gente no tiene la capacidad de identificar lo que está sintiendo.

El primer paso es identificar tu sentimiento inicial (rabia, ira, celos u otro). En el modelo *Descubrir la raíz de la emoción* escribe la mayor cantidad de afirmaciones posible, en las cuales se describan tus sentimientos sobre la situación en consideración.

Si tienes alguna dificultad para identificar tus sentimientos, recuerda que en este primer paso no se trata de expresar las emociones más subyacentes, sino las emociones superficiales o aparentes. Por ejemplo, sabes cuándo estás enojado. O sabes también cuando estás sintiendo celos. Escribe esos sentimientos aparentes. Ya nos encargaremos de la emoción original más profunda a medida que avancemos en el ejercicio.

Remítete al capítulo 28, donde encontrarás algunas emociones comunes (aparentes) y sus definiciones. También existen diversas emociones que apuntan de nuevo a las emociones comunes. Utiliza las tablas del capítulo 28 si tienes dificultades para identificar las emociones aparentes. Una vez identificadas las emociones, y escritas tus afirmaciones, estarás listo para dar el siguiente paso.

## 2. Expresar lo que estés sintiendo

Ahora definamos cómo expresar la emoción que acabamos de identificar. Con frecuencia, los pasos uno y dos se desarrollan simultáneamente. Algunas veces la expresión se hace automáticamente con muy poca supervisión del ser racional. En otras ocasiones es como si tu ser consciente observara el yo emocional quejarse de la emoción (expresarla).

En estas situaciones podemos utilizar la energía de la emoción para dirigir el ser hacia la raíz de la emoción, en un esfuerzo para expresar con palabras y gestos una parte más profunda de nuestro ser. Expresar el origen de la emoción es importante para entender la razón de por qué la sentimos en un principio. Por ejemplo, la emoción de la ira rara vez se manifiesta como un sentimiento solitario y muchas veces es una extensión de otras emociones como la tristeza o el miedo.

En el paso dos del modelo *Descubrir la raíz de la emoción,* escribe los sentimientos (dolor, decepción, herida, rechazo o temor) que están bajo la primera capa del sentimiento que ya se ha identificado en el primer paso. Escribe lo máximo posible para describir tus sentimientos. Puedes consultar el modelo guía que aparece en este capítulo.

Éste es el paso más importante. Si no logras llegar al pasado más profundo, no obtendrás la más profunda sabiduría de la experiencia. Es decir, que has escogido reprimir en lugar de expresar. Esto no está mal, pero no te ayudará a procesar tu experiencia en el presente. Hay aún más pasos para procesar después de la expresión. Trata de sentir. Podrías llorar o sentir oleadas de energía emocional a medida que te diriges hacia lo más profundo de tus sentimientos. Llega a lo más profundo. Recuerda tu amor por la verdad y tu deseo de crecimiento.

Después de escribir tus sentimientos en este nivel, estarás listo para el siguiente paso. Si no puedes escribir nada en este paso o sientes que no te has expresado bien ante ti mismo, quizás deberías esperar otro momento antes de proceder al paso tres.

## 3. Aceptar lo que estés sintiendo

La aceptación significa aceptar lo que estamos sintiendo sin intentar redefinir el sentimiento en forma de una emoción más placentera. Por ejemplo, algunas personas creen que sentir ira es malo o negativo. Cuando experimentan esta emoción, su ser intelectual, cargado por el ser básico, identificará la emoción de manera incorrecta. Esto genera una reacción en cadena surgida por la incapacidad de aceptar la verdad de nuestras emociones. La aceptación es fundamental para un honesto autoexamen y crecimiento.

En el paso tres del modelo *Descubrir la raíz de la emoción,* escribe los sentimientos subyacentes al dolor y el miedo escritos en el paso dos (culpa, arrepentimiento, ser dueño de tus propios sentimientos y la parte que tú has representado al ayudar a crear la situación). El modelo de ejemplo en este capítulo te dará una idea de cómo ejecutar este paso.

Esencialmente, este paso te conduce más profundo en la emoción original, hasta la esencia de tu ser. Aquí estás extrayendo el néctar de la sabiduría de la experiencia. Lo que ocurre después es el paso natural de la integración de la sabiduría dentro de la fuente de sabiduría de tu ser superior. Esto sucede de forma desapercibida. La aceptación llega con la calma. Es como estar en el ojo de una tormenta. La tensión es liberada quedando en paz con la experiencia. Ahora estás listo para el siguiente paso.

## 4. Liberar la emoción

La siguiente etapa es la de liberar. Esto no significa que tengas que renunciar a la experiencia que has tenido. Liberar significa que después de identificar (clasificar) la emoción, expresar la raíz de la emoción (la verdad de ti mismo) y aceptar lo que en realidad has sentido, entonces puedes proseguir. Por ejemplo, algunas personas pueden clasificar una emoción como ira, luego expresarla a un individuo o a sí mismos. Aceptan que el sentimiento fue verdaderamente ira, pero en vez de liberarla, se aferran a ese caudal de energía. Al hacerlo, la persona puede incurrir en un ciclo destructivo.

Si nos damos cuenta de que no podemos o no liberamos la emoción, no significa que seamos malos. Esto quiere decir que todavía no hemos expresado los niveles más profundos de la emoción en cuestión. Hasta que expresemos la raíz de la emoción, no podremos liberar fácilmente la experiencia. Es posible que necesitemos visitar la experiencia de nuevo, cuando hayamos desarrollado una resistencia más fuerte para el autoexamen.

En el paso cuatro del modelo *Descubrir la raíz de la emoción*, escribe los sentimientos que subyacen a la culpa y al arrepentimiento del paso tres (amor, aprecio, perdón y esperanzas hacia el futuro). Escribe lo máximo posible para describir tus sentimientos. Una vez más, puedes consultar el modelo guía que aparece en este capítulo.

Con este paso se completan las etapas del modelo *Descubrir la raíz de la emoción.* Utilízalo para ayudarte en el transcurso de las etapas de procesamiento de tus experiencias. Con el tiempo no necesitarás usarlo más. Los pasos del procesamiento de tus experiencias se convierten en parte natural de tu vida. El paso final de la técnica LEARN (la revisión nocturna) se utiliza diariamente, como se explica a continuación.

## Revisión nocturna: Acelerar tu crecimiento y tu aprendizaje

La última etapa de la técnica LEARN es un ejercicio llamado *Revisión nocturna.* Cada noche, durante un período de 10 a 30 minutos, revisamos los eventos que sucedieron en el transcurso del día. Comenzamos en orden regresivo, empezando con el acontecimiento ocurrido antes de acostarnos y continuamos sucesivamente hasta llegar al primer hecho sucedido en la mañana. A medida que vamos revisando las experiencias del día y las emociones generadas por ellas, le dedicamos un momento a cada una para preguntarnos cómo podríamos haberlas manejado de una manera diferente. ¿Cómo pudimos haber clasificado, expresado, aceptado y liberado nuestras experiencias con más honestidad?

Hay muchos acontecimientos durante el día. Algunos de menor importancia, otros de gran significado. Para ayudarte a procesar los eventos más significativos del día puedes utilizar el modelo de la *Revisión nocturna.* Hay cinco pasos a seguir. Llévalos a cabo con cada uno de los hechos significativos del día que desees procesar. Utiliza un modelo por separado para cada evento. En la pág. 157 encontrarás un ejemplo de cómo desarrollar este modelo.

Éstos son los cinco pasos a seguir:

Paso 1: Describe el evento y lo que ocurrió. Describe simplemente los eventos tal y como sucedieron. Trata de ser lo más objetivo que puedas. No escribas nada acerca de tus sentimientos; sólo describe el evento como tal.

Paso 2: ¿Cuáles son tus sentimientos con respecto al evento? Escribe tus sentimientos acerca de lo que sucedió. Recuerda lo que aprendiste en las primeras partes de la técnica LEARN y aplica esos conocimientos en este paso. En otras palabras, trata de escribir tus sentimientos a partir de la emoción aparente hasta llegar a la raíz de la emoción.

Paso 3: ¿Cómo manejaste el evento, qué hiciste? Una vez más, describe objetivamente las acciones que llevaste a cabo durante el evento. Sé honesto.

Paso 4: ¿Cómo cambiarías la forma en la que manejaste la situación? Revisa lo que escribiste en los pasos uno, dos y tres. Luego escribe la forma en la que hubieras preferido manejar la situación. Si hubieras tenido la oportunidad de sentir los niveles más profundos de la experiencia antes de actuar o de hablar, ¿hubieras escogido una forma diferente de manejarla?

Paso 5: Desarrolla un plan para enmendar la situación. Si crees que el evento requiere de una resolución de alguna clase, entonces decide lo que harás y comprométete a llevarlo a cabo. Esto no significa que siempre debas hablar con la otra persona involucrada en el evento. Tu plan para enmendar la situación debería tomar en consideración los sentimientos de las demás personas.

Recuerda que éste no es un momento para martirizarnos a nosotros mismos, sino que más bien es una oportunidad para utilizar la facultad divina de la imaginación para volver a vivir y para volver a escribir los momentos claves de nuestro día. Este hecho extiende el potencial de aprendizaje de nuestra experiencia diaria. La *Revisión nocturna* es una poderosa herramienta para el autoentendimiento y el crecimiento. Al utilizar estos pasos creas un círculo en constante crecimiento construido día tras día.

La técnica LEARN inspirada por el arcángel Rafael te ayudará a disfrutar la vida plenamente. Practícala con cuidado y verás los resultados en todos los aspectos de tu vida. Sentirás la alegría de vivir de nuevo. Tu corazón se encenderá con amor y tú encontrarás lo que siempre has buscado.

***No necesitas sanar tus emociones.***
***Tus emociones están aquí para sanarte.***

## La técnica LEARN

*Descubrir la raíz de la emoción*

Fecha: 1-25-00 Hora: 2:00 p.m.

Describa lo que sucedió: Asistía al velatorio de una vecina que había muerto recientemente y a quien la comunidad quería mucho. Cuando le dábamos la despedida mencioné que en algunas ocasiones me había dado regalos de Navidad a pesar que no era un familiar cercano. Mi hermana y mi mamá dijeron: "nos imaginamos por qué ella le dio regalos a usted y nunca a nosotros". Luego mi madre dijo "ella se los dió porque en el momento que le estaba entregando los regalos a su hermana, usted estaba cerca".

1. Identificar: Clasifique sus sentimientos iniciales (ira, celos, etc.) y descríbalos lo máximo posible.

Ira: me dio ira porque ellas no reconocieron la amabilidad y generosidad de esta señora. -Bloqueado: mis energías fueron bloqueadas por su reacción a mi comentario. -Celos: surgieron viejos sentimientos de rivalidad entre hermanos porque el comentario de mamá implicaba que mi hermana merecía recibir regalos pero yo no.

2. Expresar: Escriba los sentimientos (dolor, decepción, etc.) abajo de los sentimientos que identificó en el paso 1.

Herido: me sentí herido y mal interpretado ya que mis comentarios desvirtuaron la generosidad de mi vecina así como el hecho de que yo mereciera recibir esos regalos. -Desilusionado y frustrado: porque nuestra conversación fue confusa y dolorosa en lugar de ser positiva y reconfortante. -Inseguridad y temor: me dio miedo de que tuviera razón. Quizá esa señora no me quería sino que no me quería hacer sentir mal

3. Aceptar: Escriba los sentimientos abajo del dolor y temor del paso 2 (culpa, arrepentimiento y su rol en la situación).

Arrepentimiento y Tristeza: me arrepentí de que nuestra conversación no hubiera sido clara y tan desacorde entre nosotros. Hubiera deseado haberlo comentado diferente, hablando de su generosidad y mi agradecimiento por eso. Por el contrario mi comentario les creó inseguridad y por eso no reconocieron su generosidad y de que simplemente yo le caía bien.

4. Liberar: Escriba los sentimientos abajo del arrepentimiento y culpa del paso 3 (amor, aprecio, perdón y sus esperanzas hacia el futuro).

Amor: me di cuenta lo mucho que valoro el amor y la aprobación de otros, especialmente de mi familia. -Perdón: tengo la oportunidad de perdonarme a mí mismo por no haber comunicado claramente mis sentimientos y reacciones a sus comentarios. Yo los perdono porque veo que sus comentarios reflejan su propia inseguridad y no un ataque hacia mí. -Esperanza en el futuro: espero que así como aprenderé a hacer mis comentarios de una manera honesta y cálida, los otros puedan hablar con la verdad y amor dentro de ellos mismos. Espero aprendamos a comunicarnos el uno al otro en forma cariñosa y comprensiva surgida más de la verdad que de la inseguridad.

# La técnica LEARN

*Revisión nocturna*

Fecha: 1-25-00 Hora: 10:00 p.m.

1. Describa el evento y lo que ocurrió.
Asistía al velatorio de una vecina que había muerto recientemente ya que la comunidad había querido mucho. Cuando dábamos la despedida mencioné que ella me daba regalos en Navidad a pesar que yo no era su familiar. Mi hermana y mi mamá dijeron: "nos imaginamos por qué le daba regalos a usted y nunca a nosotras." Mi madre dijo: "ella se los dio porque en el momento que entregaba los regalos a su hermana, usted estaba cerca".

2. ¿Cuáles son sus sentimientos con respecto al evento?
Sentí ira, dolor, tristeza y celos. Me sentí subestimado, bloqueado frustrado y mal interpretado. Había tratado de compartir un buen recuerdo de esta señora en su velorio. En lugar de reafirmar mi comentario y la generosidad de la señora, ellas me respondieron con su propia inseguridad.

3. ¿Cómo manejó el evento; qué hizo?
Reaccioné con ira y dolor. Le devolví una pregunta a mamá así: "bueno, ¿entonces por qué ella no le dio regalos a todos los que pudieran estar presentes?"

4. ¿Cómo cambiaría la forma en que manejó la situación?
Me comunicaría más explícitamente: Primero, sólo diría lo mucho que aprecié la generosidad y bondad de la señora, mencionaría mis agradecimientos por los regalos que me dio en Navidad. Y de esta manera, estos comentarios no provocarían los sentimientos de inseguridad en mi mamá y mi hermana.

5. Desarrolle un plan para enmendar la situación.
Discutiré mis sentimientos honestamente en cada situación. Trataré de comunicarme clara y honestamente hablando con la verdad y amor. En lugar de reaccionar con ira (devolviendo la pregunta a mi madre) explicaré mis sentimientos y reacciones de la manera más honesta posible en cada situación. Por ejemplo, empezaré con "hieres mis sentimientos cuando...".

# Sección 4

## El arcángel Gabriel

Y el ángel le respondió diciendo:
«Yo soy Gabriel, el que permanece en la presencia de Dios;
y fui enviado para hablarte
y para darte estas buenas noticias».

–Lucas, 1-19

# 16

# Gabriel: El arcángel de la fortaleza y del compromiso

El tercer arcángel es san Gabriel y es reconocido por el gran número de pinturas que existen sobre la Anunciación, algunas veces adornado con varios mantos llevando un cetro en la mano y otras veces como un ángel femenino con una flor en la mano. Gabriel se muestra anunciándole a la virgen María que va ser la madre del Cristo.

El cetro o la flor son los símbolos de la divina tarea o misión de Dios dada a conocer a través de Gabriel. La madre María necesitó confiar en los atributos divinos de fortaleza, persistencia y compromiso para guiar al joven Cristo durante su edad adulta y en su misión divina.

La parte más importante de esta etapa de tu viaje es construir los atributos de fortaleza, compromiso y persistencia mientras aprendes a utilizar tu poder para actuar y así definir y alcanzar tu divina misión de la vida. Los resultados benéficos que has recibido desde que sigues la orientación de Miguel y de Rafael te han preparado para la presencia dinámica de Gabriel.

Gabriel se presenta ante ti después que hayas decidido ejercer el poder de la visión y el poder de sentir. Miguel te ha enseñado a descubrir y a entender las situaciones actuales de tu vida a través de este poder de la visión –la habilidad de ver honestamente el papel que representas en el proceso de elaboración de tus experiencias–. Rafael te ha enseñado cómo procesar tus emociones. Al usar el poder del sentimiento, has sido capaz de eliminar las obstrucciones ocultas dentro de tu centro de energía.

## El débil de los cuarenta kilos

Para ilustrar la forma en la que Miguel y Rafael te han preparado para la orientación y desafíos de Gabriel, hemos escogido la vieja tira cómica del débil de los cuarenta kilos.

El personaje es un hombre joven y débil, de unos dieciocho años de edad. La historia se desarrolla en una playa en un día cálido y soleado. El joven débil de apenas unos cuarenta kilos de peso, tropieza con un hombre alto, arrogante y agresivo, quien lo golpea y avergüenza frente a muchas personas en la playa, incluyendo una hermosa rubia que llevaba puesto un bikini.

El joven débil regresa a casa y se mira en el espejo. Esto representa nuestro ser consciente deseando observar la verdad de nuestra vida en el estado presente, ya sea bueno o malo. El débil es honesto consigo mismo. Admite que no tiene grandes músculos. Ha ignorado su cuerpo. De la misma forma, en el momento en que la energía de Miguel se infunde y actúa en nuestro interior, decidimos ser honestos con nosotros mismos. Admitimos que hemos ignorado áreas vitales de nuestra vida, más aún, nuestra vida no es lo que nos hubiera gustado que fuese.

El débil sigue adelante para procesar sus sentimientos de vergüenza ocasionados por el incidente. Éste es un paso muy importante, puesto que él pudo haber optado por reprimir sus sentimientos al racionalizar que el hombre del incidente era tan sólo un idiota. Pudo haberse dicho a sí mismo que su cuerpo estaba en buena forma física. Si hubiese reprimido sus sentimientos de vergüenza y de dolor, entonces la energía de la emoción no hubiera estado disponible para él. Aunque las energías de las emociones reprimidas permanecen en la «olla a presión de la represión» para una extracción posterior, el hombre débil pudo haberse beneficiado inmediatamente al procesar la emoción en el presente. La energía emocional liberada pudo haber sido utilizada para penetrar de manera más profunda en la raíz causante de las emociones, de tal manera que esa sabiduría pudiera haberse extraído y, por consiguiente, la lección habría quedado aprendida.

En la historia, el débil prefirió mostrar de manera directa sus emociones. Lo hizo mientras que se miraba en el espejo. Aceptó la vergüenza y el dolor, lo cual a su vez le dio la energía necesaria para cambiar. De la misma forma ocurre cuando nos miramos en el espejo de la verdad y decidimos expresar nuestras emociones en vez de reprimirlas. Así aprendemos y crecemos. Las lecciones aprendidas en el presente nos ayudan a definir la dirección hacia la cual desearemos movernos en el futuro.

### *Tomar la energía y generar cambio*

Aquel joven no se detuvo cuando logró el conocimiento y la expresión que resultaron de confrontar sus sentimientos. Dio el siguiente paso y decidió el camino que su vida debía seguir. Iba a cambiar el estado de su cuerpo. Para lograrlo, iba a comer apropiadamente y a hacer ejercicio con regularidad.

Durante varias semanas él siguió su plan. Cada día se alimentaba de forma adecuada. Su ejercicio físico incrementó dando como resultado el fortalecimiento de sus músculos. De esta forma, ejercitó el poder de actuar a través de tomar la energía y de adaptarla nuevamente a su nuevo cuerpo. Al final alcanzó su meta y, durante el proceso, obtuvo fortaleza, empeño y persistencia.

De esta misma forma, nosotros, como seres conscientes, hacemos un plan –un proyecto para el cambio–. Este cambio nos trae las experiencias que deseamos. Nuestro proyecto puede consistir en pequeñas o grandes tareas tales como determinar la misión de nuestra vida y llevarla a cabo (así como lo hizo aquel hombre al transformar su cuerpo).

Al actuar, movemos energía. Adquirimos energía al procesar las experiencias, luego la moldeamos dentro de unas estructuras y formas que utilizamos para llevar nuestros respectivos proyectos hacia la manifestación. Hemos ejercitado el poder de acción, el cual da como resultado el cumplimiento de las metas y en el incremento de nuestra fortaleza. Este aumento tiene un efecto exponencial, nos fortalece internamente para enfrentar la vida con una nueva conciencia.

Cuanto más entendamos la totalidad de los procesos de la vida, abriremos más nuestro corazón. Cuanto más abramos nuestro corazón a la energía de la vida, tendremos más estructuras a nuestra disposición. Éste es el propósito de Gabriel.

### *El uso adecuado de la nueva fuerza*

Nuestro joven amigo regresó a la playa una vez que hubo llevado a cabo sus cambios físicos. Aquel día, el hombre agresivo y arrogante sin ser capaz de notar los cambios en el débil, trató de nuevo de aprovecharse de la situación. El joven rápidamente se defendió subyugando al agresor. La hermosa chica rubia del bikini estaba entonces del brazo del joven mientras que el hombre arrogante tenía en sus manos la oportunidad de aprender y de crecer a partir de lo que le acababa de ocurrir.

La nueva fortaleza del débil pudo haber sido mal usada. Pudo haber elegido ir a la playa con las intenciones de herir y de castigar a su agresor; pudo haber guardado el odio en su corazón. Es vital entender el deseo que subyace detrás de la elección para cambiar, obrar y llevarlo a cabo. ¿Hay intención de destruir, herir o glorificar nuestro egocentrismo? Si la verdad y la honestidad son puras, entonces puedes asumir que tus motivaciones también lo son. Esto significa que debemos mejorarnos sin aprovecharnos de los demás.

### *Métodos para aumentar tu fortaleza*

Aquí hay algunos consejos que pueden ayudarte a desplazar la energía que te rodea a través de la utilización de tu poder para actuar:

1. Mira dentro del espejo de la verdad. Sin verte a ti mismo de una manera honesta, es posible que nunca se incremente tu fortaleza para cambiar. Cuando ejercitamos nuestro poder para actuar (para crear cambio), el atributo de la fuerza aumenta.

2. Procesa completamente tus experiencias. Así como los alimentos proporcionan los nutrientes, el procesamiento de las experiencias crea energía pura. Nosotros podemos usar esa energía para transformar nuestra vida.
3. Establece pequeñas metas y cúmplelas. No es una buena idea establecer metas descabelladas como realizar ejercicio tres horas por la noche, siete días a la semana. Así sólo llegaremos al fracaso y al agotamiento. Establece pequeñas metas; por ejemplo, haz ejercicio veinte minutos cada día, durante tres días a la semana. De esta forma construiremos nuestra fortaleza con lentitud. Cada éxito nos ayudará a construir los éxitos futuros.

### *Aspectos a observar a medida que obtienes fortaleza*

Los siguientes son algunos aspectos que debes tener muy en cuenta a medida que incrementa tu fortaleza y tu poder por medio del ejercicio:

1. La arrogancia: Si al ganar fortaleza empiezas a sentir emociones de superioridad, detente y descubre la fuente de estas emociones. Cuando sentimos emociones basadas en el temor *(véase* el capítulo 28), es hora de usar la técnica LEARN de Rafael. Recuerda que el proceso de la vida es continuo. Siempre estamos aprendiendo. El aumento de la fortaleza te traerá un nuevo grado de conciencia y de experiencia, y a su vez nuevos retos.
2. La vanidad: Durante su asociación con Gabriel, esfuérzate por ver claramente qué papel desempeñas en el plan universal de Dios. La vanidad señala las áreas que están buscando tu atención. Ten cuidado de no represar este sentimiento. Recuerda, tú sientes lo que sientes. Tus sentimientos son pistas a seguir. Una vez más, utiliza la técnica LEARN para explorar el origen de la vanidad. Esta exploración te conducirá hacia inseguridades escondidas.

3. Patrones y creencias de autolimitación: Al definir tu misión y fijar los peldaños hacia ese objetivo, evita los patrones y las creencias que limiten tu acción hacia esa meta. Al clarificar tu intención de no lastimar a nadie de palabra ni de acción, necesitas ser flexible contigo mismo en aquellas áreas nuevas para ti. Por ejemplo, si estás tratando de ser más positivo en tu lugar de trabajo, ten cuidado de no volverte agresivo.

## La divina diligencia de Gabriel

Después de haber sido despertados por la espada de la verdad de Miguel y de haber completado el viaje de curación del ser emocional con Rafael, el ser del alma y el ser consciente se constituyen ahora en el recipiente purificado del espíritu y están listos para aceptar la misión divina –la misión de nuestra vida– con mayor plenitud que antes. La presencia de Gabriel llega a nosotros para anunciarnos que hemos sido enviados para iniciar nuestra misión y para ayudarnos durante todo el camino.

El propósito de la energía que emana de este poderoso arcángel de Dios consiste en ayudar en el florecimiento de los atributos divinos de la fortaleza, de la persistencia y del compromiso dentro de cada uno de nosotros. Esto está simbolizado a través de María como principio femenino divino. María representa el principio creativo con el poder para dar a luz y manifestar una nueva vida en este mundo.

El cetro de Gabriel representa la energía divina de Dios, concedida a María para dar nacimiento a una parte de Dios sobre la tierra. La comunicación entre Gabriel y María simboliza la aceptación de la misión de nuestra vida. La misión de la vida es el propósito del alma y está dirigida por el ser del alma, a través del Espíritu Santo. El nacimiento del Cristo representa el compromiso hacia la tarea divina en la que el alma ha decidido comprometerse.

Los afortunados son aquellos que han recibido la visita del poder de Gabriel. Esto significa que uno ha aceptado la espada de la verdad y que ha completado la mayor parte del viaje curando las viejas heridas emocionales y ahora está listo para aceptar la misión de su vida, libre de máscaras que cubran el corazón y de tensiones no resueltas provenientes de las heridas sin tratar. Con la fortaleza del arcángel Gabriel estamos listos para empezar esa misión sin demora.

***Cuanto más abramos nuestro corazón a la energía de la vida, más estructuras y formas disponibles tendremos para seguir creando.***

# 17

# Definir la misión de tu vida: Los poderes, el propósito y el proceso de Gabriel

Tal vez las preguntas más difíciles de responder en la vida son: ¿por qué estamos aquí?, ¿cuál es el propósito de la vida?, ¿cuál es nuestro propósito individual al existir –la misión de nuestra vida–? El arcángel Gabriel viene hasta nosotros para ofrecernos la opción de comprometernos a actuar con el fin de cumplir la misión de la vida. Depende de cada uno, como seres conscientes que somos, utilizar las herramientas que hay alrededor y así disponernos para recibir sabiduría del ser superior y la dirección del ser del alma.

Al disponernos ante el ser del alma, podemos volver a conectarnos con el conocimiento interior del modelo del alma y con el propósito de esta vida. Es aquí cuando las impresiones del alma nos recuerdan nuestro propósito sobre la tierra, así como también nuestra misión.

## El poder principal de Gabriel

El poder principal que emana de Gabriel es el poder de actuar. El cetro es un símbolo de la acción de la divina voluntad y del propósito individual del alma en esta vida. El ofrecimiento del cetro es simbólico. Éste representa la decisión del ser consciente, ya sea para aceptar o para rechazar la diligencia del ser del alma; para crear, manifestar y llevar a cabo el propósito del alma.

El poder de actuar no significa «actuar» en una película. Este poder es la habilidad de mover la energía para adaptarla a las formas y a las sustancias en el mundo terrenal.

Este reajuste se logra hacer a través de la experiencia y del aprendizaje. Todos los habitantes de la tierra están interconectados entre sí. Existe una inmensa conexión espiritual al expandir la conciencia a nivel individual y colectivo.

Una mente abierta es esencial para lograr la expansión individual y general de los roles necesarios para llevar a cabo la misión de la vida. Aun cuando no entendamos las acciones del prójimo, debemos esforzarnos por tratar de respetarlas, como seres de luz y amor que viven en la misma condición humana que nosotros.

## ¿Cuál es la misión de tu vida?

¿Cómo puedes actuar para llevar a cabo la misión de tu vida, antes de conocer de qué se trata? Cada experiencia contiene una clave. Primero que todo utiliza lo que has aprendido con Miguel y Rafael. Si aplicas las lecciones aprendidas con ellos, aumentarás tu habilidad para ver más exactamente tu propósito desde el punto de vista de tu alma. De lo contrario, la mala aplicación o la no aplicación de lo aprendido puede disminuir tu habilidad para actuar de forma constructiva hacia tus metas.

Si estás aplicando apropiadamente las lecciones de Miguel y de Rafael, pero todavía no tienes conciencia de cuál es la misión de tu vida, entonces puedes intentar el siguiente ejercicio. Puede ayudarte a conectarte con el ser del alma, con el fin de descubrir tu misión. No es necesario que te desesperes buscando tu misión; muchas veces ya estás en el camino correcto. Ahora mismo estás acumulando conocimiento y preparándote. Disfruta el momento y el proceso. Recuerda que la vida es un proceso, no un resultado.

### *¿Cuál es tu línea? Define la misión de tu vida*

Recuerda aquel viejo concurso de televisión *¿Cuál es mi línea?* En aquel programa, un panel de celebridades con los ojos vendados debía hacer una serie de preguntas acerca de un personaje desconocido. El objetivo del juego era adivinar la profesión del personaje. En este ejercicio, tú eres una celebridad de las que se ubica en el panel y tu propia alma es el personaje desconocido.

### EJERCICIO
#### *Define la misión de tu vida*

Cierra los ojos y relájate. Tómate unos cuantos minutos para despejar tu mente. Después de un tiempo, empieza a imaginar que estás sentado en una silla y con los ojos vendados. Escuchas la voz de un moderador que anuncia al misterioso invitado, el cual es tu ser del alma. Está vestido con el atuendo de la desconocida misión de tu vida.

Aun cuando no puedas ver tu ser del alma, puesto que tienes los ojos vendados, todavía puedes sentir su presencia. Ésta te tranquiliza y te hace sentir una calidez placentera. Ahora te encuentras muy relajado.

Luego, el moderador te dice: «Muy bien, ya sabes cómo funciona el concurso. Puedes hacer diez preguntas para responder afirmativa o negativamente y que estén relacionadas con la ocupación de nuestro misterioso invitado. Una vez que hayas hecho cada pregunta, yo te responderé ya sea de manera afirmativa o negativa. En cualquier momento que consideres que sabes cuál es la misión en la vida del invitado, tan sólo dilo y yo te diré si estás en lo correcto o no; si te equivocas, el juego terminará y tendrás que jugar de nuevo en otra ocasión. Al final de las diez preguntas tendrás una sola oportunidad de adivinar la ocupación del misterioso invitado. Ahora empieza con tus preguntas».

Una vez sentado en la silla y vendado hazle diez preguntas al moderador. Estas preguntas deben estar formuladas de tal forma que el moderador las pueda responder simplemente con un sí o un no. Adapta tus preguntas de acuerdo a una misión por la cual te puedas sentir atraído. Cada respuesta del moderador debe ayudarte a establecer tu siguiente pregunta (el moderador es tu ser intuitivo).

Al final de las diez preguntas o en el momento en que creas que sabes cuál es la misión de la vida, y cómo aparece representada por el ser del alma, díselo al moderador. Escucha de nuevo su respuesta; si estás en lo cierto, entonces quítate la venda de los ojos para que puedas observar a tu ser del alma; pero si te equivocas, practica el juego en otra ocasión.

Este simple ejercicio es una forma divertida de establecer contacto con tu ser del alma y de abrir tu ser consciente al conocimiento que está inherente dentro de ti.

## El proceso de realización

Nuestra habilidad para obrar no es una negación al hecho de que nuestros cuerpos algún día morirán y que dejaremos este campo de acción. Muchos líderes durante toda la historia han aplicado su poder –su habilidad para obrar– como un medio para alcanzar la inmortalidad sobre la tierra. No existe la inmortalidad en la tierra, puesto que, como lo manda la naturaleza, el caudal de energía divina está siempre moviéndose a través de las fases de la creación, del mantenimiento y de la disolución. La energía es la esencia espiritual de las formas y de las sustancias; ésta se ajusta continuamente de modo que podemos tener varias experiencias para alcanzar el aprendizaje y el crecimiento.

Nuestro poder para obrar es en sí mismo divino, debido a que emula al Creador. En el proceso de la creación construimos una estructura que irá a albergar al espíritu. Por consiguiente, resulta importante aprender las lecciones que nos ofrecen san Miguel y san Rafael. Si no lo hacemos, manifestaremos una estructura que nos traerá miseria y pena, tanto a nosotros mismos como a quienes nos rodean. Un ejemplo es el de los dictadores militares que han utilizado su poder para satisfacer salvajemente sus deseos, sin tener en cuenta las consecuencias representadas en el sufrimiento humano.

Recuerda que cualquier acto que no respete la vida y los compromisos que hemos adquirido es un acto que resulta como consecuencia de un ego mal equilibrado. Muchas personas sobre la tierra desean trabajar sin interferencias; esto en teoría está bien, pero si dejamos de lado los obstáculos que hay por revisar, las atrocidades se convierten en cosas comunes y corrientes y nos quedamos paralizados ante la pérdida de nuestra propia inocencia. A menudo, estas atrocidades se cometen en nombre de la conveniencia y son apoyadas bajo el deseo de tener la misma libertad que deberíamos necesitar para cometer estos actos.

Por lo tanto, no es suficiente aprender la manera en la cual hemos de aprovechar el poder para obrar a partir de lo que hemos estudiado con Gabriel; debemos ir mucho más allá e incorporar todos los elementos que nos brindan cada uno de los cuatro arcángeles. Sin el poder de la visión de Miguel, estaríamos actuando en la oscuridad, sin tener la conciencia necesaria para reconocer la existencia de las fuerzas que han moldeado nuestro condicionamiento. Sin el poder del sentimiento de Rafael, actuaríamos de acuerdo a los patrones de energía tergiversados, creados por años de represión de nuestras emociones. Por último, como aprenderás más adelante, sin el poder de ser que el arcángel Uriel nos brinda, estaríamos representando un deseo por conquistar la vida y la muerte.

De esta manera, cuando analizamos los objetivos a realizar, vemos que las formas que construimos para albergar el espíritu pueden originarse a partir de intenciones malas o buenas. El espíritu, como el agua, llenará el espacio que ocupa. Asegúrate de que tus realizaciones serán para tu propio bien y para el bien de todos.

### *Para el bien de todos*

Este ejercicio tiene la intención de ayudarte a visualizar los resultados de tus realizaciones sobre la tierra *antes* que ellas se manifiesten y se llenen con la energía del espíritu. También te ayudará a decidir objetivamente si debes o no debes actuar en un área determinada para llevar a cabo un objetivo en particular. Después de llevar a cabo este ejercicio, puedes decidir si cambias un objetivo, lo suprimes o lo mantienes inmodificable. El propósito no es desanimarte, sino ayudarte a poner en práctica lo que has aprendido hasta ahora.

## EJERCICIO

### *Evaluar metas*

Como en la mayoría de ejercicios, primero que todo relájate; hazlo utilizando tu método favorito. Es mejor estar en un lugar donde no seas interrumpido. El desarrollo llevará sólo unos cinco o diez minutos.

Cierra los ojos si aún no lo has hecho; luego imagina tu objetivo. Observa lo que estás deseando realizar. Piensa en ello, aunque no tengas una estructura física, es una forma que la energía debe llenar para que pueda existir sobre la tierra. Por ejemplo, puedes verte a ti mismo como un sanador utilizando las técnicas de curación en las cuales se colocan las manos sobre los pacientes. Imagínate en tu casa trabajando o donde su imaginación te quiera ubicar.

Desde este punto de acción, retrocede y observa la forma en la que llegaste hasta este lugar en tu imaginación. ¿Estudiaste con diferentes profesores? ¿Con quién tuviste que interactuar para llevar a cabo esta meta? ¿Cómo interactuaste con ellos? Permítete a ti mismo verte en diferentes escenas. Cada escena debe representar una o varias etapas que te ayudarán a lograr tu meta.

Haz una pausa para procesar estas escenas. Experimenta los sentimientos y ten en cuenta las respectivas motivaciones.

Ahora regresa a la escena en la cual puedes visualizar tu meta. A partir de este punto de vista, desplázate día a día, mes a mes y luego año a año hacia el futuro. Mira bien las escenas que se desarrollan entre tú y las personas que posiblemente ahora conoces y las que conocerás después. ¿Cómo se está realizando tu meta y cómo es tu actuación con respecto a las demás personas? ¿Cómo te afecta dicha situación? ¿Puedes ver las cosas buenas que están ocurriendo? ¿Cómo te sientes con relación a los efectos y tus metas?

Finalmente, regresa al momento presente con los ojos todavía cerrados; imagínate que el acto y la meta nunca se completaron en el transcurso de esta vida. Espera unos cuantos segundos. ¿Cómo te sientes al saber que esta meta nunca fue alcanzada? ¿Te molesta esto? Si es así, ¿por qué?, si no, entonces, ¿por qué no te molesta?

Hazlo durante un lapso de tiempo y suavemente abre los ojos.

Practica este ejercicio al escoger la misión de tu vida. Si no eres consciente de la misión de tu vida, entonces inténtalo con las diferentes ideas que puedas tener sobre tu misión. Por último, también puedes intentar este ejercicio con cualquier meta que puedas tener, ya sea en el trabajo o en casa.

## Los atributos de la fortaleza, la persistencia y el compromiso

Al ejercitar nuestro poder para actuar, hemos continuado con el proceso de Gabriel: la realización de un propósito. Como resultado de la interacción entre el actuar y realizar, hemos ganado en fortaleza, persistencia y compromiso.

### *Fortaleza*

Poco a poco, a medida que vas avanzando progresivamente hacia tu meta, vas ganando en fortaleza. Lo que alguna vez habías visto como obstáculos insuperables para tus metas, ahora lo ves como desafíos. Es como si la barra de salto de altura pasase de una altura de dos metros a tan sólo uno. Cuanto más actúes, más fuerte te harás con el tiempo. Con la fortaleza llegará la responsabilidad. Un uso incorrecto de la fuerza nos puede lastimar tanto a nosotros como a los demás.

### *Persistencia*

La realización de las metas nos conduce a un mayor nivel de conciencia en lo que respecta al atributo de la persistencia. Aprendes a desarrollar conocimiento en las distintas situaciones. Los desafíos que enfrentas se hacen más fáciles porque utilizas tu conocimiento para encontrar las formas que te lleven a realizar tu meta. Cuando enfrentas un problema, te darás cuenta de que persistirás para encontrar una solución. Si actuamos en dirección hacia la realización de nuestras metas y fallamos al emplear la persistencia, entonces nos estaríamos dando por vencidos en las primeras etapas.

### *Compromiso*

Ya has desarrollado la fortaleza y la persistencia, pero sin el compromiso –el cual es la decisión de continuar hasta el final–, probablemente nunca alcanzarás tus metas. Este compromiso varía con el objetivo. Debido a las limitaciones de tiempo y espacio inherentes a las condiciones terrenales, debemos considerar muy bien las metas que nos tracemos. Sin el compromiso, puedes perder el enfoque previsto y cambiar la dirección de tu meta. Si has alcanzado tu meta por medio del cumplimiento, habrás demostrado un grado de compromiso y de entendimiento hacia este divino atributo.

## Tomar el cetro

Gabriel te ofrece el cetro del mensaje divino. Si decides tomarlo, darás inicio al proceso de manifestar la misión de tu vida. A través de ejercicios, puedes descubrir y definir tu misión y seguir los pasos para llevarla a cabo. Recuerda que aceptar el cetro exige un máximo respeto por la vida, por nosotros mismos y por todos los demás.

A medida que inicias este proceso con el arcángel Gabriel, pronto sentirás la presencia de Uriel. Uriel es el arcángel del amor, de la belleza y de la conciencia. Uriel llega para trabajar contigo después de que hayas aceptado el cetro de Gabriel. Él te ayudará a recordar que la realización por sí misma no constituye la última meta.

La meta al llevar a cabo la misión de tu vida consiste en satisfacer plenamente el modelo y el propósito del alma. Esto no significa ejercer tu poder sobre los demás, sino que más bien debe usarse para manifestar más y más amor divino en tu vida. El alma, en sí misma, es buena. Nosotros aceptamos las partes doloridas en nosotros mismos, así como lo bueno y lo malo del mundo. No estamos aquí para condenar ni para decirles a los demás cómo deben vivir ni tampoco qué es lo que deben hacer.

Estamos aquí sobre la tierra y nuestro deber es honrar y respetar la vida. Debemos encontrar y alcanzar nuestro propósito dentro de estos parámetros.

La habilidad para actuar se intensifica al seguir la poderosa técnica inspirada por el arcángel Gabriel, llamada Generar Cambio. La técnica de Generar Cambio aparece explicada en el capítulo 20. Esta técnica puede ayudarte a romper viejos modelos y a impulsarte hacia la acción. También la puedes usar para manifestar la misión de tu vida y para traer los resultados deseados a la realidad actual.

El arcángel Gabriel puede ayudarte a integrar tus experiencias de manera que puedas tomar parte activa con la misión de tu vida. Recuerda llamarlo cuando tengas dudas y no te sientas capaz de continuar. Su divina orientación es una bendición para aquellos que son conscientes de su presencia.

*Reclama tu herencia espiritual.*

# 18

# Un mensaje de Gabriel

## La transmutación de la energía

Los papeles que desempeñas sobre la tierra describen la manera como te relacionas con otras formas y con los demás individuos. Cada papel tiene sus responsabilidades y sus beneficios. También te permite aprender, compartir y crecer de diferentes formas. Por ejemplo, el papel de un padre hacia su hijo es diferente al de un hombre hacia su esposa o viceversa.

Los papeles no se deben confundir. Por ejemplo, en matrimonios fracasados encontramos que uno de los cónyuges –o quizás los dos– mantienen la relación conyugal y la de sus hijos desempeñando papeles inversos. Muchas veces presionan a los hijos a comportarse como adultos y a aliarse en un lado o el otro cuando se presentan las disputas. Debes evitar estas mezclas de roles con el fin de mantener un equilibrio dentro de ti mismo y para ayudar a aquellos que te rodean a mantener un estado de coherencia y seguridad.

Vengo a ti para hablarte sobre la energía. La energía única. La energía de Dios; la esencia de toda la creación. Esta energía nunca ha sido creada y nunca ha sido destruida; solamente permanece cambiando, siempre cambiado. Este cambio se evidencia a través de la experiencia en las formas, las sustancias en los mundos de la energía, la materia, el espacio y el tiempo. Esta energía única es la que siempre ha sido y la que siempre será. El mundo no tiene fin, puesto que la energía que crea al mundo nunca se disipará ni se desvanecerá.

Vengo a ti para entregarte la energía divina de una forma que la puedas aceptar. Te pido que abras la energía divina que está contenida dentro de la fuente de tu propio ser. Disponte ante el ser del alma, ante la sabiduría del ser superior, ante las claves del ser emocional y ante las urgencias del ser básico.

A través de este proceso de purificación, empezarás a ver la verdad de tus elecciones y la razón por la cual optaste por ellas. Esta verdad promueve la curación de tu maltratado corazón. A medida que van desapareciendo las dolorosas cicatrices en el agua del Espíritu Santo, estarás listo para definir, empezar, llevar a cabo y completar el propósito de tu alma, tu misión en esta vida.

Tu propósito, como ser consciente, es doble. Primero, debes mantenerte abierto al espíritu divino –ante el amor que existe dentro de tu corazón–. Segundo, debes entender el propósito del alma y su relación con la misión de tu vida.

Mi propósito es mostrarte cómo generar cambio en tu vida. Cómo utilizar el conocimiento que has acumulado, junto con la curación que ha ocurrido, y utilizar la sabiduría adquirida para seguir hacia adelante: para motivarte a ti mismo, para descubrir, para implementar, para obrar y alcanzar sus metas en este mundo.

Tu mundo es un mundo de espíritu y a su vez un mundo de formas y sustancias que se mueven, respiran, viven y actúan. Tu creación es una forma de actuar y, a medida que logras tus metas, adquieres conocimiento.

Existe un equilibrio entre el ser y el actuar. La energía de cambio está constituida por estos dos factores.

Al igual que una vez le entregué el mensaje de Dios a la Virgen María, así te entrego su misión divina. La Virgen María me recibió en la pureza de su corazón. Tú también lo haces con tu lucha y trabajo para purificarte a ti mismo con el agua de la vida y para curar tus heridas del pasado, para aceptar y llevar a cabo tu propósito y misión divina.

Hasta entonces, se presentaba la depresión y la ira, con el intento de trabajar repetidas veces a través de las energías de esas emociones y resolver la pena y el sufrimiento que hay en el mundo. No hay nada equivocado, ni malo ni negativo en esta lucha, puesto que todo constituye una parte de la experiencia humana. Pero cuando tienes el conocimiento y eliges *no* aplicarlo, entonces habrás encendido una lámpara, pero aún conservas los ojos cerrados en la oscuridad.

La pureza de María es la pureza en tu interior. Es la pureza dentro de todas las creaciones de Dios. Es común con la alineación central de todos los autosegmentos que reaccionan en armonía con el Espíritu Santo.

Vengo a ti para mostrarte un ejemplo de fortaleza. Cuando hayas caído y te sientas incapaz de continuar, mírame para que puedas obtener la inspiración necesaria que te permita renovarte a ti mismo.

Vengo a ti para mostrarte un ejemplo de persistencia. Sin importar lo difícil que llegue a ser tu camino hacia la realización y la creación, sigue mi ejemplo y no te vayas a dar por vencido. Camina siempre hacia tu objetivo. La montaña está lejos, pero estará más cerca una vez que se haya iniciado tu camino.

Vengo a ti para mostrarte un ejemplo de compromiso. El compromiso empieza con la unión de las manos, con el abrazo fuerte y con la decisión de caminar juntos a través de los campos, a medida que aramos y plantamos las semillas de la creación sobre la tierra.

Recuerda tomarte tu tiempo para renovarte y recargar tus energías. Generar cambio no es un proceso sin paradas. Debes encontrar tu estado de equilibrio en el cual puedas actuar y luego ser. Este altibajo es natural y varía de un individuo a otro. Los períodos de descanso son tan importantes como los períodos de acción.

Toda la vida sobre la tierra consiste en la transmutación de la energía. Todos los seres conforman y mueven la energía. El músico toma su energía y la transforma a través del cuerpo del instrumento, el cual, a su vez, mueve la energía de los átomos en la atmósfera creando el sonido. Todas las ocupaciones en su mundo consisten en cambiar formas y sustancias a partir de un estado a otro.

La manifestación es la modificación de los patrones de energía disponibles para producir cambios en las formas. La destrucción es la ruptura de una forma. La creación es la manifestación de una forma, Todo forma parte de la única energía, desde siempre, por siempre y hasta siempre.

La energía es como el agua; ésta toma la forma del recipiente donde se vierte. En algunos aspectos, la creación consiste simplemente en que el individuo construye una forma o una estructura dentro de la sustancia material que se llena con la energía espiritual. La energía es como el agua: se desplaza mientras que tú te mueves a través de una piscina. Con cada movimiento, el agua se va moviendo a tu alrededor; de igual manera sucede con la energía espiritual al tomar una decisión. La energía es constantemente movida, manipulada y trasformada. En tus períodos de descanso, tu cuerpo está moviendo la energía de una forma a otra. No existen los estados estáticos. Tus cuerpos son microcosmos de los universos de Dios.

Tú naciste del polvo de la tierra. Tu cuerpo está moldeado a partir de materia compuesta de la energía de Dios; el alimento es consumido y su energía se transforma en una forma que pueda sostenerte. Cuando mueres, tu cuerpo retorna a la tierra. La energía se adapta para ser utilizada una y otra vez, como se hace con los ladrillos de un edificio, los cuales adoptan otras formas, otras sustancias y otros cuerpos, como vehículos para el espíritu. Todos aquellos que sientan temor a cambiar, sienten temor de ellos mismos. ¿Acaso su miedo impedirá la muerte de su cuerpo?

Todos aquellos que acepten el encargo divino del Señor, tal como lo hizo María, se aceptan a sí mismos en la pureza de la esencia del Creador. No estamos obligados a aceptar esta misión ni tampoco estamos forzados a cambiar. Siempre tenemos la libertad de escoger nuestro rumbo de acción. Cuando te enfrentes a la toma de una decisión, trata de descubrir y de conocer tus motivaciones, es decir, de entender la razón por la cual escogiste el camino que tomaste.

Vengo a ti ahora y volveré cuando me necesites. Si decides aceptar mi orientación, entonces yo, con gusto y amor, te la suministraré. Te ayudaré a ser un ejemplo de fortaleza, de persistencia y de compromiso, mientras que tú defines y manifiestas la misión de tu vida.

Todo esto te lo confío en el espíritu de la fortaleza a través de la energía universal del Cristo Creador.

***Siempre tenemos el derecho y la libertad de escoger nuestro rumbo de acción.***

# 19

# Oraciones y meditaciones para contactar con el arcángel Gabriel

## Una oración sobre la fortaleza

Querido Gabriel:
Te dedico esta oración para que me ayudes mientras desarrollo la fuerza para llevar a cabo la misión de mi vida. Por favor, envíame tu energía fortalecedora para que me ayudes a llevar una vida con valentía y con amor, tanto para mí mismo como para toda la humanidad. Con tu orientación me esforzaré para cumplir con mi propósito y para ayudar a los demás en su recorrido.
Esto te lo pido a través de la energía del Cristo universal, amén.

### MEDITACIÓN

***En presencia de Gabriel***

Siéntate en una silla cómoda o acuéstate sobre una cama. Libérate de cualquier clase de presión ocasionada por la ropa. Utiliza el método de relajación que mejor te parezca (puede ser el de respirar profundamente). Esto te ayudará a concentrarte en tu interior. Asegúrate de que nada te vaya a perturbar durante entre quince y treinta minutos. Después de que tu mente haya quedado tranquila y tu cuerpo esté relajado, continúa con el resto de la meditación.

Imagina que estás en un jardín, ya es tarde y estás solo. Escucha los sonidos de la naturaleza. Los pájaros cantan suavemente a tu alrededor. En la distancia se escucha un arroyo que está en algún sitio detrás de los árboles. Sientes la hierba suave bajo tus pies desnudos y el sol te acaricia en un cálido abrazo.

Caminas por el jardín, deteniéndote para apreciar los arbustos floreciendo de los pequeños árboles silvestres. A tu izquierda está un hermoso rosal. La fragancia del rosal te atrae. Te aproximas a la planta y percibes el suave olor de las flores. Hay un banco de piedra al lado del rosal. Tomas asiento enfrente de la entrada del jardín. Miras a tu alrededor y sientes que alguien está cerca, alguien que conociste hace bastante tiempo, pero que no has visto desde hace mucho.

Después de esperar unos cuantos minutos, ves aparecer en el bosque una figura vestida con mantos que camina hacia ti. Es Gabriel. Su vestimenta resplandece y su apariencia es soberana. El amor se irradia a su alrededor. Tu corazón late a un ritmo acelerado a medida que se aproxima. Él no dice nada.

Deseas levantarte a medida que él se acerca; pero en lugar de eso, caes de rodillas al tiempo que el asombroso poder de Gabriel entra y fluye a través de todo tu ser. Él te toma de la mano y te conduce de regreso al banco de piedra donde estabas sentado. Gabriel se da la vuelta hacia el rosal y suavemente arranca una rosa blanca de una rama. Da la vuelta de regreso hacia ti y te ofrece la rosa. Miras dentro de sus ojos y luego dentro de su corazón. Ahora debes decidir si estás listo para aceptar la misión de tu vida y dispuesto a realizarla.

Ahora, tómate un momento y siente la escena. ¿Has decidido aceptar la rosa? Pregúntale a Gabriel cualquier cosa que desees; escucha sus respuestas. Flota con esta escena durante algunos minutos, desplazándote a donde ésta te lleve. Cuando lo hayas hecho, despídete de Gabriel y abre lentamente los ojos. Regresa a tu entorno y reflexiona unos minutos sobre lo que has experimentado en esta meditación.

## Oración sobre la persistencia

Querido Gabriel:
Por favor, quédate conmigo mientras trabajo hacia una completa integración del ser. Prometo cumplir con las responsabilidades que he decidido aceptar por mi bien, por el de mis seres queridos y por el de todos aquéllos por los cuales trabajo. Envíame tu energía mientras que continúo manifestando el propósito de mi vida. Ayudaré a todos aquéllos menos favorecidos que yo, así como también a todos aquellos que soliciten mi ayuda.
Esto te lo pido a través de la energía del Cristo universal, amén.

### MEDITACIÓN

***Acerca de la fuerza***

Siéntate en una silla cómoda o acuéstate sobre una cama. Libérate de cualquier clase de presión ocasionada por tu ropa. Utiliza el método de relajación que mejor te parezca (puede ser el de respirar profundamente). Esto te ayudará a concentrarte en tu interior. Asegúrate de que nada te vaya a perturbar durante entre quince y treinta minutos. Después de que tu mente haya quedado tranquila y tu cuerpo esté relajado, continúa con el resto de la meditación.

Imagina que una tarde estás caminando sobre los terrenos de tu granja, en las afueras de tu casa. El sol está resplandeciente. Hace calor y tienes mucha sed. Toda la tierra a tu alrededor está caliente y sedienta también. Los árboles crujen de resequedad y la hierba se parte a medida que caminas sobre ella. Todo parece lúcido y cansado. Tú también te sientes exhausto. El establo está a punto de caerse; el molino de viento está oxidado y apenas puede girar.

Entonces caminas en dirección al pozo que se encuentra en el centro del patio. Haces descender una cubeta dentro del pozo y luego la haces subir, pero la cubeta está vacía. El pozo parece estar seco. Luego miras hacia la profundidad del pozo, pero no ves nada. Después de unos instantes, notas un rayo de luz. Algo ha reflejado el cielo en el interior. ¡Agua!

Ahora desciendes al pozo para investigar. Hay algunas piedras para que te puedas sostener. Hay suficiente espacio en el pozo como para que te puedas mover. No te sientes enclaustrado. Tampoco sientes temor. Al descender, miras hacia arriba para ver el círculo de luz de la cima del pozo, el cual se hace cada vez más pequeño. Continúas descendiendo algunos metros más. El pozo es cada vez más frío. Ya has llegado hasta el fondo del pozo. El piso está seco y duro, excepto por un área que parece estar húmeda.

Te arrodillas y empiezas a cavar. Cavas en la tierra con tus manos. Al sentir la humedad, sigues cavando cada vez más rápido hasta que tus manos tocan el agua. Recoges agua en las manos y la bebes. Mientras que la bebes, el agua se empieza a verter. Flotas sobre el agua a medida que, de forma rápida, empieza a llenar el pozo. Flotas y flotas mientras que el agua te impulsa hacia la superficie del pozo. El círculo de luz se hace cada vez más grande. Ahora ya has alcanzado la cima del pozo y el agua continúa rebosante hasta el borde.

Ahora te encuentras parado sobre la hierba mientras que observas cómo el agua empieza a humedecer la tierra seca a tu alrededor. Flota tranquilamente sobre la tierra; no como una inundación, sino como si se tratara de una esencia vital. El agua es absorbida rápidamente. Miras al interior del pozo y ves que el nivel del agua llega hasta el tope. Todo a tu alrededor, la naturaleza, está respondiendo al agua que has liberado desde el interior del pozo. Tómate un momento para apreciar los árboles, los arbustos, los pájaros y los animales que beben el agua y ganan fuerza. Los árboles se balancean suavemente con el viento y tu casa te da la bienvenida mientras que entras en ella.

Todo se ha refrescado y vigorizado. El agua del pozo ha traído de nuevo la vida. Has cavado abajo en lo más profundo de ti mismo y has encontrado una fuente de fortaleza que nunca se terminará. Ahora estás experimentando un sentido renovado de optimismo y de entusiasmo para poder continuar con la más pequeña faena.

Tómate algunos momentos para absorber esta escena. Deja que te refresque y que te anime con el conocimiento que existe en el pozo del espíritu que hay dentro de ti en este preciso momento. Puedes utilizarlo en cualquier momento al concentrarte en la fuente interior y cavando por debajo de las imágenes superficiales. Después de un buen rato, abre los ojos y mira a tu alrededor. Trae tu renovado entusiasmo hacia tu mundo de hoy.

## Una oración de compromiso

Querido Gabriel:
Permanece conmigo a medida que descubro el pozo del compromiso en el interior de mi ser del alma. Por favor, ayúdame a acceder a la sabiduría que existe en el ser superior, de manera que pueda entender el plan divino del Creador. Ayúdame a ver día a día el valor que hay en el camino que he escogido. Dedico mi corazón y mi mente al deseo divino del mismo modo que lo he hecho a través de la integración del ser.
Esto te lo pido a través de la energía del Cristo universal, amén.

***Déjate refrescar y animar con el conocimiento que existe en el espíritu que hay dentro de ti en este momento.***

# 20

# Generar el cambio: Un ejercicio con Gabriel

La energía forma constantemente remolinos a nuestro alrededor. Nos mueve la energía que hay en nuestro lugar de trabajo, en donde vivimos y en la nación de la cual formamos parte. Los ciclos llegan, se van y nos hacen circular con sus impulsos. Las estaciones traen sus propios cambios. Las energías del día y de la noche se mueven dentro de nuestro espacio y nosotros respondemos a ellas. Toda la vida se compone de energía. Y aquí estás tú: en el centro de tu mundo con el poder para escoger y con el poder para actuar.

Crear el cambio significa tomar decisiones para desplazar la energía de nuestro propio ser hacia el mundo a través de las experiencias. Podemos ser reacios al cambio (a usar nuestra energía para las nuevas experiencias) debido a que hemos experimentado dolor o pena de alguna clase ligadas a los cambios del pasado. Si deseamos algo, debemos considerar que hay algo por aprender acerca de nosotros mismos dentro de ese deseo. Nuestros deseos culminan en experiencias. Usamos nuestros pensamientos, palabras y acciones para mover la energía a la cual tenemos acceso con el fin de manifestar las formas y modificar las sustancias. En este proceso es donde aprendemos. Aquellos que temen al cambio, tienen temor de aprender; es decir, que les temen a sus propios deseos. Y, aun así, el alma se extiende en el mundo para aprender, desea aprender.

Gabriel te impele a encontrar la fortaleza que te conduzca a generar cambio en tu vida por medio del seguimiento de tus deseos. Viene para ayudarte a actuar y realizarte dentro de este mundo. Los cuatro arcángeles son la base sobre la cual tú puede edificar. Cada uno de ellos es importante.

No puedes crear el cambio sin haber visualizado tus motivaciones y sin haber visto la verdad. Miguel te ayuda a ver la verdad de tus motivaciones. Generar el cambio sin ver la verdad te puede traer malestar.

Si no te conectas con tu ser emocional, las creaciones que manifiestes pueden ser desvirtuadas por las percepciones incompletas. Rafael te ayudará a conectarte con tus emociones. Visualizar tus motivaciones con honestidad mientras que sientes y expresas tus emociones te capacita para decidir apropiadamente cuáles son las acciones (los actos por ejecutar) que deseas manifestar en tu vida.

¿Cómo te gustaría ser recordado? ¿Cómo te gustaría que te viesen tus seres queridos después que hayas dejado esta tierra? ¿Cuál será tu contribución a la humanidad durante esta vida sobre la tierra? No solamente es la manifestación de las formas y de las sustancias la que debe llevarse a cabo; también la personalidad es un acto que debe alcanzarse, así como lo son la aceptación y la integración. La integración de tus propios segmentos es una de las tareas más importantes que puedes llegar a realizar.

La energía es la sustancia que utilizamos para darle forma a nuestras experiencias. Algunos actos requieren un mayor empleo en energía que otros llevarlos a cabo. Un acto en particular no es más grande que otro; la energía es una sola y se mueve en armonía con el Creador.

La decisión de generar cambio depende totalmente de nosotros. El ejercicio de Generar Cambio tiene dos partes. La primera parte te ayudará a definir lo que necesitas y lo que deseas llevar a cabo; la segunda parte te ayudará a definir los pasos para crear el cambio que te has propuesto.

## Utilizar el modelo de ampliación del cambio

El primer paso de este ejercicio tiene como objetivo determinar lo que necesitas y deseas crear en tu vida. Puede que sea algo novedoso, como sería desarrollar una nueva habilidad. Quizás desees establecer mejores relaciones con tus seres queridos. En este caso, estarías cambiando una situación. Inclusive tu deseo o tu necesidad pueden ser algo tan simple como escribirle una carta a tu hermano o salir a caminar.

Con el fin de ayudarte a centrarte en los pasos que necesitas dar para cambiar, hemos incluido un modelo de ampliación del cambio a manera de ejemplo. También encontrarás un modelo similar en blanco en el apéndice B. El propósito del modelo es enfatizar las tareas que deseas realizar. Recuerda que donde centras tu atención, centras tu energía. Al centrar tu energía, la transfieres de un lugar a otro.

Coloca el modelo frente a ti. Cierra los ojos. Ahora visualiza tus sentimientos. ¿Qué cosas has estado aplazando continuamente hasta ahora? Estas cosas pueden ser difíciles de cambiar, o tal vez requieren tu atención. Cambiar es difícil, es aterrador, pero así es la vida. Cambiar, crecer, morir y nacer son cada una de las partes del interminable ciclo de la vida.

Abre los ojos y escribe por lo menos tres y un máximo de cinco cosas que has ido aplazando y que deberías hacer. Utiliza una de las líneas que contiene el modelo del contenido. No escribas nada todavía en la columna «nivel de necesidad» ni tampoco en la columna «completada».

Ahora cierra los ojos de nuevo. Visualiza tus deseos. ¿Qué cosas te harían muy feliz? Piensa en aquello que siempre has anhelado realizar, pero para lo cual ya has perdido la esperanza. Esto puede ser algo sencillo como tomar un tibio baño de burbujas, o algo tan complejo como escribir una novela. Piensa por un momento, pero no lo hagas por mucho tiempo. Esto lo volveremos a abordar con mayor detalle más adelante.

Abre los ojos y escribe por lo menos tres y un máximo de cinco de los deseos con los que siempre has soñado, pero que todavía no has podido llevar a cabo. Una vez más, utiliza sólo una de las líneas del modelo para cada uno de los deseos. No escribas nada todavía en la columna «nivel de necesidad» ni tampoco en la columna «completada».

Después de completar los dos primeros pasos, revisa por un momento todas las tareas que has escrito. Tu siguiente paso es el de asignarles un valor numérico, de tal manera que el número 1 sea el que le corresponda a la tarea más importante y el número 10 sea el que le corresponda a la tarea menos urgente. Cada una de las tareas deberá tener un valor diferente. Sigue el recorrido del modelo y asígnale el valor numérico de tu elección a cada una de las tareas en la columna correspondiente al título «nivel de necesidad». Tómate un tiempo para realizar este paso.

Dirígete al ejemplo que aparece en la hoja que contiene el modelo de ampliación del cambio. Allí puedes observar cuatro tareas, las cuales sabemos que necesitamos hacer, pero que por diferentes circunstancias han sido aplazadas. También hemos escrito cuatro deseos o anhelos y les hemos asignado a cada una de las tareas, en la hoja del modelo, un nivel de necesidad en una escala del 1 hasta el 10.

Continúa con el ejercicio, determinando en primer lugar si se necesitan múltiples pasos para completar la tarea. En ese caso, utiliza la hoja que contiene el modelo para la ampliación detallada del cambio para guiarte en la definición y cumplimentación de estos pasos.

## Utilizar el modelo de la ampliación detallada del cambio

Si la tarea que has escrito en la hoja que contiene el modelo para la ampliación del contenido del cambio requiere varios pasos, entonces te parecerá útil la hoja del modelo detallado. A continuación aparecen los pasos para utilizar la hoja que contiene el modelo para la ampliación del cambio.

Paso 1. Revisa la línea del «contenido de la tarea». Cierra los ojos y relájate. Visualiza la situación de la forma de la experiencia que existe actualmente. Tómate un momento y permite que no solamente las imágenes lleguen hasta ti, sino que también dejes que lo haga el sentimiento que podrías experimentar en el caso de llegar a realizar esa tarea. Ahora, obsérvate y siéntete a ti mismo ejecutando los pasos concretos para completarla. Interactúa con las personalidades y con las partes de ti mismo que necesitarías en el momento de completar físicamente la tarea en el mundo exterior.

Paso 2. Abre los ojos y describe, en la columna que está con el encabezado «describe la realización de la tarea», tu visión de la manifestación y de la ejecución completa. Ésta no tiene que ser una descripción paso a paso, pero sí que refleje los sentimientos y las imágenes que se producirían en el caso en que la tarea se completase.

Paso 3. Ahora escribe una afirmación positiva que puedas repetirte a ti mismo con respecto a la tarea. Puedes usar esta afirmación diariamente. Redáctala de manera que respete todos tus propios segmentos y que le haga un homenaje a tu propio ser. Sé cariñoso y amable.

Paso 4. Dale la vuelta a la hoja que contiene el modelo de ampliación detallada del cambio, en la cual hay suficiente espacio para escribir. Utiliza todos los renglones que necesites; en cada línea, escribe una subtarea específica que debe realizarse con el fin de completar la tarea general. No escribas nada, por el momento, en las columnas con las palabras «orden» y «completada».

Paso 5. Haz un repaso general de todas las subtareas que has escrito y asígnales un orden de cumplimiento, de tal modo que le asignes el número uno a la primera subtarea que necesites ejecutar, y vaya incrementando el número para cada una de las subtareas siguientes. Hazlo hasta que cada subtarea tenga un número en la columna encabezada con la palabra «orden».

## Generar el cambio

*Un ejercicio con Gabriel*

Modelo de la ampliación del cambio

Fecha: 2- 4- 00 Hora: 7:00 p.m.

| | Tarea por realizar | Nivel de necesidad | Completada |
|---|---|---|---|
| 1. | Escribir una carta a mi prima | 5 | |
| 2. | Escribir una carta a mi tía | 6 | |
| 3. | Empezar a ahorrar una cantidad de dinero semanalmente | 4 | |
| 4. | Beber menos gaseosa dietética y más té herbal | 2 | |
| 5. | Realizar una comedia a escenario abierto | 8 | |
| 6. | Limpiar y organizar documentos personales y de la casa | 7 | |
| 7. | Concentrarme en integrar y aceptar la muerte de mi madre | 1 | |
| 8. | Arreglar los grifos del baño que estaban goteando | 3 | |
| 9. | | | |
| 10. | | | |

## Generar el cambio

*Un ejercicio con Gabriel*

Pasos para cumplimentar el modelo detallado del cambio: Lado A

**Fecha:** 2-4-00 **Hora:** 7:15 p.m.

**Tarea por realizar:** Concentrarme en integrar y aceptar la muerte de mi madre.

**Describa la realización de la tarea**

Este ejercicio empieza con un enfoque consciente de la experiencia de la muerte de mi madre cuando era apenas un adolescente. Me veo aceptando la experiencia y sanando mi dolor. Esto me ayudará a tener un mejor entendimiento de mi vida así como a valorar a mi madre y a mí mismo.

**Escriba su afirmación positiva sobre la realización**

Cuando comienzo a concentrarme en este asunto, pido la ayuda de los arcángeles. Con las lecciones de concientización que ya he incorporado en mi vida, enfrentaré honesta y valientemente todos los aspectos relacionados con la muerte de mi madre.

## Generar el cambio

### *Un ejercicio con Gabriel*

Pasos para cumplimentar el modelo detallado del cambio: Lado B

| Pasos: | Orden | Completada |
| --- | --- | --- |
| * Buscar en las librerías o bibliotecas libros acerca de la muerte | 2 | |
| * Pensar todos los días a conciencia en un recuerdo de mi madre | 1 | |
| * Escribir cartas a mi hermano y a mis tías donde hable de la vida de mi madre | 6 | |
| * Practicar el ejercicio "Diagramando su vida" sobre este asunto | 3 | |
| * Escribir una carta a mi madre ya fallecida | 4 | |
| * Hablar con mis hijos acerca de su abuela | 5 | |
| * Hablar con otras personas cuya madre también murió cuando ellos eran jóvenes | 7 | |
| | | |

## Completar el ejercicio

En este momento, ya deberás tener frente a ti un modelo totalmente cumplimentado para la ampliación del contenido del cambio y hasta diez hojas llenas con la ampliación detallada del cambio. Una por cada día, empezando desde hoy, deberás revisar la hoja del contenido y seguir los siguientes pasos:

Paso 1. Determina cuál es el aspecto clasificado con el número más bajo, que aún no se ha realizado. Si rellenaste una hoja de ampliación detallada del cambio para esta tarea, entonces consulta en la hoja del detalle cómo se ha establecido en el segundo paso, el cual aparece más abajo. De lo contrario, simplemente realiza la tarea que estás mirando. Hazlo el mismo día en el que la estés revisando si te es posible. Las tareas que no tengan múltiples pasos, tan sólo deberán necesitar una acción sencilla para que se puedan llevar a cabo. Cuando ya hayas realizado la tarea, entonces marca con una x en la columna que está encabezada con la palabra «completada», en la hoja la ampliación del contenido del cambio. No continúes hacia la siguiente tarea hasta que hayas realizado los pasos más sencillos que te lleven a alcanzar totalmente la tarea actual. Si ya has completado la tarea referida, empieza con la primera parte de este paso para tu próxima meta. Si ya has completado todas las tareas de la lista, entonces habrás terminado todo el ejercicio.

Paso 2. Para completar este paso, deberás haber rellenado ya la hoja para la ampliación detallada del cambio. Revisa la parte posterior de esa hoja, donde has escrito todas las subtareas que debes llevar a cabo para completar la tarea principal. Escoge la siguiente subtarea, la que todavía no ha sido completada ni realizada. Realiza todas las subtareas que sea posible en este momento. Ejecuta, por lo menos, una tarea cada día, siempre. Cada vez que completes la subtarea, pon una x en la columna que aparece encabezada con la palabra «completada» y continúa con la siguiente subtarea. Cuando ya hayas completado todas las subtareas, regresa al modelo para la ampliación del contenido del cambio, marca con una x en la columna «terminada» y regresa al paso uno de este ejercicio. Haz todos los pasos que te resulten cómodos durante un mismo día, de manera que no vayas a saturarte; pero, por lo menos, realiza una tarea o subtarea cada día.

Este ejercicio para la ampliación está inspirado por el arcángel Gabriel. Además, te ayudará a desplazar la energía contenida en modelos específicos para alcanzar la experiencia que deseas. Igualmente, te ayudará a llevar a cabo tus responsabilidades en los momentos en los cuales te parezca que existe alguna dificultad para motivarte a ti mismo.

A medida que la energía empieza a moverse, gracias al efecto de tus acciones, los cambios se harán cada vez más fáciles de iniciar. Existe un enorme gozo y una gran ilusión en el cambio. La creación puede ser –y, de hecho, lo es– divertida de muchas formas.

Al mismo tiempo que generas cambio a través del movimiento de la energía con tus pensamientos, con tus palabras y con tus acciones, recuerda siempre cada uno de los propósitos, de los procesos y de los poderes de cada arcángel. Ten en cuenta las lecciones que has aprendido bajo su cariñosa orientación. Si actúas a partir del ser integrado, todo lo que manifiestes no solamente te beneficiará a ti mismo, sino que también beneficiará a todas aquellas personas que te rodean.

***La energía es la sustancia que utilizamos para conformar nuestra experiencia.***

# Sección 5

## El arcángel Uriel

Y en aquellos días, el arcángel Uriel me respondió diciendo:
«Mira, te lo he mostrado todo, Enoc, y te he revelado todas las cosas
que deberías ver, este sol y esta luna y los líderes de las estrellas del cielo
y todos aquéllos quienes se vuelven hacia ellas,
sus tareas, sus épocas y sus partidas».

–Enoc, 3-80

# 21

# Uriel: El arcángel del amor y de la belleza

El último de los cuatro arcángeles es san Uriel, uno de los arcángeles menos difundidos y menos pintados, cuya imagen más común es aquélla en la que aparece de pie con una pequeña llama encendida en la palma de su mano. De Uriel también se ha hablado como un profeta y ha sido pintado llevando unos rollos que parecen papeles o una especie de libro en su mano. El conocimiento del profeta representa el ser del alma que envía sus impulsos a través del ser superior, con destino al ser consciente.

De la misma manera en la que Miguel te ayuda a aumentar el poder de la visión, Rafael te ayuda a desarrollar el poder de sentir y Gabriel el poder de actuar, Uriel viene a ayudarte a aumentar el poder de ser. Por medio de la capacidad de ser llegamos a apreciar, y a través del proceso de apreciación, traemos más amor, belleza y conocimiento a nuestra vida.

## La experiencia de ser

La experiencia de ser equivale a permanecer en un estado de reposo, pero al mismo tiempo, activo. Aun cuando su apariencia es pasiva, esta experiencia está plenamente involucrada y se moviliza con la energía del Creador. Desafiando la clasificación, la experiencia de ser está más allá del concepto de infusión del alma. Está más allá del concepto de los conceptos mismos.

La capacidad de ser se incrementa por medio del relajamiento. Paradójicamente, este relajamiento nos conduce a un estado de conciencia que contiene el conocimiento de la vida, su propósito y nuestra posición en el universo y en todos los mundos de la creación. A través de la relajación en el momento presente llegamos a ser conscientes de la totalidad de la vida. Encontramos que somos y que siempre hemos estado dentro del flujo de la fuerza divina de la vida: el Espíritu Santo.

## LA HISTORIA DE PETER

### *Una experiencia de «ser»*

El fin de semana siguiente después de haber conocido a Linda, fui a un retiro espiritual al que ella había estado planeando asistir. Después de las lecciones y de los eventos del día, Linda y yo decidimos dar un paseo alrededor de los hermosos terrenos del centro de retiro, el cual estaba situado en un área boscosa hacia el este de Minnesota. Eran los primeros días de septiembre y el tiempo era cálido; el cielo estaba claro sin una nube.

Era de noche y la belleza de la creación de Dios era tan evidente en ese momento como lo debe de haber sido desde los principios del tiempo. El cielo oscuro estaba abarrotado de estrellas que parecían estar suspendidas en el firmamento. Sentía que podía tocar la luna y las estrellas en esa noche especial. A medida que caminaba con Linda, una extraña y confortante sensación de paz me cubría totalmente.

Nos sentamos sobre un banco y nos tomamos de las manos. Entonces empezamos a hablar.

La perfección del momento era exquisita. Cada palabra dicha era como si se tratara de una pieza de un rompecabezas que encaja perfectamente en el primer intento por colocarlas juntas. No existía dolor de ninguna clase. Todos los centros de energía estaban calmados y fluyendo de una forma armoniosa. A medida que hablábamos, me daba cuenta de que mis palabras fluían fácilmente. Provenían de un núcleo central de mi ser de una forma tan natural que estaba asombrado, por así decirlo, de su sabiduría. Por otra parte, el fluir del momento parecía completamente natural.

Toda la naturaleza que había a nuestro alrededor parecía cumplir con la experiencia de ser. Las estrellas en lo alto de la noche como portales hacia el cielo, brillaban su amor sobre nosotros. La luna reflejaba el sol como candente amor de Dios, aun en la oscuridad de la noche.

El tiempo parecía detenerse en esta experiencia. No existía el ayer ni el mañana. Todo estaba contenido en el momento. Cada pieza y cada parte estaban en perfecta alineación con todos los demás. Este misterioso y maravilloso estado estaba sanándonos a los dos, aunque ya éramos conscientes de ser parte de un todo. Era un regalo de Dios.

¿Cómo podemos conocer todas las cosas tan sólo con nuestra mente? ¿Cómo podemos experimentar la plenitud de la vida tan sólo con nuestros sentimientos o con nuestro cuerpo? Esta experiencia de «ser» abarcaba la totalidad, pero no confinaba nada a su alrededor. Todos los centros de energía estaban colmados en completo y absoluto amor.

Nunca olvidaré esta experiencia de ser y, de ahora en adelante, me preocuparé por «ser» con la ayuda de los arcángeles y con la orientación de Uriel. Creo que este estado de ser es el último peldaño de la curación que está contemplada en el plan de sanación de los arcángeles para la humanidad, el cual llegará a cada uno de nosotros. Por lo anterior se da la unificación de todas las energías del universo, de nuestras almas, de los ángeles, de los arcángeles y de Dios.

## El amor: Más allá de los sentidos

¿Recuerdas la tabla sobre los centros de energía (chakras) en el capítulo 4? Estos centros están girando constantemente, desarrollando energía dentro y fuera del sistema corporal. Similar a nuestra respiración física, este proceso es automático. Cuando un individuo establece contacto con otro individuo, se forma una relación interpersonal. Esta relación genera la creación de una línea entre los centros de energía de los dos seres. Estas líneas se pueden considerar como los vínculos entre los dos individuos.

Las cuerdas o vínculos que se desarrollan entre los seres que establecen una relación son entidades reales. Aun cuando no son seres separados, las cuerdas se constituyen en conexiones reales creadas a partir de la materia psíquica y etérea. Empiezan en formas pequeñas en el centro de los chakras y se van entrelazando la una con la otra. La energía se proporciona y recibe a través de los vínculos o cuerdas.

Si un exceso de energía es enviado hacia una cuerda que no ha desarrollado todavía la fortaleza adecuada para manejar el flujo, puede ocasionar un cortocircuito y la cuerda puede incluso llegar a romperse. Por consiguiente, construye la cuerda dentro de un conducto más grande de energía antes de enviar una sobrecarga de energía superior a través de ésta. Sobrecargar la cuerda en desarrollo puede hacer que se rompa. Lo mismo es válido en el caso de que se exija demasiada energía de una cuerda que aún no ha sido completamente desarrollada. Las cuerdas entre dos individuos pueden desarrollarse de a una o en una combinación de los centros de energía. Normalmente, una relación bien equilibrada tiene más de un centro de energía con enlaces o con conexiones de las cuerdas.

### EJERCICIO

#### *Acerca de la conexión*

Llega a un estado de meditación relajado y visualiza a la persona con la cual estás estableciendo una relación interpersonal (estás iniciando o terminando una relación).

Después de un momento, empieza a sentir el lugar de tu cuerpo en el cual está la energía. Mantente pensando en el otro individuo. La primera área que notarás es probablemente el área de la cuerda más activa en el momento presente.

Examínala brevemente. ¿Cuál es su tamaño? ¿Cuál es su estado de salud? ¿Es fuerte o es débil? ¿A qué centro de energía está ligada?

Si deseas restaurar la cuerda para obtener una buena salud, puedes hacer lo siguiente. Recuerda que es tu decisión. Cada uno de nosotros tiene la libertad de escoger una relación. Así como tú extiendes tu mano, la otra persona puede extenderla también o rechazarla.

Para restaurar la cuerda, trata de enviar vibraciones de amor a través de ella, pero sólo en la magnitud de su aceptación. No olvides que la cuerda está atada al otro extremo. Si envías mucha energía a través de la cuerda y no es aceptada por la otra persona, ¿qué piensas que sucedería con esa energía? Para incrementar el flujo de energía es recomendable una aprobación previa.

Esta información no intenta restringir tu intención de enviar amor a aquellas personas que estimas. Esto es más un reconocimiento para aquellos que desean entender el método psíquico-esotérico y cómo el hacerlo en exceso puede romper la cuerda que se ha formado dentro de una realidad.

Para aumentar el tamaño y la capacidad de la cuerda, sé honesto, sincero y está seguro de tu propio ser. Permite que se desarrolle este proceso de formación. Para algunos, éste es un asunto de romper con viejas ataduras (cuerdas) para dar espacio a las cuerdas de las relaciones más recientes. El momento preciso y el método dependen de los individuos involucrados.

Deja que el amor divino te oriente y alimente. Deja que pensamientos hermosos emanen desde ti. Ámate y permíteles a los demás que sean como son.

## La belleza está en el ojo del que observa

El amor es la esencia de la vida. Amarnos a nosotros mismos es el primer paso para amar a los demás. ¿Cómo podríamos amar a los demás si no nos amamos a nosotros mismos? La manera en la que nos tratamos afecta a todos a nuestro alrededor.

Si has logrado entender el efecto de mover energía, te darás cuenta de que TODAS las acciones afectan el movimiento de la energía. Una acción afecta a otra, la cual a su vez afecta a otra y así sucesivamente. Por lo tanto, es esencial comenzar el proceso de amar a través del autoconocimiento. Llegamos a conocernos por medio de la autoexaminación. Ésta debe acompañarse de la aceptación y no de la autocondenación.

Al decidir amarte a ti mismo por medio de tus acciones y pensamientos, puedes apreciar la belleza de la vida. Esta apreciación es el resultado natural de practicar el arte de ser. Podemos incrementar nuestro aprecio por la vida a través de la práctica del ejercicio de los 365 días de aprendizaje y apreciación inspirado por Uriel. Esto puede ayudarte a abrir las puertas de tu corazón y a valorar aquellos aspectos a los que has olvidado dar las gracias o no sabías que existían.

Se ha dicho que el mundo exterior es un reflejo del mundo interior. El siguiente ejercicio ha sido diseñado para ayudarte a ver tu propia belleza. No es un ejercicio fácil, ya que exige la aplicación de todo lo que hayas aprendido con los santos Miguel, Rafael y Gabriel. Apreciar tu belleza interior y exterior es importante y te ayuda a apreciar la belleza en el mundo. Un sano amor a sí mismo es importante para vivir una vida equilibrada y amorosa.

## Mira hacia el interior del espejo

Escoge un momento durante el cual puedas estar unos quince minutos a solas, sin ser interrumpido. Para este ejercicio vas a necesitar un espejo. Te sugiero que permanezcas solo frente al espejo del baño. Ten en la mano un pedazo de papel y un boli o un lápiz.

### EJERCICIO

***Acerca de la belleza***

El primer paso es mirar hacia el espejo y simplemente verte a ti mismo. Mírate el cabello, los ojos, la cara. A medida que observas cada una de estas partes de tu cuerpo, toma nota acerca de tus procesos de pensamiento. ¿Qué te está diciendo tu ser interior? ¿Puedes utilizar el poder de la visión para descubrir algunas críticas ocultas que todavía mantienes contra ti? Escribe los sentimientos que surjan como críticas hacia ti.

Ahora, con el poder del sentimiento de Rafael, trata de expresarte a ti mismo las emociones que estas críticas producen dentro de tu ser. Identifica las emociones como se te ha enseñado y luego trasládalas hacia la emoción original para tener una expresión completa.

Luego, por cada enunciado de crítica que hayas escrito, escribe una frase en la que aceptes el miedo a la pérdida del amor. Toma esa frase y amplíala, convirtiéndola en una afirmación positiva que te fortalezca en vez de limitarte.

Ahora mira tu lista de afirmaciones y di cada una de ellas de forma sucesiva, a medida que te vas mirando en el espejo. Cuando hayas terminado, tómate unos minutos para cerrar los ojos y relajarte. Respira suavemente; hazlo durante un minuto mientras te relajas.

Ahora abre los ojos y observa en el interior del espejo para ver la belleza que hay dentro de ti. Acéptate tal como eres y permítete a ti mismo dar y recibir amor.

Durante tu estudio bajo la orientación del arcángel Uriel, practica mirando la belleza en tu interior. Diariamente tómate tu tiempo para apreciar las cosas ocultas así como las cosas que se pueden observar fácilmente y que son aparentes en tu mundo. Recuerda vivir el momento y permítete ser tal cual eres, ya sea en tu sitio de trabajo o en casa.

Continúa procesando tus experiencias; esto te ayudará a mantener tu corazón abierto. Da todo el amor que desees dar y recibe el amor que los demás pueden ofrecerte, es decir, cada uno a su manera. No olvides que el amor de la vida se manifiesta a través del Espíritu Santo en los mundos de forma y sustancia.

El amor del Espíritu no es el reemplazo del amor humano ni de la experiencia de la encarnación humana. Creemos que hemos aceptado vivir sobre la tierra para aprender. Si esto es verdad, entonces debemos honrar y respetar la vida a través de la participación con coraje y con alegría dándole la oportunidad al corazón para amar a los semejantes. Las oportunidades son muchas y las recompensas son grandes, puesto que el amor es el atributo más preciado que el Creador nos ha dado. Permitámonos amar y ser amados ahora y por siempre.

***A través del proceso de apreciación, traemos más amor, belleza y conocimiento a nuestras vidas.***

# 22

# El amor, una decisión que tú tomas: Los poderes, el propósito y el proceso de Uriel

El principal propósito de la energía que emana desde el arcángel Uriel es ayudar al florecimiento de los atributos divinos del amor, la belleza y la conciencia dentro de cada individuo. Esto lo simboliza la llama eterna en la palma de la mano de Uriel, la cual significa el infinito amor que nos profesa el Creador, iluminando al mundo de manera que podamos ver la belleza que existe en él y en nosotros mismos. Finalmente, la llama nos brinda la calidez representando el corazón encendido con el amor de Dios.

El principal poder del caudal de la energía que emana de Uriel es el amor. Gracias al seguimiento de la orientación de los cuatro arcángeles, tú has alcanzado una visión interior más profunda. Al dedicarte a una vida de honestidad, de sanación y de compromiso, encontrarás que una llama de amor se enciende dentro de ti y que nunca jamás va a dejar de arder.

La llama del amor en tu interior está ahora al descubierto para que el mundo la vea y para que tú experimentes tu liberación de las tendencias y de los hábitos destructivos. La infusión de las energías divinas de los arcángeles se complementa cuando el arcángel Uriel te concede la conciencia plena del amor y de la belleza.

## Aumentar tu aprecio

¿Cómo podemos crear una actitud de gratitud, aprecio y agradecimiento en nuestra vida? ¿Cómo podemos aumentar la conciencia de nuestro corazón en relación con todo aquello bueno en nuestra vida? La respuesta es la misma: centrándonos conscientemente en todas y cada una de las bendiciones que recibimos diariamente en nuestra vida. La siguiente oración es un ejemplo de cómo concentrarse conscientemente en el momento presente y, de esta manera, darle el valor a aquellas cosas que apreciamos:

*Estoy muy agradecido, Dios, porque tú me has dado oídos para escuchar, ojos para ver y corazón para amar. Te doy gracias por todas las personas en mi vida que son mis reflejos, enseñándome quién soy y cómo amarme a mí mismo y a los demás.*

Como almas experimentando la forma humana, buscamos las oportunidades para compartir nuestro conocimiento con el mundo. Podemos ayudar a incrementar el nivel de conciencia del mundo sobre la disponibilidad de la energía divina e infinita del amor de Dios, enfocándonos en las bendiciones y en la apreciación individual y del mundo entero.

¿Por qué es importante una actitud de gratitud en nuestra vida? Porque crea una conciencia de amor y del aprecio personal. Ya no nos centramos en las cosas difíciles o erróneas de nuestra vida, sino que ahora nos fijamos en el presente y en todo lo que ha sido maravilloso en nuestra vida. Al despertar nuestra conciencia, creamos un estado receptivo hacia nuevas bendiciones que fluirán sin parar.

### LA HISTORIA DE LINDA

***Gratitud y aprecio***

Si tu pareja te dice algo similar durante todos los días, ¿cómo te sentirías?: «Mi adorado Peter, te amo demasiado y aprecio todo lo que haces todos los días». Son palabras simples y no se necesita mucho tiempo para decirlas, pero me hacen ver cuánto lo amo y cuánto lo aprecio cada día. Las palabras probablemente hacen que Peter se sienta bien. Pero aún más importante es lo que las palabras hacen por mí. Me recuerdan lo agradecida que estoy por estar cerca a este maravilloso ser.

Esas palabras no son solamente para aquellos que conviven en relaciones matrimoniales, sino también para decirlas a nuestros hijos, a nuestros amigos, a los miembros de nuestra familia e incluso a nuestras mascotas. Son palabras de amor, para el crecimiento y para la vida. Necesitamos decírselas a nuestros seres queridos no para su propio bien, sino también para el nuestro. Esas palabras nos ayudarán a mantener vivo el amor, a permanecer con el corazón abierto y con la mente creativamente presente.

Cuando acudes al arcángel Uriel, sentirás una presencia cálida, dulce y compasiva. También experimentarás la sensación de luminosidad y de humor, puesto que tiene el don de revelarnos su faceta de alegría. Yo siento su presencia alrededor y dentro de mí, en todos lados donde se revela mi actitud de agradecimiento.

Trabajamos en el aspecto de la gratitud elevando una oración al despertar, a las horas de comida y de nuevo en el momento de acostarnos, cuando le damos las gracias por habernos permitido disfrutar de un día pleno de vida y de bendiciones. Existen muchas cosas por las cuales debemos dar gracias.

Al vivir en Minnesota, como es nuestro caso, agradecemos especialmente el brillo de los rayos del sol que calientan nuestro cuerpo y que iluminan la oscuridad durante los días fríos del invierno. Cada día se presentan más y más razones por las que debemos estar agradecidos y vivir en un estado de apreciación. Como he mencionado anteriormente, la apreciación nos ubica en el momento, es decir, en el lugar donde verdaderamente vivimos y tenemos nuestro ser.

## Amarse con ternura

Aprender a decir palabras tiernas de amor y de aprecio a los demás es difícil si no nos han enseñado cómo hacerlo. Es fácil decirnos estas palabras primero a nosotros mismos y luego a quienes amamos. Algunas veces es más fácil escribir una nota de amor en lugar de pronunciar las palabras. Puedes crear una actitud de apreciación de esta manera.

Es difícil decir palabras amorosas y de aprecio a alguien, inclusive a Dios, si no sientes que te estás amando y apreciando a ti mismo. Por eso es importante decirnos palabras de aprecio a nosotros mismos. Todo esto es parte del «reentrenamiento» que se verá más adelante en los capítulos que se refieren al sueño y a las emociones.

Al escribir y decir palabras de apreciación con más frecuencia, se presentará reciprocidad por parte de tus seres queridos a medida que ellos se acostumbren a hacerlo. Podemos enseñarles y enseñarnos a nosotros mismos aquello que necesitamos escuchar, puesto que ellos no pueden adivinar los deseos de nuestro corazón sin que se lo hayamos comunicado. Es posible no saber exactamente qué es lo que necesitamos escuchar hasta que lo manifestemos por medio del habla o de la escritura.

## No estás solo

En algunas ocasiones, nuestro corazón se torna amargo y endurecido por causa de diversos traumas dolorosos, tales como el divorcio o las batallas por la custodia de los hijos; por la pérdida de un trabajo apreciado; por la pérdida de un ser querido o por alguna enfermedad o un accidente que nos ha incapacitado. Es posible sentir que no tenemos esperanza o que Dios y el mundo están en contra de nosotros. En esos momentos nos sentimos solos, deprimidos, relegados o apartados. Algunas veces se forma una pared fría de amargura alrededor de nuestro corazón, con el fin de aparentar que protege nuestra vulnerabilidad.

En estos momentos de dolor y oscuridad es difícil sentirse agradecido; además resulta difícil solicitar ayuda por miedo a que esto nos haga vulnerables nuevamente. Tememos amar, tememos dar y por eso nos escondemos detrás de un muro de dolor. A todos aquellos que están sufriendo una situación similar, les decimos que no están solos. Existen muchas personas en tu vida en este momento que se preocupan profundamente por ti. Quizá teman mostrarte cuánto te estiman, porque creen que no es el momento de involucrarse en tu vida personal y no tienen las palabras correctas para levantarte el ánimo y traerte esperanza. Por favor, permite que estas personas se acerquen a ti y hazles saber que necesitas su ayuda.

Solicitar ayuda no es un signo de debilidad, por el contrario, es un signo de fortaleza y de autoconocimiento. Si te has aislado y no tienes personas con quien interactuar diariamente, entonces vuelve donde los viejos amigos, aun si no los has visto durante años. Ellos todavía te aprecian y te mantienen en su corazón.

Hace unos diez años, Linda atravesó por la experiencia de un divorcio muy difícil. Durante ese proceso se encontró a sí misma en una situación muy similar a la que aparece descrita anteriormente. En medio de la desesperación, recurrió a viejos amigos a quienes no había visto desde hacía varios años. Para su sorpresa y alegría, la recibieron otra vez con los brazos abiertos y la ayudaron de nuevo a ver la luz y el amor que hay en su interior y en el de las demás personas.

El proceso de sanación llevó algún tiempo, pero con su ayuda, fue capaz de confiar nuevamente. Sus amigos le respondieron con toda la abundancia de amor que había en su interior y el conocimiento adquirido en sus propias experiencias pasadas de trauma y curación. Permite que tus amigos te ayuden. Permite que la amabilidad de las personas extrañas y de las de la familia colaboren contigo. Que no te dé miedo extender la mano; escucha sus palabras reconfortantes. Es posible que no digan las palabras correctas, pero cuando hablan, lo hacen con las mejores intenciones y con cariño. No estás obligado a seguir sus consejos, tan sólo agradéceles el hecho de escucharte y pídeles que por favor continúen en su intento de apoyarte, aun si no puedes responder bien por causa de tus heridas, por la ira o la depresión.

Éste sería el mejor momento para orar y para recurrir a los ángeles y arcángeles (particularmente a Uriel y a Rafael) y, por supuesto, a Dios. Orar te reconecta con el amor y con la sabiduría que está enterrada en tu corazón. Las oraciones no siempre son contestadas exactamente de la manera esperada, pero siempre serán respondidas de forma amorosa y abundante. El amor es la sustancia del universo y nos considera a cada uno como hijo de Dios.

Los ángeles envían vibraciones de amor y de sanación constantemente. Si nuestro corazón está cerrado por causa del dolor, entonces ellos con frecuencia inspiran a amigos, familiares e incluso a personas extrañas, para que den lo mejor de ellos, de su propio corazón, que está inundado del amor y de la abundancia. Si te encuentras agobiado por el dolor, pide ayuda. Si ves o conoces a alguien que está experimentando dolor, hazlo partícipe del amor, de la aceptación y de la abundancia de la cual tú estás disfrutando en este momento.

Esfuérzate por no juzgar ni aconsejar (esto podría costarte un poco de trabajo), y más bien escucha. Permanece disponible para algún viejo amigo o para alguien necesitado. Extiende tus manos; dedícales parte de tu tiempo en medio de tu ocupada vida. Existe un gran placer al dar, y como respuesta abrirás espacio para recibir muchas más bendiciones, las cuales fluirán hacia ti y hacia la persona que las necesita.

Nosotros dedicamos nuestra vida a difundir los mensajes de sanación de los arcángeles para todo el mundo. Permítenos que nos ayudemos los unos a los otros. Permítenos ser una bendición para cada uno de nosotros para encontrar abundancia, gratitud y amor en nuestra vida. Estamos compartiendo lo que hemos aprendido de nuestras experiencias de alegría y dolor, y de nuestra conciencia de la presencia y del cuidado de los ángeles y de los arcángeles.

Linda nunca pensó recuperarse de su trauma, pero lo hizo. Nunca esperó convertirse en el recipiente del amor y del cariño de sus amigos, pero recurrió a ellos y lo logró. Ya se había resignado a llevar una vida sin compañero. No obstante, la gracia de Dios no tiene límites y, a su debido tiempo y lugar, Peter llegó a su vida con sus dones, creatividad, amor, gracia y también con sus propios problemas.

Raras veces podemos decir que no tenemos problemas que solucionar. Los problemas pueden verse como oportunidades para aprender y crecer. El amor y el apoyo que nos brindan las amistades, la familia y los seres celestiales nos ayudan a mantener nuestro equilibrio emocional, mental y físico durante estos difíciles tiempos de desafíos. Al igual que una roca se torna más bella cuando se rompe y se pule gracias al efecto producido por las olas del océano, así también descubrimos la belleza que existe en nuestro interior mientras que la vida nos pule y se revela la divinidad de nuestra naturaleza espiritual interior. Debemos aprender a ver las situaciones difíciles como oportunidades de crecimiento, de cambio y de continuar siendo capaces de amar y de ayudar a los demás en sus dificultades y en los tiempos de abundancia. Nunca debemos olvidar que el amor está dentro de nosotros y dentro de las demás personas.

## Una lista de bendiciones: Cultivar una actitud de aprecio, gratitud y agradecimiento

En esta nota, Linda quisiera compartir contigo una lista de bendiciones que le recuerdan a diario las cosas buenas y amorosas que existen en su vida. Cada día se hace estas preguntas. ¿Cuáles son mis bendiciones de hoy? ¿Qué retos se están presentando? ¿Cómo puedo aprender de esos retos? ¿De qué manera puedo extender la mano y ayudar a otros en el día de hoy?

Tú puedes crear su propia lista de bendiciones para vivir en actitud de agradecimiento y de abundancia. También puedes formularte diariamente algunas preguntas para promover el autocrecimiento y crear maneras de extender tu amor y tus dones para el mundo. El arcángel Uriel está enviando bendiciones de amor, de aprecio y de belleza para ayudarte a ti y al mundo. Abre tu corazón ante el cariño y el amor de esta hermosa energía vibracional. Al hacerlo, se fortalecerán estas características en ti y a su vez en el resto del mundo.

### *La lista de bendiciones de Linda*

1. Querido Señor, te doy gracias por la bendición de tener mi cuerpo físico; gracias por mis piernas, que me permiten caminar hasta donde necesite ir; por mis manos, las cuales me permiten calentar y curar; por mi voz, con la cual me comunico; por mis dedos, que me permiten escribir y extender los mensajes de aprendizaje y de crecimiento. Hay muchos que permanecen en casa o en los hospitales, conviviendo con el dolor y con las incapacidades.

2. Querido Señor, gracias por la casa que me protege, a mí y a mis seres queridos, de los inviernos fríos pero maravillosos de Minnesota. Hay muchos en este mundo sin un sitio donde vivir.
3. Querido Señor, gracias por el amor y por la aceptación de mis amigos y de mi familia, quienes me han acompañado con su presencia en los momentos más difíciles. Hay muchas personas que se sienten solas, temerosas y sin amigos.
4. Querido Señor, gracias por el regalo de mi amado esposo Peter, quien ha sido como un espejo para mí, siempre enseñándome e inspirándome cuando comparte generosamente conmigo toda su calidez, su conocimiento, su creatividad, su curiosidad y su fortaleza. Hay muchos solteros, divorciados y viudos quienes caminan solos por la vida sin un compañero que los anime o que los apoye.
5. Querido Señor, gracias por la inteligencia de Peter y por su compromiso con el trabajo, puesto que gracias a estos dones podemos satisfacer nuestras más inmediatas necesidades de la vida y me proporciona la libertad para concentrarme en la construcción de un hogar, dentro del cual tu presencia es bien recibida y tus mensajes pueden ser transcritos y comunicados al mundo.
6. Querido Señor, gracias por ese magnífico regalo que son nuestros hijos, puesto que aunque su crianza pueda constituir un reto para nosotros, especialmente durante su época de adolescentes y de adultos jóvenes, existen muchas personas que no tienen hijos.
7. Querido Señor, gracias por el regalo de mi padre. Él ahora está envejeciendo y es más frágil. Hay muchas personas en el mundo que no tienen padres.
8. Querido Señor, gracias por el regalo de haber nacido en una tierra de paz y democracia, puesto que hay muchos que han nacido en países deteriorados por las guerras, que padecen hambruna y carecen de oportunidades.

¿Cuál es tu lista de bendiciones? Ensaya este corto ejercicio. Quizás tu corazón se abrirá como lo hace una flor hacia el sol.

## La sabiduría de los arcángeles

Damos las gracias a todos los arcángeles por compartir las bendiciones de Dios durante nuestro viaje. Miguel nos ha mostrado nuestro poder de visión, a través del cual nos permite entender quiénes somos en la actualidad. Rafael nos ha mostrado la capacidad que tenemos para sentir y que, de esta forma, podamos sanar las heridas del pasado y expresarnos hoy día, de tal manera que permanezcamos dispuestos ante el espíritu de la vida. Gabriel nos ha mostrado nuestro poder de actuar, el cual nos permite desarrollar y cumplir cabalmente la misión de nuestra vida.

Finalmente, Uriel, uno de los arcángeles más misteriosos y menos conocidos, nos ha mostrado el poder de ser, de tal forma que podamos llegar a apreciar el amor, la belleza y la conciencia de la vida misma, es decir, alcanzar un estado de infusión del alma.

La sabiduría que has cultivado a partir de los trabajos con los arcángeles continuará otorgándote beneficios durante todo el transcurso de tu vida. Mientras permanezcamos sobre la tierra para experimentar, aprender y cumplir, recuerda siempre que somos *seres.* Uriel nos ha ayudado a aprender la forma en la cual debemos apreciar la vida mediante el simple hecho de ser.

***Pedir ayuda no es un signo de debilidad,***
***es un signo de fortaleza y de autoconocimiento.***

# 23

# Un mensaje de Uriel

## ¡El cielo está en tu interior en este momento!

Vive cada momento como si fuera el último. Pon en práctica cada una de tus experiencias en cada realidad que se te presente. Di la verdad en todas las relaciones que establezcas; la verdad total, completa y amorosa. La verdad es amor; es el único amor que tienes. No temas abrir tu corazón y revelarlo en su totalidad. Al hablar, tu corazón crecerá y, al mismo tiempo, tus relaciones se profundizarán.

Sé cordial y continúa la diligente búsqueda de la verdad y la belleza en todas las experiencias. El miedo no deja ver claramente a la verdad; la verdad expande, el temor contrae.

Apréciate profundamente y reflejate sobre la verdad absoluta y sobre la belleza de tu propio ser. Al mismo tiempo, aprecia las percepciones interiores divergentes y la realidad de tus semejantes. En cada percepción existe un nivel de tu realidad. Considerar los puntos de vista ajenos sólo podrá enriquecerte. No te preocupes si no coincide con tu verdad personal; es sólo otro nivel de la verdad. Existen muchos caminos para llegar a la verdad. Es deber de cada uno hacer brillar su propia luz para construir su camino, al mismo tiempo que respetas el corazón, las creencias y la belleza de los demás sin importar lo diferentes o rígidos nos puedan parecer.

Respeta la verdad de cada perspectiva, puesto que cada una de ellas constituye uno de los niveles de la verdad. Al descubrir las capas de la verdad nos acercaremos a la revelación de la verdad de Dios. Tu verdad individual simplemente pretende establecer un vínculo común. La belleza absoluta se encuentra en sus diferencias, tanto en el nivel microcósmico como en los niveles exteriores más profundos, las cuales se manifiesta en nuestro mundo o el alma universal. Capa tras capa, sueño tras sueño. Conecta tus sueños internos a la materia física.

El cielo está en tu interior porque la gracia de Dios está ahora dentro de ti. Al centrar tu atención en aquello que eres, incrementarás tu conocimiento de ello.

La apreciación trae satisfacción y la satisfacción promueve la honestidad. Si te sientes insatisfecho, identifica la causa y produce un cambio en las circunstancias, actitudes y entendimiento sobre la situación. Aprende a apreciar el propósito de tu insatisfacción. Nada ocurre en este mundo sin que tenga algún significado. Los grandes poetas se esfuerzan por describir las maravillas de la vida con sus plumas y con la ayuda de la palabra escrita. De igual manera, nosotros podemos sentir y experimentar esos estados de maravilla y de humanidad divinas.

La apreciación es una aceptación del plan divino del Creador. Puedes apreciar las lecciones a partir del hecho de vivir en este mundo. Aprende a apreciar los cambios, puesto que a través de ellos experimentamos las diferentes partes de la creación y las experiencias en el mundo. A través del cambio, el dolor se vuelve placer y el placer se convierte en dolor. A través del cambio y la transmutación, aprendes y creces dentro de los mundos que el alma ha escogido para habitarlos.

Has trabajado con dedicación a través de la orientación del arcángel Miguel, quien te ha ayudado a retirar el velo de tus ojos para ver honestamente la verdad de tus motivaciones; con el arcángel Rafael, quien te ha mostrado la necesidad de sanar tu corazón expresándote a ti mismo tus sentimientos de dolores no mitigados para vivir a tono con la fuerza de la vida y en perfecta armonía; con el arcángel Uriel, quien ha venido hasta ti –y continúa en tu compañía– para mostrarte la forma en la que debes manifestar la misión de tu vida y te muestra la manera para alcanzar tu propia fortaleza.

Al igual que los tres arcángeles te ayudan, yo también lo haré. Mi mano se extiende con la llama del conocimiento y de la conciencia.

Esta llama arderá para siempre. Es la llama de la luz y del amor divinos; la que calienta el corazón mientras se desplaza libremente por el mundo.

¿Recuerdas en tu niñez cuando mirabas el cielo, el sol, la luna y las estrellas? Las maravillas de la vida eran frescas en ese momento. Esa maravilla existe ahora. El mundo no ha cambiado sustancialmente. Elimina tu aislamiento con la ayuda de los cuatro arcángeles para por fin experimentar el mundo en su totalidad. Te tornas vulnerable cuando descubres tu corazón, pero ¿cómo puedes guardar tu corazón en una caja fuerte con la esperanza de vivir una vida de amor y plenitud?

Apreciar significa otorgarles valor a las cosas. Cada día, en forma silenciosa, da gracias por las funciones que cumplen tu corazón, tu mente y tu alma. Da las gracias por el aire que respiras y por la cama en la cual duermes durante la noche. Da las gracias a tus seres queridos y a aquéllos con quienes ha tenido algún desacuerdo. Da las gracias por las herramientas que utilizas para crear, mantener y alimentarte a ti mismo. Agradece y reconoce lo mucho que se te ha otorgado.

Yo estaré contigo cuando me pidas ayuda. Te enseñaré y te ayudaré a señalar el camino del amor, la belleza, el aprecio y conocimiento, puesto que yo te amo y te aprecio, al igual que a la vida.

Quizás preguntes, ¿cómo puedo apreciar mis defectos físicos? Entonces yo te pregunto, ¿cómo no apreciar esas cosas? Son parte de tu vida y de la vida del Creador. No aprender de tus condiciones equivale a cerrar los ojos; es enceguecerse a sí mismo.

Mi propósito, poder y proceso están armonizados con los propósitos, procesos y poderes de todos los otros arcángeles. Esto es parte del plan divino del Creador. En él existe una espiral interminable de crecimiento, aprendizaje y conocimiento. Este propósito es otorgado con amor por nuestro eterno ser.

No te pido que aprecies por el simple hecho de hacerlo. Los sentimientos no se pueden forzar. Sería una injusticia contigo mismo y no vivirías en la verdad si no aceptas honestamente lo que sea que estés sintiendo. Los ejercicios que vienen a continuación te ayudarán a centrarte en las formas y sustancias de tu mundo, en el proceso de identificar el atributo de la apreciación.

Optar por apreciar te puede ayudar a estimular tus sentimientos. Allí se encuentra la verdad. Éste es el principio de la llama de aprecio que representa la verdad. Rafael te ayuda a conectarte con tus sentimientos nuevamente, así como también a curar cualquier resistencia que puedas sentir hacia el proceso de apreciación, conduciéndote al camino del miedo a la pérdida del amor, el cual subyace bajo esta resistencia.

Recuerda que estás en el mundo para experimentar. Acepta la experiencia, procésala e intégrala. Esto se transforma en sabiduría. Tus proyecciones llegan a ser honestas cuando son honestamente proyectadas desde tu verdad. No existe ninguna razón para forzar ni fingir tus sentimientos. Busca la ayuda de Rafael para curar tu corazón y establece contacto con lo que verdaderamente eres tú.

Habla desde el centro de tu ser. Todo lo que provenga desde allí es tu verdad. Ésa es la verdad de tu ser. Habla y exprésate a partir de ahí y todo irá bien.

La meditación y los ejercicios que presento te ayudan a enfocarte en el amor y el aprecio. Úsalos cuando necesites ayuda para centrarte en estos atributos divinos. Así como riegas una planta para ayudarla a crecer, así mismo centra tu atención en los atributos divinos para crecer en tu vida. Al igual que una planta crece poco a poco, de forma invisible al ojo humano, así mismo el amor y el aprecio de la conciencia y de la belleza crecen dentro de nosotros diariamente. Un día, por fortuna, serás consciente de la llama que hay dentro de tu corazón.

Memoriza este proceso en tu mente. Relaciona esa experiencia, de tal manera que puedas recordarla cuando los vientos de tu mundo trasladen tu atención y tu enfoque hacia otra parte. Ésta será la ruta de regreso hacia la llama del amor.

Te ofrezco este mensaje en el nombre de la energía del Cristo universal del divino Creador.

***Nunca es demasiado tarde para empezar de nuevo.***
***Un ciclo que empieza es una nueva experiencia en movimiento.***

# 24

# Oraciones y meditaciones para contactar con el arcángel Uriel

## Una oración sobre el amor

Querido Uriel:
Te dedico está oración para que compartas conmigo tu amor y tu cuidado, para ver lo que hay dentro de mí y que lo pueda compartir tanto conmigo mismo como con el resto del mundo. Muéstrame el camino para encontrar al niño que llevo dentro y guíame mientras que hago el esfuerzo por aceptar la realidad de mi vida tal como es ahora.
Esto te lo pido en nombre de la energía del Cristo universal, amén.

### MEDITACIÓN

*En presencia del arcángel Uriel*

Siéntate en una silla cómoda o acuéstate sobre una cama. Libérate de cualquier clase de presión ocasionada por tu ropa. Utiliza el método de relajación que mejor te parezca (puede ser el de respirar profundamente). Esto te ayudará a concentrarte en tu interior. Asegúrate de que nada te vaya a perturbar por entre quince y treinta minutos. Después de que tu mente haya quedado tranquila y tu cuerpo esté relajado, continúa con el resto de la meditación.

Imagina que estás solo durante un viaje. Estás armando una tienda para acampar en la noche. El sol se está ocultando y has encontrado el lugar adecuado para pasar la noche. Después de delimitar el área para dormir, te preparas para hacer la comida. Juntas algunos leños para encender una fogata, colocándolos en forma circular sobre el suelo. El cielo es de color azul oscuro y las estrellas brillan tenuemente, tornándose más brillantes cada minuto.

Luego buscas las cerillas en tu bolsillo, pero no encuentras ninguno. Sigues buscando en el resto de tu equipo y te das cuenta de que las cerillas debieron de haberse caído durante el trayecto hacia ese sitio. Entonces te resignas a ingerir la comida fría y te dispones para arroparte con unas mantas extras a la hora de acostarte. Ahora empiezas a comer cuando de repente ves una luz que proviene desde el interior del bosque.

La luz se torna más brillante y entonces ves a un extraño que emerge de entre los árboles. Camina hacia ti. No sientes miedo. No lleva nada consigo, por lo cual te sientes confundido acerca del lugar de donde proviene la luz. Ésta parece irradiarse desde él mismo, en forma de un tenue resplandor que se crea a su alrededor. Entonces te das cuenta de que se trata del arcángel Uriel.

Él se agacha sobre la madera que has recolectado para hacer la hoguera y abre la palma de su mano para mostrar una llama de luz. No quema, pero está caliente. Tú te asombras por el calor proveniente de una llama tan pequeña. La llama también calienta tu corazón. Él coloca la mano sobre los leños y éstos empiezan a arder. Retira las manos del fuego y éste empieza a arder con fuerza.

Le agradeces su ayuda. Al mirarlo a los ojos, ves un inmenso amor y belleza como nunca antes habías apreciado. Te ves reflejado en sus ojos. Habla con él si lo deseas. Pregúntale cualquier cosa. Disfruta de su compañía. Después de un rato, él se despide y se interna en el bosque. Te vuelves a quedar solo. Preparas tu comida y empiezas a comértela; sientes calidez en el cuerpo. Cada cosa se encuentra en un perfecto estado de equilibrio. Estás experimentando un amor que te tiene abrumado y que colma tu vida por completo. Sientes que este amor está siendo irradiado desde tu interior en forma de agradables olas de gratitud.

Continúa en este estado durante todo el tiempo que desees y luego despierta poco a poco de tu ejercicio de meditación. Abre los ojos y mira a tu alrededor; siente la presencia de Uriel durante todo el transcurso del día reflejando la alegría y el goce de vivir.

## Una oración sobre la belleza

Querido Uriel:

Por favor, acompáñame mientras aprendo a apreciar la belleza de la creación. Ayúdame a entender la belleza de los ciclos de la vida: la creación, el sostenimiento y la disolución. Me esforzaré por descubrir la belleza que hay en mi ser por mi bienestar y para que el mundo la vea y se beneficie de ella. Te pido esto en nombre de la energía del Cristo universal, amén.

### MEDITACIÓN

***Sobre la apreciación***

Siéntate en una silla cómoda o acuéstate sobre una cama. Libérate de cualquier clase de presión ocasionada por tu ropa. Utiliza el método de relajación que mejor te parezca (puede ser el de respirar profundamente). Esto te ayudará a concentrarte en tu interior. Asegúrate de que nada te vaya a perturbar por entre quince y treinta minutos. Después de que tu mente haya quedado tranquila y tu cuerpo esté relajado, continúa con el resto de la meditación.

Imagínate que estás sentado al lado de una mesa de forma circular en un cuarto igualmente circular. Hay una luz tenue que se esparce por el cuarto. El centro de la mesa está iluminado desde arriba. No hay nada encima de ella. Notas que hay imágenes en las paredes que parecen pinturas expuestas en una galería de arte. Cada pintura describe una escena de tu vida.

Hay escenas con tus hermanos o hermanas, tu padre o madre, tu hijo o hija y tus amigos. Aparecen imágenes de tus posesiones, tales como tu casa y tu coche. Además, para tu sorpresa, ves imágenes tuyas, ya sea en el trabajo, en tu casa o mientras estás jugando.

Escoge una de las imágenes y concéntrate en ella. Al centrar tu atención en ella, la imagen se convierte en un holograma tridimensional sobre la mesa circular frente a ti. La imagen está algo oscura, aun cuando la mesa está iluminada.

Encuentra algo que apreciar en esta imagen, cualquier cosa, mejor que no se trate de algo pequeño. A medida en que empiezas a pensar en el valor que la imagen tiene para ti, ésta se torna cada vez más brillante. Cuanto más significativa sea para ti la imagen, ésta se irá haciendo más brillante y más llena de vida ante tus ojos. La escena se vuelve tan real que te deja asombrado. Un resplandor dorado ahora rodea la imagen. Medita acerca de la imagen y de su contenido durante algunos instantes.

Concéntrate en otra imagen de la pared. Ahora aparece en la mesa donde estaba la primera imagen. Esta nueva imagen es igualmente oscura. A medida que repites el mismo proceso que ejecutaste con la otra, trata de encontrar algo significativo dentro de ella. Aunque se trate de algo pequeño. Desde allí, trata de incrementar el resplandor de la imagen, utilizando el método de encontrar cosas significativas en ella.

Durante esta meditación, trabaja con todas las imagines que desees. No necesitas trabajar con todas. El cuarto siempre va a permanecer allí. Podrás volver a visualizar las imágenes y trabajar otra vez con la mesa del holograma circular.

Después de terminar, abre los ojos y relájate. A medida que desarrollas tus actividades del día, practica la forma de encontrar las cosas significativas (sin importar lo pequeñas que sean) en las experiencias de tu día y en la gente con la cual te relacionas. De esta manera, vas a aumentar el valor y el aprecio que sientes por ellos en tu vida. En el aprecio encontrarás la gratitud.

## Una oración sobre el aprecio

Querido Uriel:

Te dedico esta oración para pedirte que estés conmigo y me envíes tus energías mientras reviso mi vida. Te prometo que omitiré las imágenes

superficiales del pasado. Dedicaré tiempo para agradecerle al Creador el amor y la belleza que colman mi vida. Me esforzaré por apreciar la presencia de mis seres queridos y la del Creador. Ayúdame a querer y a valorar cada momento como un regalo de Dios.
Esto te lo pido en el nombre de la energía del Cristo universal, amén.

***Al centrar tu atención en lo que realmente eres, aumenta tu nivel de conciencia de lo que eso representa.***

# 25

# 365 días de aprendizaje y apreciación: Un ejercicio con Uriel

Cada día de la vida que pasas sobre esta tierra es precioso. El sol sale para compartir con nosotros su calidez. Ocupamos el día atendiendo las responsabilidades que debemos cumplir a fin de sostener nuestras vidas y la de aquellas personas por quienes debemos responder. La vida no se detiene. El mundo gira y nosotros avanzamos con él, como si la tierra misma permaneciera en un constante viaje.

Todos hemos tenido la experiencia de no apreciar algún aspecto de nuestra vida, y sólo cuando lo hemos perdido, nos damos cuenta del valor que realmente tenía ese aspecto o esa persona. Con mucha frecuencia es demasiado tarde para recuperar lo que hemos perdido y nos quedamos solos caminando por la vida, mientras que el mundo sigue girando.

Apreciar algo significa asignarle un valor. Nosotros apreciamos algo encontrando sus maravillas y respetándolo. Vemos el valor en ese algo y damos gracias por tenerlo en nuestra vida. Este ejercicio inspirado por el arcángel Uriel se llama *365 días de aprendizaje y apreciación* y está diseñado para disponer todo tu ser para recibir el amor que está a tu alrededor.

Desde el alimento que crece en los campos hasta el agua que calma nuestra sed, damos gracias por los nutrientes y por los elementos generadores de la vida, los cuales consumimos cada día. También damos gracias por la alegría de contar con la presencia de nuestros seres queridos, de nuestros niños, de nuestros compañeros y de nuestra propia conciencia. Este ejercicio nos ayudará a aumentar nuestro nivel de aprecio por la vida en todos sus aspectos.

En las siguientes páginas aparecen dieciocho temas diferentes con sus respectivas instrucciones. Estos dieciocho temas e instrucciones, también están incluidos en la baraja de cartas que se puede encontrar en el apéndice B. Puedes cortar la baraja de cartas y usarlas para este ejercicio. Además, hay una hoja adicional que contiene nueve cartas en blanco para que crees tus propios temas e instrucciones. Baraja las cartas y mézclalas entre sí. Ahora tienes en tus manos tu propia baraja de la apreciación.

Cada una de las cartas te proporciona las instrucciones específicas. Síguelas todo lo que puedas. Algunas cartas incluyen instrucciones con algunas exigencias físicas que quizás no puedas realizar, ya sea por motivos de salud o por cualquier otra razón. Si éste es el caso, retira esa carta de la baraja y escoge otra. Revisa todas las cartas. Si tienes dudas acerca de alguna carta, retírala de tu baraja. Después de revisarlas, tendrás muchas ideas acerca de cómo elaborar tus nueve cartas opcionales.

Cada vez que hagas este ejercicio, baraja bien las cartas y luego escoge una. Sigue las instrucciones indicadas anteriormente y usa el modelo llamado *La experiencia de apreciación* para registrar tus reacciones durante este ejercicio. En el apéndice B se incluye este modelo en blanco para tu uso personal.

Después de seguir las instrucciones y de cumplir con sus directrices, deberás rellenar los dos modelos relacionados con la experiencia de apreciación. Parte del modelo te pide describir tu experiencia en detalle. Si necesitas más espacio, utiliza la parte de atrás del modelo. Otra parte te pide que escribas sobre lo que has aprendido sobre la apreciación siguiendo el ejercicio como se indica en la carta seleccionada. Tómate el tiempo necesario para pensar en tu experiencia mientras que escribes.

Al utilizar esta técnica, inspirada por el arcángel Uriel, empezarás a redescubrir las cosas y las personas en la vida a las que les has perdido apreciación. Esta técnica puede ayudarte a abrir tu corazón hacia las cosas maravillosas de la vida que alguna vez tuviste cuando eras un niño. Ensaya esta técnica diariamente. Diseña nuevas cartas a medida que vayas encontrando nuevos asuntos que desees explorar con la presencia amorosa y con la energía de Uriel.

## Las cartas del ángel y sus instrucciones

1. Ojos cerrados: Por espacio de una hora, cúbrete los ojos con un vendaje. Utiliza las manos para sentir y los oídos para escuchar. Hazlo al mediodía si es posible.
2. Sin las manos: Por espacio de una hora, no utilices las manos para realizar alguna actividad. Hazlo al mediodía si te es posible.
3. Sin las piernas: Por espacio de una hora, no uses las piernas para caminar. Hazlo al mediodía si te es posible. Puedes arrastrarte o deslizarte.
4. Sin hablar: Por espacio de veinticuatro horas no uses tu voz para comunicarte. Puedes utilizar formas escritas de comunicación.
5. Sin escuchar: Por espacio de una hora, ponte tapones de algodón en los oídos o utiliza algún otro elemento para taparlos. Esto con el fin de reducir los sonidos a tu alrededor.
6. Escuchar: Por espacio de una hora y media, sal y establece contacto con la naturaleza. Toma nota de todos los sonidos que escuches. Relájate.
7. Visualizar: Compra un juego de acuarelas y papel. Ve a un sitio donde puedas estar en contacto con la naturaleza y observa una escena. Con tus mejores habilidades, intenta dibujar esa imagen sobre el papel.
8. Ayunar: Por espacio de veinticuatro horas, no comas nada. Solamente bebe agua y zumos de frutas o de verduras. Si no puedes ayunar, entonces no consumas algún alimento durante el día (café u otra clase de alimento).
9. Separación: Por espacio de una noche, duerme separado de tu pareja. Si vives solo, duerme en un cuarto diferente de tu casa.

Toma apuntes acerca de tu experiencia antes de reunirte con tu pareja nuevamente.

10. Limpieza personal: Por espacio de cuarenta y ocho horas, no te bañes ni te duches (esto es mejor hacerlo durante el fin de semana).
11. Lavado de ropa: Lava una parte de tu ropa sucia a mano y en el lavadero, retuerce y tiende la ropa para que se seque.
12. Electricidad: Por espacio de veinticuatro horas, no utilices ningún electrodoméstico que funcione a base de electricidad o de baterías (por ejemplo, el televisor o la radio).
13. Ducha: Toma un baño o una ducha de agua fría.
14. Escribir: Escríbele una carta a un ser querido. Imagínate que ese ser querido ya no está en la tierra. Expresa de corazón todo lo que siempre quisiste decirle.
15. Lectura: No leas nada de manera intencionada durante veinticuatro horas.
16. Viajar: No utilices un coche, autobús, moto ni bici por espacio de veinticuatro horas.
17. Soledad: Permanece todo un día solo; desde el amanecer hasta el ocaso. Asegúrate de levantarte a tiempo para ver la salida del sol y también observar el ocaso. No ejecutes ninguna clase de trabajo o de entretenimiento durante este período. Estate solo contigo mismo.
18. Sorpresa: Sorprende a un amigo íntimo, a un familiar o a un compañero con algo que hayas hecho. Puede ser con una comida, un poema o con alguna clase de regalo. No compres el regalo. Hazlo tú mismo.

En las dos páginas siguientes hay ejemplos de esta técnica. Uno de Linda y el otro de Peter. Cada uno escogió una carta de apreciación de la baraja de veintisiete cartas y siguió sus instrucciones. Por último, registramos nuestras experiencias y lo aprendido en uno de los modelos de *La experiencia de apreciación.*

Esperamos que estos ejemplos te guíen al realizar este ejercicio para aumentar tu amor y tu apreció por la vida. Lleva a cabo este ejercicio como parte de tu iluminación angelical. El diseño para un plan de iluminación se describe mejor en el capítulo 30.

Que la energía del arcángel Uriel te ayude a completar la integración de sus autosegmentos y te conduzca hacia una apreciación del amor y belleza en todos sus aspectos.

*El cielo está dentro de ti ahora,*
*porque la gracia de Dios vive en ti.*

## *Modelo de la experiencia de apreciación*

La experiencia de Peter

Fecha: 2-6-00 Hora: 6:00 p.m.

Tema de la carta: Escritura Número de carta: 14

Instrucciones: Escribir una carta a un ser querido. Imagínate que ese ser ya no vive. Di todo lo que tu corazón te indique.

**¿Qué experimentó durante el ejercicio?**

Experimenté algunas tensiones y sentimientos de ira y celos en otras personas. Escribí todo el dolor que había sentido desde que supe que no enviaría esta carta en su estado original. También experimenté otros sentimientos positivos, los cuales había sentido con esta persona cuando era más joven.

**¿Qué aprendió a apreciar y por qué?**

Aprendí que puede ser difícil ir más allá de las etapas de las heridas pasadas. Estas etapas parecen anular los estados originales cuando había un equilibrio en las relaciones sin importar de qué tipo era. He aprendido a apreciar el proceso de explorar mis heridas pasadas porque sé que ellas me podrían llevar al punto de perdonarme o perdonar a otros. Agradezco la oportunidad de sanarme y la habilidad para darme cuenta de que necesito sanarme. Aprendí a apreciar mi sombra y ver su función de autoprotección hacia el dolor y el rechazo.

## *Modelo de la experiencia de apreciación*

### La experiencia de Linda

**Fecha:** 2 - 6 - 00 **Hora:** 6:00 p.m.

**Tema de la carta:** Ojos Cerrados **Número de carta:** 14

**Instrucciones:** Venda tus ojos durante una hora. Usa tus manos para palpar y tus oídos para escuchar. Si es posible, hazlo al mediodía. Ten a alguien cerca por seguridad.

**¿Qué experimentó durante el ejercicio?**

Primero noté la ausencia de luz y la falta de estimulación visual. Me preguntaba qué podía hacer en la hora siguiente. No puedo leer ni escribir bien. Sonó el teléfono y traté de contestarlo en el segundo timbrazo. En esta hora escribí un mensaje a Peter. Tuve que confiar en mi memoria y esperé que las letras formaran palabras. Escuché la televisión, y ahí estaba Gerardo, pero me di cuenta de que no quería escuchar su programa si no tenía pistas visuales. Terminé escuchando un sermón y la recitación del rosario. Me di cuenta de que había escuchado y comprendido mucho más que cuando veo televisión.

**¿Qué aprendió a apreciar y por qué?**

Aprendí a valorar mis manos, las que me ayudaron a palpar el camino alrededor de la casa. Valoré mis piernas y mis pies, que me llevan cautamente por toda la casa. A pesar de no tener pistas visuales, descubrí que había escuchado con más cuidado y con todos mis centros de energía (chakras) abiertos y sensibles. Escuché más con mi corazón y menos con mi mente. Fui menos analítico y más crítica de lo que se hablaba. Fui capaz de sentir el poder vibracional y el mensaje del rosario así como el cuidado y atención de los hablantes. Las palabras parecían penetrar y limpiar mis chakras.

# Sección 6

## Un plan para la iluminación angelical

Una persona está dispuesta a recibir un acto angelical de dos maneras.
Algunas veces el entendimiento de un hombre es iluminado
por un ángel para saber lo que es bueno, pero no sabe el porqué...
Otras veces, es instruido a través de la iluminación angelical
estableciendo qué es bueno y su razón de ser.

–Santo Tomás de Aquino

# 26

# La ética y la iluminación angelical: Determina tus parámetros personales

Como parte de la humanidad, todos tenemos una chispa de divinidad en nuestro ser. Ya hemos escrito sobre las diferentes maneras para ayudar a mantener viva y en constante crecimiento esta chispa divina: la oración, la meditación, las técnicas y los poderes de los cuatro arcángeles. Pero existe otro regalo poderoso que nos podemos otorgar a nosotros, a nuestros seres queridos y a todo el mundo. Este regalo involucra la clarificación de nuestros propios códigos personales de ética.

La ética son los principios y valores utilizados como guías y modelos a la hora de tomar decisiones. La mayoría de nosotros, de manera inconsciente, seguimos un código interno de ética, que probablemente aprendimos de nuestros padres, nuestros amigos y de las normas culturales. El regalo que nos podemos hacer a nosotros mismos y al mundo es el de la conversión de este código interno en un código consciente de la ética personal.

¿Por qué razón debes crear tu propio código personal de ética? Porque definiendo tu código personal obtendrás una herramienta de gran utilidad para equilibrar armoniosamente tu mundo interior y exterior.

Escribir nuestros parámetros personales filosóficos nos ayuda a desarrollar, a definir y a proteger nuestra integridad personal. En este proceso, los talentos perdidos o escondidos y los recursos que poseemos empiezan a ser descubiertos, luego unificados y finalmente fortificados, a medida que alineamos, todos los días y conscientemente, nuestro mundo exterior con la realidad de nuestra naturaleza interna.

Cuando nos conocemos y confiamos en nosotros mismos, la belleza de la naturaleza espiritual interna empieza a brillar a través de nuestros corazones. A su vez, esta belleza ilumina nuestro camino y nos permite la invocación consciente de todo aquello que es bueno y que está lleno de gracia en nosotros. La armonía y la paz llenan nuestro ser a medida que vamos unificándonos con la luz de nuestra naturaleza espiritual. Nuestra eternidad perenne será reestablecida en nosotros y con Dios. Esto es algo que ha estado allí por siempre, a través de los tiempos, esperando, mientras que procesamos y curamos las heridas dolorosas que, sólo temporalmente, estuvieron oscureciendo la belleza en nuestro interior.

## Ejemplos de códigos éticos

Cada día, nuestra vida externa está hecha en parte por las elecciones que hacemos, ya sea consciente o inconscientemente. Permitámonos tomar las decisiones a conciencia. Permitámonos decidir a favor de la integración, de la totalidad y del amor. Teniendo esto en cuenta, compartiremos contigo nuestro código ético personal. Nosotros tenemos nuestra propia lista de comportamiento ético como una afirmación al mundo en el cual nos esforzamos cada día para crear y vivir conscientemente.

### *Código ético personal de Linda*

1. Hoy y siempre, tomo la decisión de proyectar activamente una actitud positiva hacia la vida. Hoy encontraré, por lo menos, una cosa positiva para decir sobre cualquier situación desafiante que pueda encontrar. Analizaré mis sentimientos honestos acerca de la situación y la consultaré con mi ser interior, preguntando qué hay en esa situación que pueda estimular mi propio crecimiento. Pediré ayuda y compartiré cualquier punto de vista

con mi compañero. Reafirmaré, apreciaré y promoveré las cualidades positivas que vea en todos los seres y en todas las situaciones que se desarrollen a mi alrededor.

2. Hoy y siempre, tomo la decisión de decirme la verdad total y completa a mí misma y a todos aquellos que coexisten en mi mundo. Compartiré verdaderamente mis sentimientos de una manera positiva y constructiva. Estoy inundada de la verdad, tanto en mi espíritu como en mis palabras y en mis acciones. Siento la maravilla del alineamiento de la energía dentro de mí, a medida que vivo cada vez más y más en la verdad.
3. Hoy y siempre, tomo la decisión de sentir, apreciar y honrar plenamente mis sentimientos, porque me han enseñado acerca de lo que soy y de mi mundo. Estoy muy agradecida por la experiencia de ser humana y de estar viva.
4. Hoy y siempre, tomo la decisión de escuchar a mi corazón, sin interrupción. Permitiré que los demás me cuenten la verdad de quiénes son y de lo que sienten. Me esforzaré para escuchar y hablar sin juzgar ni censurar.
5. Hoy y siempre, tomo la decisión de mirar hacia mi interior en busca de orientación, inspiración y los mensajes de mi ser superior, para manifestar la sabiduría en mi vida física y en el cumplimiento de mi misión en mi vida. Escucharé mis sueños; me desplazaré hacia los vínculos de mi ser del alma y buscaré la integración, la unidad y la unión con Dios y con toda la creación.
6. Hoy y siempre, tomo la decisión de reconocer toda la responsabilidad que implican mis acciones; decido crear una respuesta apropiada para todas las situaciones que encuentre.
7. Hoy y siempre, tomo la decisión de creer y de amar cada parte de mí misma, las que conozco y las que no conozco, el interior y el exterior, la realidad y el potencial, sin reservas y con todo mi corazón. Escojo creer en el potencial y en la bondad de todos los seres humanos.
8. Hoy y siempre, tomo la decisión de seguir mi visión interior y de desplazarme en la dirección hacia el cumplimiento de la misión

de mi vida. Me comprometo a tener en cuenta a mi esposo, a desplazarme en dirección de las metas que son mutuamente creativas y completas. Me comprometo a solicitarle tanto a él como a los demás la ayuda que necesite cuando me sienta sola y desconcertada.

9. Hoy y siempre, tomo la decisión de promover la salud y el bienestar con todos aquéllos con quienes establezca algún contacto, en particular con mi esposo Peter y con nuestros hijos. Enriqueceré sus vidas y los apoyaré durante su crecimiento con amor y con la visión de todo lo bueno que existe dentro de mí.
10. Hoy y siempre, tomo la decisión de disfrutar cualquier cosa que tenga que hacer. Seré alegre y encontraré el significado y la gracia de todas mis actividades diarias.

### *Código ético personal de Peter*

1. Me esfuerzo diariamente para mantener mi corazón abierto al espíritu de vida; para permitirme a mí mismo experimentar todo lo que estoy sintiendo; para resistirme ante las reacciones instintivas que me incitan a cubrirme y esconderme. Para honrar y respetar a todos los seres, ya sean mis amigos o extraños.
2. Me esfuerzo diariamente para aprender mucho más sobre mis propias motivaciones. Para aprender cómo he contribuido en la configuración de mi vida como lo es hoy y para encontrar las maneras de mejorar y de cambiar. Para lograr una alineación con el propósito y con el modelo de mi alma.
3. Me esfuerzo diariamente para compartir más con el ser que yo soy. Seré un conductor de la fuerza de la vida. Esto significa permitir que mis centros de energía giren libremente para que puedan ser ellos mismos.
4. Me esfuerzo diariamente para expresarme ante mí mismo con más claridad. Esto me ayudará, tanto a mí como a los que están a mi alrededor. Al expresarme con mayor claridad ante mí mismo, estoy ayudando a los demás. Así, ellos pueden entenderme

mejor y responder desde una posición de verdad y de conocimiento, evitando las confusiones y los malos entendidos.

5. Me esfuerzo diariamente para apoyar a mis seres queridos y a mis amigos. Los apoyaré tanto de palabra como de pensamiento y de obra, estimulándolos, dándoles coraje con autohonestidad.
6. Me esfuerzo diariamente para brindarle humor y luminosidad a la vida. Para utilizar mi intelecto y la sabiduría de mi ser superior para proporcionar tranquilidad y hacer que el camino de aquí sea más fácil.
7. Me esfuerzo diariamente para dar pasos que me conduzcan hacia el cumplimiento de la misión de mi vida. Para escuchar la orientación de mi ser del alma y a los arcángeles. Para desplazarme siempre hacia adelante, aunque esté muy cansado para avanzar. Para arriesgarme a caer cuando tenga temor de volar.
8. Me esfuerzo diariamente para procesar la represión de mi pasado y para evitar la acumulación de las emociones no procesadas en mi «olla a presión», por medio de la expresión en el presente, con lo mejor de mis habilidades.
9. Me esfuerzo diariamente para aceptar las experiencias de mi vida. Para permitirme sentir el dolor, de manera que pueda sentir la plenitud del amor. Para aceptar la bondad y para abrazar la dificultad.
10. Me esfuerzo diariamente para llegar a «ser».

Dos personas no tienen que ser exactamente iguales, ni tienen la misma misión durante su vida. Cada persona tiene un código ético que refleja su individualidad, creatividad y formas de actuar. Nuestra esperanza es que te tomes el tiempo y hagas el esfuerzo necesario para crear tu código ético personal por tu propia voluntad, lo cual, a su vez, será útil en el logro de la armonía y del equilibrio entre tus mundos, el interno y el externo.

Esperamos que puedas encontrar esta información útil para construir tu propia filosofía y tus propios parámetros. Siéntete libre para crear una lista, larga o corta, de acuerdo a lo que te dicten tus necesidades. Linda ha revisado su lista en diversas ocasiones durante su vida, mientras que trabaja en sus asuntos personales y a medida que van surgiendo algunos nuevos. Así que no dudes en agregar o suprimir asuntos a medida que pasa el tiempo y nuevas fuentes del crecimiento y de discernimiento entran en tu conciencia.

***Mientras evolucionamos, también lo hace el mundo.
Todos estamos conectados, mano a mano, uno a otro,
por la unidad de nuestra divina naturaleza.***

# 27

# Entender los símbolos de tus sueños

Todas las personas sueñan. Es posible que no siempre recordemos los sueños, pero, como mencionamos anteriormente, necesitamos soñar para mantener una salud adecuada. Los sueños son una ventana hacia el autoentendimiento y para comprender el propósito de nuestra existencia individual. Uno de los propósitos más importantes de los sueños es curar, sanar nuestras relaciones con nosotros mismos, con nuestros seres queridos y con aquellos que ya han pasado a formar parte del reino espiritual. Al final de esta sección se ofrecerán algunos puntos específicos para que recuerdes tus sueños.

Los sueños son canales directos que, si son interpretados apropiadamente, nos conducen hacia nuestro ser del alma y hasta la más profunda concientización de nuestra misión en esta vida. Nos conectan con nuestra energía creativa y con frecuencia nos proporcionan soluciones a los problemas que elude la parte consciente. La gran mayoría de los sueños involucran al ser del sueño que pretende unificar e integrar nuestros seres físico, emocional, mental y espiritual. Su propósito es curar los traumas y las relaciones dolorosas dando una voz a las partes de nuestra psique que han sido represadas o negadas durante el vivir diario.

Por ejemplo, desde la infancia hemos aprendido a protegernos a nosotros mismos «eliminando» ciertas partes de nuestro ser, las cuales llegamos a considerar como inaceptables para nuestros seres queridos.

Necesitamos recuperar esas partes perdidas, entenderlas y curarlas. Esto lo hacemos a través de los sueños.

Al final, la persona más importante a quien tenemos que perdonar es a nuestro propio ser, y los sueños nos proporcionan un excelente escenario y espacio para el autoentendimiento, perdón y crecimiento.

El estudio de los sueños ha existido desde hace muchos miles de años. Existen muchos ejemplos de esta clase de estudio en la Biblia. Uno con particular interés se encuentra en el libro de Job 33, 14-16. Dice:

*Aunque Dios hable una vez, incluso dos veces, todavía el hombre no lo percibe. En un sueño, en una visión de la noche, cuando un profundo sueño caiga sobre los hombres, en visiones oníricas sobre la cama, entonces él abrirá los oídos de los hombres y les dará la aprobación a sus instrucciones.*

Los sueños no solamente nos conectan con las diversas partes perdidas en nuestro ser, sino que además nos brindan una conexión para que Dios se comunique con nosotros, con el fin de ayudarnos a llevar una vida más amorosa y más responsable.

## Análisis de la simbología de los sueños

El análisis de la simbología de los sueños no es tan fácil como aparentemente puede ser. «A» no siempre es igual a «B». Por ejemplo, si sueñas con agua, esto normalmente se refiere a las emociones; pero algunas veces no es así. Dependiendo del contexto del sueño y de tu propia individualidad, el agua podría simbolizar una necesidad de limpieza física, o puede tratarse de pensamientos o de presagios de muerte (por ejemplo en un río ancho) o inclusive el sótano inundado de tu casa.

Tener en cuenta lo anterior es tan importante en el análisis de los sueños como lo es conocerse a sí mismo y sus asuntos en la vida. A medida que somos más conscientes de quiénes somos y de nuestros patrones de reacción y respuesta, podemos determinar la interpretación más apropiada para un sueño. Por ejemplo, un tema en la vida de Linda ha sido una lucha interna entre una fuerte necesidad y deseo de independencia y en contradicción, el temor a la dependencia. Conociendo lo anterior, Linda puede buscar posibles ampliaciones y soluciones para esta lucha dentro de su propia simbología de los sueños.

No existen sueños triviales. Inclusive los que parecen ser más tontos tienen un mensaje muy importante para ti. De hecho, nuestra «fábrica de sueños, con frecuencia utiliza el humor para capturar nuestra atención». Por ejemplo, ¿has tenido un sueño en donde necesitas ir al baño de urgencia, pero no encuentras ninguno, o cuando lo encuentras no puedes utilizarlo porque estaba averiado o no había paredes y tenías que usarlo enfrente de muchas personas, o algo por el estilo? Éste es un sueño importante y muy común que normalmente significa la necesidad física de limpieza, de cambios dietéticos o la necesidad de ingerir gran cantidad de agua para limpiar las impurezas del cuerpo. Podríamos beneficiarnos de los mensajes de nuestros sueños, podrían ayudarnos a evitar, por ejemplo, daños en los riñones, en el hígado o en el páncreas.

Puedes observar como nuestra fábrica de sueños siempre está tratando de promover la salud: la salud física, emocional, mental y espiritual. ¿Por qué los sueños utilizan símbolos tan difíciles de descifrar? Porque éste es el lenguaje universal de nuestro inconsciente colectivo, del inconsciente personal, del ser superior y de nuestro ser del alma. Debes de haber escuchado el dicho que dice que una imagen es más valiosa que mil palabras. De igual manera, los símbolos de los sueños permiten que múltiples ideas complejas se comuniquen con nuestro consciente, con el ser despierto, a través de un sencillo sueño. Por lo tanto, los sueños disfrutan de un lenguaje universal que trasciende las diversas barreras culturales, las grandes distancias y las distintas conceptualizaciones de espacio y de tiempo.

Los sueños también tienen la capacidad de presentarnos múltiples niveles de significado, los cuales pueden ser descubiertos con cada una de las nuevas etapas del crecimiento, durante todo el transcurso de la vida. Por ejemplo, un sueño de la infancia podría analizarse periódicamente durante todas las etapas de nuestra vida a medida que vamos creciendo y aprendiendo cada vez más acerca de nosotros mismos. Podemos aplicar la luz de nuestra sabiduría, obtenida a través de las experiencias de la vida e incrementar el autoconocimiento para procesar los traumas de nuestra vida temprana, las pesadillas que se repiten o los mensajes que no hubiéramos podido entender por completo.

Para ilustrar esto, Linda comparte contigo un sueño repetitivo de su infancia, el cual ha analizado periódicamente durante el transcurso de su vida. Ella lo llama su sueño «león», y aunque no ocurre nada horrible en él, la atemorizaba lo suficiente cuando niña y fue clasificado entre las pesadillas recurrentes. Las pesadillas surgen a partir de una parte primordial de nuestro inconsciente. Son un signo que nuestro dolor interno está llegando a un punto de presión extremo y necesita atención inmediata.

Las heridas psicológicas son reales y las pesadillas tratan de proporcionar información al ser consciente. Cuando examines estos sueños, sé considerado contigo mismo. No te digas que estás equivocado en relación con el sueño. Es importante no ignorar tus pesadillas ni esperar hasta que desaparezcan. Existen muchos niveles en nuestros sueños y lleva trabajo interpretarlos. Como ya se ha mencionado, puede tomar años la interpretación total de todos los niveles de un simple sueño. Sé paciente y diligente en tu estudio de los sueños y serás premiado con un profundo conocimiento sobre ti mismo y sobre el viaje de tu vida.

## EL SUEÑO DEL LEÓN DE LINDA

### *Un análisis*

El sueño consistía simplemente en que me daba cuenta de que había un enorme león sentado en el armario de mi habitación, mirándome con sus ojos inmensos y amarillos. Cuando era niña pensaba que esto significaba únicamente que estaba aterrorizada con los leones, al igual que muchos niños. No podía entender en su totalidad la simbología del sueño, así que hice lo único que podía pensar para reducir mi miedo: leí sobre los leones y escribí un informe sobre ellos para una clase de la escuela.

Pocos años después me di cuenta de mi temor a lo que representaba el león. Pero no estaba segura de qué representaba. ¿Tal vez representaba fortaleza o valentía, o...? Más tarde me di cuenta de que el león representaba la parte animal o la bestia, como parte de mi naturaleza. ¿Pero qué parte de mis pasiones animales representaba? Sabía que los leones eran feroces y que protegían a sus cachorros. También sabía que los leones vivían en manadas. Pero todavía no estaba segura. Así que, finalmente, me hice a mí misma una pregunta: ¿a qué parte de mi naturaleza temo?

Todavía no estaba segura de a qué le temía. Entonces observé el resto del sueño: el contexto y su ubicación. El león estaba pasivamente sentado en mi armario; no estaba amenazándome, pero estaba aterrorizada con su presencia. Esto me condujo al segundo nivel de interpretación, al reconocer que mi mayor temor era a mi propia cólera. La cólera puede herir si no se expresa apropiadamente. Los leones y la cólera tienen dientes y garras con las que pueden arañar, rasgar y herir a la gente si se permite. Como era apenas una niña, no tenía las habilidades para expresar apropiadamente o identificar mi cólera. Mi sueño estaba tratando de ayudarme. Después de muchos años me di cuenta de que el león representaba mi rabia y que había domesticado mi propia cólera (el león estaba sentado pasivamente en el armario, como si estuviera esperando expresarse a sí mismo, pero sin poder hacerlo). De niña suprimía mi cólera al pensar que podía herir y alienar a los demás, como a mis padres o a mis amigos. Al dejar salir mi rabia del armario, ciertamente podría hacerme daño. Yo creía que si la dejaba salir, atacaría a mis padres y de esa manera ya no me iban a querer.

Como puedes ver, he continuado trabajando en este sueño por muchos años y finalmente me ha ayudado a ver un patrón dentro de mí misma. Siendo paciente y manteniendo mi atención en las imágenes de mis sueños, fui capaz de colocar las visiones intuitivas una por una, durante varios años, hasta que finalmente completé el rompecabezas de este sueño. Esto ha tenido un valor tremendo en mis interacciones con las demás personas, al ser consciente de estas tendencias que me hacen esconder la rabia de mí misma y de los demás. Todavía no he terminado con este sueño.

Sólo recientemente me he dado cuenta de cómo esta tendencia de ocultar mi cólera impide el desarrollo de mi energía, fortaleza y valentía. Ya no sacrifico ninguna parte de mi fortaleza, valentía y energía de león. Desde entonces, me esfuerzo diariamente para utilizar la valentía del león apropiadamente, para identificar y expresar mi rabia ante mí misma y ante mis seres queridos.

Cada nivel de interpretación se fortalece y sustenta en el anterior. Estamos construyendo un vocabulario único y personal de sueños. Esto puede resultar benéfico para aprender algunos símbolos universales que puedan encontrarse en nuestros sueños, siempre y cuando recordemos que A no siempre es igual a B y que estos símbolos pueden tener y tienen varios significados. En otras palabras, no te precipites a sacar conclusiones. Relaciona siempre cualquier simbología universal con tu propio vocabulario personal, así como también con el autoconocimiento que hayas adquirido sobre tus tendencias, patrones y traumas durante el transcurso de tu vida.

Si tienes un sueño que parezca desafiar tu interpretación, examina de cerca las condiciones actuales de tu vida. Analiza los problemas más recientes que puedas estar enfrentando. Toma nota de cualquier evento inusual que haya ocurrido en tu vida durante los últimos días. Tu sueño puede estar tratando de proporcionarte las pistas para descifrar lo que estás sintiendo por dentro, así como también las soluciones para un problema con el cual estás enfrentándote actualmente.

### *Temas y símbolos comunes en los sueños*

La siguiente lista muestra algunos de los temas y símbolos de los sueños, los cuales hemos encontrado útiles para la interpretación de nuestros sueños y de los sueños de los demás. Esta lista no pretende ser una completa enumeración de todos los símbolos universales de los sueños, más bien señala unos cuantos que consideramos que son los más frecuentes, los más típicos y los más confiables al interpretar los nuestros.

Existen muchos diccionarios de los sueños disponibles en librerías, pero personalmente creemos que esos diccionarios tienden a confundir más que a clarificar, si tenemos en cuenta que cada consultante es un individuo único y que tiene su propia simbología. Esta simbología personal puede ser descubierta, únicamente, a través del conocimiento de nosotros mismos y de nuestros asuntos. Entre todos los libros y autores que hemos estudiado, hemos encontrado que los libros de Edgar Cayce sobre los sueños son los más útiles dentro del campo del entendimiento de la simbología de los sueños.

Lo más importante para recordar en el estudio de los sueños es que los personajes del sueño casi siempre representan una parte de ti mismo o una cualidad que hay dentro de ti. Más adelante hablaremos más al respecto. A continuación, presentamos algunos símbolos universales y comunes con sus significados más usuales:

Agua: En la mayoría de los casos, el agua significa las emociones. Por ejemplo, si estás soñando con olas, podría significar que estás sintiéndote oprimido por emociones conflictivas. Dependiendo del contexto del sueño, el agua podría indicar también la necesidad de una limpieza interna o la necesidad de ingerir gran cantidad de agua, o, posiblemente, una inundación en el sótano de tu casa. Necesitas analizar la situación de tu vida actual, según el contexto del sueño, y cualquier sentimiento o temor que puedas tener sobre la situación que se te presente.

Animales en los sueños: Los animales normalmente representan una parte de nuestra naturaleza bestial o animal, no sólo significan nuestras pasiones sexuales, sino que además pueden representar la necesidad de proteger y de nutrir a nuestros hijos o de brindarles abrigo. Los animales pueden representar una determinada cualidad dentro de tu sueño. Por ejemplo, un caballo podría representar la velocidad, la fortaleza, la libertad o el deseo de escaparse de una situación. Todo esto depende del contexto del sueño y de la forma en que lo relaciones con un animal en particular.

Por ejemplo, ¿te gustan los caballos o te causan temor? Qué experiencia hayas tenido con ellos que pueda haberte creado una percepción particular. Linda adora los caballos; de hecho, ella tenía un palomino al que quería muchísimo cuando era niña. Así que cuando un caballo aparece en sus sueños, normalmente representa la cualidad de la belleza y de la fortaleza que hay dentro de ella. Si el caballo aparece enfermo, entonces ella sabe que algo en su vida está impidiendo el desarrollo de su fortaleza y la forma en la cual se ve a sí misma. Entonces determina lo que esto significa a través del contexto del sueño y de la forma en la que relaciona al caballo y a los otros personajes del sueño. Pregúntate siempre a ti mismo: ¿qué cualidad dentro de mí representa ese animal?

Ático: Representa tu parte más consciente; algunas veces es tu ser superior. Si tu sueño se desarrolla en el ático, alguien que conocerás en ese lugar probablemente te traerá información desde el aspecto sabio de tu ser superior. El ático también puede significar los recuerdos o el conocimiento ganado en las experiencias del pasado.

Cantidad de luz u oscuridad dentro del sueño: La cantidad de luz o de oscuridad dentro del sueño representa la cantidad de conocimiento consciente que tenemos acerca del asunto que se presenta en el sueño. Por ejemplo, si tu sueño se ubica en un lugar muy oscuro o si no se puede ver nada, asumiremos que estamos soñando acerca de algo de lo que poco o nada tenemos conocimiento consciente.

Desnudez: La desnudez normalmente significa que te sientes vulnerable en algún área de tu vida. Sin embargo, si disfrutas la experiencia de estar desnudo en el sueño, podría indicar una apertura y disposición para recibir nuevas experiencias o un acto de despojarse de las inhibiciones.

La casa o el hogar: Estos elementos normalmente te representan a ti mismo, a tu personalidad o a tus necesidades corporales. Dentro del contexto del sueño, la habitación donde te hallas te indica la parte de ti mismo que estás tratando de entender o con la que trabajar. Por ejemplo, si se encuentran en el sótano en su sueño, probablemente indica que están trabajando en alguna parte de ellos mismos de la cual tienen poco o ningún conocimiento consciente, como un trauma enterrado o represado. Si están en el baño, igualmente podría significar una necesidad de limpieza interna; de la misma manera, si están en el dormitorio, indicaría un asunto relacionado con la intimidad, con la sexualidad o con la necesidad de descansar.

Las personas conocidas en los sueños: Normalmente representan un aspecto o una parte de ti mismo, lo cual resulta similar en esa otra persona. Por ejemplo, si sueñas que tienes una discusión con un amigo, probablemente signifique que realmente tienes una lucha interna con la parte de ti mismo (o con una cualidad que hay dentro de ti mismo) y que es la misma cualidad que reconoces conscientemente en tu amigo. (Es como si tuvieras una cualidad o una característica que no quieres admitir ni aceptar que la tienes y que la sientes).

Sótano: Representa la mente inconsciente, el ser básico. Esto incluye las cosas que hemos represado o que hemos mantenido escondidas de nuestra propia conciencia (por ejemplo, los traumas de la infancia y los recuerdos de culpabilidad). Sin embargo, el sótano puede representar la puerta de entrada hacia nuestro inconsciente colectivo.

Los ejemplos anteriores deberán darte un sentido general de cómo analizar los personajes y criaturas en las imágenes de tus sueños. Al recordar que la mayoría de las cosas que aparecen en tus sueños son parte de ti, también podrás identificar las actividades que ocurren en tus sueños.

Por ejemplo, si en tu sueño te persiguen, es muy probable que exista una parte de ti a la cual le temes, una parte de ti mismo de la que estás escapando o a la que no quieres reconocer. Si la figura de la que escapas es la de un hombre desconocido, esto podría indicar que sientes temor de alguna parte de tu naturaleza masculina. Igualmente, si la actividad que aparece en tu sueño es la de comer, indica que te estás ocupando de algo que tal vez sea conocimiento o sabiduría de alguna clase. También puede ser una advertencia sobre la necesidad de hacer cambios dietéticos. Sólo tú puedes decidir con seguridad porque tú eres quien mejor te conoces a ti mismo y a la situación que se presenta.

### *Dialogar en el sueño*

Otra técnica útil en el estudio de los sueños es la de crear un diálogo imaginario entre tú y los personajes del sueño. Esto no se extiende únicamente a las personas y a los animales que aparezcan en tu sueño, sino también a los objetos inanimados, como ventanas, árboles, etc. Por ejemplo, si soñaste con un florero, hazle algunas preguntas como éstas: ¿qué estás tratando de decirme? ¿De qué estás hecho? ¿Qué se siente al ser un florero? Responde las preguntas como si tú fueras el florero. La idea es tomar el punto de vista de los personajes del sueño y mantenerlos en un diálogo entretejido para obtener la mayor información posible.

Todos estos símbolos son partes de ti que necesitan ser escuchadas, expresadas e integradas. Se presentan en forma de símbolos porque es el lenguaje del subconsciente. Finalmente, si uno o más de estos símbolos son enormes (por ejemplo, un florero del tamaño de una casa), significa que es un símbolo muy importante para analizar y el subconsciente llega hasta esos extremos para decirte que se trata de un asunto urgente que necesitas tratar.

Con menos frecuencia, tenemos sueños que representan comunicaciones reales ya sea con difuntos o con un ser espiritual de otros reinos, tales como los de los reinos angelicales. Estos sueños están marcados por su claridad y viveza. Normalmente, existe un mensaje importante que el difunto desea comunicar, y si esto fuera una visita verdadera, el mensaje será positivo, curativo y útil para ti y para la humanidad. Algunas veces los difuntos simplemente desean comunicar que ellos están bien en el otro mundo. Normalmente, se puede notar que esta persona está resplandeciente de salud y con apariencia más joven que cuando falleció.

## Recordar tus sueños

Como ya habíamos dicho, todas las personas soñamos. Si tienes problemas para recordar tus sueños o crees que no sueñas, revisa la siguiente lista. En ella se bosquejan algunas técnicas simples que te ayudarán a recordar tus sueños.

### *Consejos para recordar los sueños*

1. Duerme lo suficiente. Si lo necesitas, acuéstate más temprano.
2. Hazte sugerencias para soñar antes de dormirte. Dite a ti mismo, por lo menos tres veces seguidas: «Recordaré mis sueños cuando me despierte».
3. Mantén un diario de tus sueños. Acostúmbrate a tener lápiz y papel junto a tu cama todas las noches. Puedes utilizar una grabadora si lo prefieres.
4. Al despertar, muévete lo menos posible. Graba tu sueño, o si todavía es de noche y estás muy cansado, escribe algunas palabras o símbolos claves; éstos te ayudarán a recordar los sueños en la mañana.
5. Busca a un amigo interesado en el estudio de los sueños. Comparte tus técnicas para recordar los sueños. Así reforzarás tu compromiso y le dirás a tu subconsciente que estás interesado en la información que tenga para ofrecerte.
6. Escribe en tu diario. Escribe cualquier pregunta o asunto con el que te gustaría que durante el sueño se te ayudara. Inventa algunas posibles soluciones para estos problemas y ten en cuenta lo que te dicen los sueños al respecto esa noche.
7. Organiza el sueño al revés. Algunas veces sólo podemos recordar la última escena de un sueño. Piensa en esa escena, recuérdala y pregúntate a ti mismo qué sucedió antes de esto. De esta manera podremos sucesivamente rastrear los eventos del sueño, retrocediendo desde el final hacia el medio y después hasta la escena inicial.
8. Mantén un registro escrito de tus sentimientos, de tus sueños diarios y de tus fantasías. Esto estimula y a anima tu fábrica de sueños.
9. Sé paciente. Presta mucha atención y verás los beneficios. Esto siempre es verdad, también en tu mundo de los sueños.

Los sueños son experiencias de las cuales aprendemos y que nos hacen crecer. Aprende a interpretar tus sueños. Esta habilidad te beneficiará durante toda tu vida y te recompensará con el conocimiento cuando más lo necesites. Los arcángeles y tu ser del alma han sido enviados para ayudarte cuando más los necesites. Presta atención a tus sueños para lograr entendimiento y dirección. Te señalan la ruta de la totalidad y del amor que está dentro de ti.

¡Felices sueños!

***Los sueños son canales directos que, al ser interpretados apropiadamente, nos conducen hasta nuestro ser del alma y hacia un nivel de conciencia más profundo sobre la misión a cumplir en esta vida.***

# 28

# Una guía para las emociones

Los sentimientos y las emociones profundas son parte de nuestra herencia como seres humanos. Son dones que nos han sido concedidos para decirnos, en parte, quiénes somos en esta vida y quiénes hemos sido en las vidas pasadas. Vida tras vida, llevamos con nosotros características inéditas de comportamiento que se expanden hasta los años tempranos de la infancia. ¿Cuántas veces has escuchado a una madre decir que cada uno de sus hijos manifiesta personalidades diferentes y únicas desde muy temprana edad? Aun en el caso de gemelos idénticos, esto es evidente.

Nuestros sentimientos le dan color a nuestro mundo; son la voz de las percepciones individuales del mundo que nos rodea. Si no tenemos conciencia del significado de nuestros sentimientos, carecemos de una conciencia real sobre la vida misma. Si racionalizamos e intelectualizamos sin considerar los sentimientos, corremos el riesgo de llevar una vida inútil y distorsionada. Los sentimientos pueden incomodarnos en algunas ocasiones, pero son nuestros amigos porque nos dicen dónde estamos, nos estimulan el crecimiento y nos incitan al cambio cuando algo no está bien en nuestro mundo.

Los sentimientos colorean nuestra aura y ejercen influencia sobre cada detalle de las múltiples vidas de una manera acumulativa. Las emociones no son negativas ni positivas. Recuerda que son indicadores que nos dicen lo que está pasando dentro de nosotros mismos.

También nos dicen lo que es o no es «correcto» en nuestro mundo. No deberían ser ignoradas, escondidas ni represadas. Ignorar los sentimientos durante toda la vida puede causar patrones de depresión, rabia, baja energía e inclusive enfermedad.

Parte de la tarea de llevar una vida más consciente es la de atender los sentimientos a medida que se presentan y la de resolver cualquier trauma represado o evento que haya causado confusión o dolor en el transcurso de la vida. A medida que evolucionamos, también evoluciona el mundo en su totalidad, puesto que todos estamos conectados, mano a mano, los unos con los otros, gracias a la unidad de nuestra naturaleza divina.

¿Cómo expresar nuestros sentimientos con honestidad y sin hacerles daño a los demás? Es aquí donde la técnica LEARN resulta de gran utilidad. Esta técnica nos enseña la forma de clasificar y de identificar nuestros sentimientos. Muchos represamos inconscientemente nuestros sentimientos porque no nos han enseñado la manera de identificarlos.

Nuestros padres fueron incapaces de enseñarnos porque ellos tampoco aprendieron. No nos enseñaron a decir «Estoy furioso por esta razón...», o «Me siento ofendido por aquello...», o «Me siento sin valor cuando me sucede esto...». En cambio, todo lo que aprendimos fue un sentimiento interno de frustración, al cual nunca pudimos darle un nombre. Aprendimos a sentir vergüenza sin saber por qué. Aprendimos a callar cuando nuestros padres nos gritaban para obligarnos a comportarnos de cierta manera. Aprendimos a esconder ciertas partes de nuestra personalidad porque creíamos que era algo inaceptable para nuestros padres, para nuestros amigos y para todo el mundo.

Es posible que tampoco hayamos aprendido a expresar las emociones de felicidad y de alegría. También es posible que nunca hayamos escuchado o que nunca hayamos sido capaces de decir «Me siento feliz cuando...» o «Me siento orgulloso por...». Algunos de nosotros nunca les hemos escuchado decir a nuestros padres las palabras «te quiero». Por todo esto, resulta difícil saber si amamos o a quién amamos, o cómo expresar nuestros sentimientos de amor, de alegría y de apreciación. Por consiguiente, la primera tarea es aprender la manera de clasificar y de identificar los sentimientos.

Para ayudarte en este proceso, hemos desarrollado una lista de emociones que contiene definiciones simples y claras para cada una de ellas. Puedes utilizar esta lista en cualquier momento, en caso de encontrar que no puedes darle un nombre preciso a lo que estás sintiendo. También puedes utilizarla para aclarar sentimientos que no hayan sido explorados o que hayan quedado represados, los cuales has experimentado en tu vida a partir de algún trauma de la infancia.

Por ejemplo, es posible que queramos echarle un vistazo a algunos asuntos que nos ocurrieron en nuestra edad temprana y que luego hemos abandonado. Quizás se trate de la muerte de alguno de nuestros padres, o quizás ellos no estuvieron emocionalmente disponibles en alguna ocasión durante nuestra niñez. Cuando esto sucede, una parte de nosotros se lastima profundamente. Puede que nunca hayamos admitido lo perjudiciales que son nuestras heridas. Tal vez nos enseñaron a ser estoicos o a recibir elogios por reprimir sentimientos. Incluso nuestra cultura crea parámetros donde las reacciones emocionales no tienen cabida. Esto crea mayor temor a expresarse libremente.

Algunas culturas promueven la expresión saludable de los sentimientos y, en consecuencia, disfrutan de bajos índices de suicidio, depresión, etc. Por ejemplo, las familias afligidas de las culturas del Medio Oriente acostumbran a gemir y a llorar públicamente en los velatorios de sus seres queridos. Esta expresión saludable de profundo dolor es vista con cierto enojo en nuestra sociedad. Por el contrario, estas experiencias en las culturas occidentales se reprimen y se expresan en su mayoría a través de lágrimas en silencio. Muchos no podemos discutir los sentimientos producidos por la pérdida en privado con los miembros de la familia. Se nos ha enseñado a ser fuertes, las cosas no son tan malas…

Durante este proceso de curación, necesitamos aprender a cuidarnos de nuevo. Esto lo podemos lograr si trabajamos de manera activa con los sentimientos de forma amable, dulce y cariñosa. Nos decimos (en nuestra imaginación) que está bien tener estos sentimientos y expresarlos ante nosotros y ante los demás de la manera apropiada.

Algunas veces, las personas han aprendido a abrigar extrañas nociones sobre sus sentimientos. Es posible que sientan temor de admitir la ansiedad o el enojo con respecto a algo; otros pensarán que son débiles o que carecen de espiritualidad. Mantente alerta frente a estas tendencias. Para conocernos a nosotros mismos debemos ser honestos con lo que estamos sintiendo. Esto es la verdadera fortaleza.

Un sentimiento puede desencadenar otro sentimiento. Por ejemplo, algunas veces, un sentimiento de culpabilidad puede desencadenar una sensación de rabia porque nos podríamos estar sintiendo culpables de algo que olvidamos (como, por ejemplo, un aniversario). Entonces proyectamos nuestra rabia sobre nuestro compañero diciendo algo como «Tú sabes cómo estoy de ocupado; ¿por qué no me lo recordaste?». Al proyectar la falta sobre alguien más, nuestro sentimiento de culpabilidad se disminuye, al menos por el momento.

Un círculo vicioso de culpa y de proyección habrá empezado. En vez de haber hecho tal proyección, hubiéramos podido, simplemente, expresarnos con la verdad: «Me siento culpable por haberme olvidado. ¿Podrías perdonarme, por favor?». El círculo de culpabilidad y de rabia terminará al ser honesto y al haber asumido la responsabilidad de nuestra acción, en este caso, el olvido.

## Los dos grupos principales de las emociones

Las emociones conforman dos grupos principales. Todas están ubicadas alrededor de la divina cualidad del amor. El primer grupo, como aparece en el cuadro de abajo, está integrado por las emociones que reflejan la aceptación del amor. El segundo grupo son las emociones que reflejan el temor de perder ese amor. Recuerda que las emociones no son ni malas ni buenas. Sencillamente son claves para ayudarnos a aprender más acerca de quiénes somos.

| Amor | |
|---|---|
| **Emociones que reflejan la aceptación del amor** | **Emociones que reflejan el temor de perder el amor** |
| Apreciación | Rabia |
| Regocijo | Ansiedad |
| Valentía | Depresión |
| Humor | Miedo |
| Alegría | Avaricia |
| Amor | Culpabilidad |
| Admiración | Tristeza |
| | Vergüenza |

## Emociones que reflejan la aceptación del amor

### *Apreciación*

La apreciación es un estado en el cual tu corazón está abierto ante la vida. A través del aprecio por algunas cosas o hacia algunas personas, estás aumentando el valor de los objetos o de las personas en tu vida. La apreciación es el flujo de energía que va de ti hacia los demás, aceptándolos tal y como son. Es la visión de la divinidad dentro de cada uno de los seres, formas y objetos. Es respetar todas las formas de la creación con cuidado, cariño y respeto.

| **Baja intensidad** | **Apreciación** | | **Alta intensidad** |
|---|---|---|---|
| Pensativo | Honrado | Amable | Compasivo |
| | Simpático | Agradecido | Reverente |

### *Regocijo*

El regocijo es un estado de equilibrio en el cual cada centro de energía (chakra) está girando en perfecta alineación con nuestro propio conocimiento del patrón y del propósito del alma. Es estar en armonía con el plan divino y con el permanente aumento y disminución del ritmo del universo. Esta característica implica totalidad y es parecida a la alegría. Una emoción que contagia a los demás. El regocijo conduce a la alegría y a su vez, la alegría a un abarcamiento del amor por todas las cosas de la vida.

| Baja intensidad | Regocijo | | Alta intensidad |
|---|---|---|---|
| Relajado | Gratificado | Celestial | Serenidad |
| Aliviado | Protegido | Pacífico | |
| Satisfecho | Seguro | | |

### *Valentía*

La valentía es un estado que refleja nuestro compromiso con el plan divino, en la medida en que éste se relaciona con nuestro propósito del alma y con la misión en la vida. Tener valentía es aceptar el envío de Gabriel y comprometerse a llevarlo a cabo, dando lo mejor de nuestras habilidades, sin importar las dificultades que podamos encontrar. La valentía es la confianza que tenemos en la bondad de la vida y de Dios. La valentía es aceptar el miedo e inyectarlo con el amor del ser del alma.

| Baja intensidad | Valentía | | | Alta intensidad |
|---|---|---|---|---|
| Esperanza | Resuelto | Confiable | Audaz | Valiente |
| Optimismo | Enérgico | Orgulloso | Decisivo | Noble |
| Satisfecho | Inspirado | | | |

### *Humor*

El humor es un estado en el que somos capaces de convertir el sufrimiento en aprendizaje y el dolor en amor. Tomamos las penurias de la vida diaria y las miramos de varias maneras para ayudarnos a ganar una gran apreciación de la experiencia humana. El humor engendra amor por las pequeñas cosas de la vida y nos brinda claridad para vivir, lo cual, a su vez, nos ayuda por medio de la liberación de la tensión. El humor es útil para apartarnos de opiniones negativas.

| **Baja intensidad** | **Humor** | | **Alta intensidad** |
|---|---|---|---|
| Divertido | Gracioso | Jovial | Divertidísimo |
| Cordial | Divertido | Travieso | |
| | Juguetón | | |

### *Alegría*

La alegría es un estado marcado por el estallido de la energía que comienza en el centro del plexo solar y se desplaza rápidamente hacia el centro del corazón, extendiendo el sentimiento de una intensa felicidad y de un inmenso amor por vivir. Éste es un estado en donde esperamos con anticipación el mañana y las experiencias de la vida, sin miedo a la pérdida o al dolor. Es un estado en donde se puede escuchar al ser del alma cantando una canción de amor hacia Dios y alabándolo por su existencia externa a través de todos los mundos y de todos los universos. La alegría se siente a medida que nosotros, como seres conscientes, tenemos la experiencia de la conciencia del ser del alma.

| Baja intensidad | Alegría | | | | Alta intensidad |
|---|---|---|---|---|---|
| Agradable | Querido | Feliz | Entusiasta | Encantado | Dichoso |
| | Deleitado | Contento | Excitado | Triunfante | Alborozado |
| | | | | | Extático |

### *Amor*

El amor nos conecta a la totalidad de la vida misma. Es mucho más que un sentimiento pasajero. Normalmente está centralizado en el chakra del corazón; ofrece una sensación de calidez que empieza en el centro del corazón y se esparce a través de todo el cuerpo. El amor es un vínculo de cariño y de importancia entre nosotros mismos, con nuestros hijos, con nuestros padres, con nuestros amigos, con el mundo, con los ángeles y, en general, con todos los seres. Es la esencia de la vida y ejerce una inmensa influencia en todas las personas desde el comienzo de los tiempos. Es la emoción original que permite a todas las otras emociones reflejar aceptación hacia él o temor de perderlo. El amor es la fuerza que motiva; es el catalizador que anima todo crecimiento; es el primer poder que emana desde la cabeza de Dios y se mueve a través de todo el universo. Es la energía de Dios que nos invita a regresar a él. Es el espíritu puro del Creador que nos nutre a todos. En él podemos encontrar nuestro crecimiento y a nosotros mismos.

| Baja intensidad | Amor | | Alta intensidad |
|---|---|---|---|
| Amabilidad | Afecto | Aprecio | Pasión |
| | Calidez | Ternura | Éxtasis |
| | Cariño | Integridad | |

### *Admiración*

La admiración es un estado en el cual nos damos cuenta de la belleza de la vida. Vemos sus designios intrincados y complejos y nos concentramos en el verdadero milagro que ella es. La admiración es un estado que nos conduce a la alegría y al goce del amor. Allí nos impresionamos por la inmensidad de la creación y por el papel que desempeñamos en el interminable drama de la vida, a medida que se nos revela cada día ante nosotros. Es un estado de profundo conocimiento, puesto que en ella miramos más allá de la superficie de la experiencia para apreciar la existencia en sí misma.

| Baja intensidad | Admiración | | | Alta intensidad |
|---|---|---|---|---|
| Curioso | Sorpresa | Encantado | Asombrado | Atónito |
| Interesado | | Fascinado | Sorprendido | |

## Emociones que reflejan el temor de perder el amor

### *Rabia*

La rabia es un sentimiento fuerte de fastidio causado por una herida real o imaginada y, frecuentemente, genera el deseo de venganza o el de obtener satisfacción del ofensor. La rabia gira hacia dentro y sobre uno mismo (los sentimientos de dolor y de frustración que no son expresados) y puede introducirnos en un estado de depresión.

Al igual que el dolor, la rabia proviene de nuestro condicionamiento interno, el cual enlaza nuestras expectativas y las experiencias de vida con nuestra habilidad para aceptar y para dar amor. Algunas veces, la rabia puede ser un sentimiento explosivo de furia y de traición. Otras veces, la rabia puede ser apacible como un sentimiento de irritación, como en el caso en el que alguien nos ha dicho algo con lo que no estamos de acuerdo. Muchos desacuerdos pequeños podrían convertirse en sentimientos acumulados o ardientes, hasta llegar a ser resentimientos u hostilidad permanente. La rabia proviene de la falta de habilidad para amar de acuerdo con nuestros sistemas internos de creencias.

| **Baja intensidad** | **Rabia** | | | | **Alta intensidad** |
|---|---|---|---|---|---|
| Desaprobar | Gruñón | Mal-humorado | Amargado | Agresión | Furia |
| Exasperado | Enojado | Agraviado | Engañado | Traición | Bronca |
| Irritado | | Obstinado | Desprecio | Odio | |
| Perturbado | | Testarudo | Disgusto | Hostilidad | |
| | | Frustrado | Resentimiento | | |

## *Ansiedad*

La ansiedad es un sentimiento de aprensión generado ante el temor de ser herido o de perder algo. Aunque el temor sea imaginado o real, el sentimiento es exactamente el mismo. Los rangos extremos oscilan entre la aprensión apacible y un estado de pánico. La energía de la ansiedad está inicialmente centrada en el chakra de la corona –el tercer ojo–, luego se mueve hacia el plexo solar y hacia las áreas del corazón. Si se deja de lado y no se examina, se intensifica y puede conducir a un comportamiento irracional y desesperado que nubla las percepciones. Este sentimiento es opuesto a la aceptación.

| Baja intensidad | Ansiedad | | Alta intensidad |
|---|---|---|---|
| Interesado | Confundido | Consternado | Angustiado |
| Inquieto | Nervioso | Histérico | Desesperado |
| Perplejo | Enfermo | Presionado | Demente |
| Confundido | Tenso | Estresado | |
| Molesto | Preocupado | | |

### *Depresión*

La depresión es un estado de tristeza caracterizado por una pérdida del interés en las actividades normales, fatiga, cambios en el apetito y en los hábitos de sueño, sentimientos de inutilidad y pensamientos suicidas. Incluye la autocondena y puede representar un patrón de reacción comprometido con el abandono. También puede representar una reacción real o imaginaria de pérdida de la vida. De ser real, acepta el estado como tal, siente tu tristeza y escribe todos esos sentimientos. Habla con un terapeuta o con amigos. Expresarse es el comienzo para la curación. Si la pérdida es imaginaria, observa el desarrollo de las emociones secundarias y síguelas hasta llegar a la más profunda de ellas, a la que origina todo el desencadenamiento, es decir, hasta la verdad de la situación.

La depresión es además un estado de tristeza que normalmente es causada por profundas represiones, las cuales se manifiestan a través de la inhabilidad para expresar completamente el dolor. Marcada por la pérdida de la habilidad de amar, la depresión es un estado que reviste mucha seriedad. Muchas personas sufren este desorden a diario. La depresión puede convertir un día soleado en uno lluvioso, hasta el punto de hacer que la vida parezca como una prisión. Al temerle al amor, la persona deprimida gira en un profundo y continuo ciclo de aislamiento en el centro de su corazón.

| Baja intensidad | Depresión | | | Alta intensidad |
|---|---|---|---|---|
| Aburrido | Triste | Deprimido | Alienado | Sin esperanza |
| Perezoso | Aislado | Vacío | Recargado | Sin fuerza |
| Cansado | Enojado | Indiferente | Derrotado | Suicida |
| Atrapado | Apartado | Retraído | Abatido | Sin valor |
| | | | Solitario | |

### *Miedo*

El miedo es un estado de desorden que puede ir desde la timidez apacible hasta el extremo del horror. El miedo es la raíz que da origen a todas las otras emociones. Es la emoción asociada con la pérdida del amor. Como seres conscientes, hemos olvidado nuestra naturaleza eterna. Por lo tanto, conservamos la creencia de que alguien o algo nos privará del amor, ya sea por nuestras acciones o por la muerte. El instinto más básico para la supervivencia es mantener la conciencia. El miedo a la muerte (la pérdida de la conciencia) es el miedo a la pérdida de la aceptación y del amor. Cuando la muerte se considera la puerta final de la vida, el ser consciente y el ser básico pueden interpretar la muerte como el último acto de rechazo. Este rechazo es asumido como un rechazo de uno mismo como ser consciente. Sin saber qué hacer, el ser se torna incapaz de funcionar. El miedo es la sensación opuesta a la valentía.

| Baja intensidad | Miedo | | | Alta intensidad |
|---|---|---|---|---|
| Vergonzoso | Perturbado | Alarmado | Frenético | Horrorizado |
| Vacilante | Dudoso | Asustado | Asqueado | Petrificado |
| Asustadizo | Sospechoso | Amenazado | Espantado | Conmocionado |
| Tímido | Vulnerable | | | |

## *Avaricia*

La avaricia es un estado de desequilibrio donde los centros de energía constantemente se mueven hacia adentro pero no regresan, interrumpiendo el flujo de amor hacia el mundo. En vez de amor, un flujo de voluntad se mueve a través del centro de la energía, particularmente, a través del tercer ojo y hacia el centro de la coronilla. La avaricia es el miedo de perder las formas y las sustancias materiales. La forma y la sustancia material son interpretadas como estáticas, como si no cambiara su valor. Es una ilusión que el ser consciente acepta. La realidad es que las formas y las sustancias siempre están en permanente cambio y que el deseo de mantener la forma y la sustancia en su actual estado se convierte en una reticencia para aceptar el designio y el fluir de la vida. La avaricia es lo opuesto a la apreciación.

| Baja intensidad | Avaricia | | | | Alta intensidad |
|---|---|---|---|---|---|
| Descontento | Caprichoso | Arrogante | Engañoso | Malicioso | Envidioso |
| | Egoísta | Repugnante | Lujurioso | Hipócrita | Celoso |
| | | Tacaño | Solapado | | |

### *Culpabilidad*

La culpabilidad es un estado en donde somos conscientes de la ruptura de un código de ética o de una regla aceptada por el ser del alma seguida por un proceso en el cual nos devaluamos como individuos. Sentirnos culpables es saber que hemos hecho algo que ha lastimado a alguien, a nosotros o a los dos. Es un estado de autocondena en donde nos consideramos indignos. La culpabilidad refleja el temor hacia la pérdida del amor por el temor a admitir la verdad de nuestras acciones.

La culpabilidad es el sentimiento resultante de haber cometido un terrible error. Hemos hecho algo mal. Los sentimientos de culpabilidad crónica pueden conducirnos hacia la vergüenza. «Hice algo mal (culpabilidad), por lo tanto, soy malo (vergüenza)».

| Baja intensidad | Culpabilidad | Alta intensidad |
|---|---|---|
| Disculpa | Culpable | Apenado |
| Avergonzado | Contrariado | Inmoral |
| Sentirse como un tonto | Lamentarse | Arrepentido |
| Inadecuado | | Pecador |
| Equivocado | | |

### *Tristeza*

La tristeza es un estado en donde sentimos el dolor de la vida. Es menos debilitante que la depresión puesto que todavía podemos expresar nuestro dolor cuando sentimos tristeza. Al expresar el dolor, nos movemos hacia lo más profundo para aceptar el amor. La tristeza puede ser un estado en el que no aceptamos el designio de la vida y deseamos que las cosas fueran diferentes. La tristeza nos hace olvidar la naturaleza eterna del ser del alma y la bondad del Creador. La tristeza es miedo a no sentir alegría y amor en el área que nos entristece. Es lo opuesto a la alegría.

| Baja intensidad | Tristeza | | | Alta intensidad |
|---|---|---|---|---|
| Apático | Exhausto | Pesimista | Abandonado | Agonía |
| Decepcionado | Ignorado | Miserable | Solitario | Sufrimiento |
| Desanimado | Melancólico | Dolorido | Afligido | Martirio |
| | | | | Tortura |

### *Vergüenza*

La vergüenza es un estado parecido a la culpabilidad, pero más fuerte. Es un estado en el cual deseamos no tener conciencia en lugar de confrontar nuestras acciones. Aquí nos tildamos como despreciables, a nosotros y al resto del mundo. Con ese fin, la vergüenza refleja un profundo miedo no sólo por la pérdida del amor en el presente, sino en la perspectiva de que nunca podamos volver a valorar al amor o ser capaces de amar en el futuro. Sentimos que nuestro ser es muy corrupto y totalmente despreciable para el amor y para el respeto. La vergüenza es un estado de autoaborrecimiento que algunas veces está asociado con la «pérdida de valores».

| Baja intensidad | Vergüenza | | Alta intensidad |
|---|---|---|---|
| Desconcierto | Apenado | Miserable | Humillado |
| Inferioridad | Malo | Rechazo | Desprestigiado |
| | | Autocondena | Autoaborrecido |

***¡Ocuparte de tus sentimientos es lo que te hace sentir vivo!***

# 29

# Motívate a ti mismo en tu viaje hacia la iluminación

En capítulos anteriores, nos hemos centrado en la formulación de nuestra ética personal, en el entendimiento de los símbolos de los sueños y en la expresión de nuestras emociones. Ahora nos ocuparemos de hallar las maneras de motivarnos a medida que nos desplazamos hacia la iluminación.

## ¿Qué es la iluminación?

La iluminación es el estado en el que vivimos cuando hemos alcanzado el nivel necesario para «conocernos a nosotros mismos». Es un estado de infusión del alma en el cual todos los segmentos del ser están integrados y en unión con la divina energía de Dios. Por medio de la aplicación de los principios analizados en los capítulos anteriores, podremos descubrir nuestras verdades personales, curar nuestro dolor y trazar un nuevo curso para nuestra vida.

«Ahora» es el momento de la verdad para cada uno de nosotros. Éste es el momento en el que nos damos cuenta del impacto pleno de nuestras situaciones personales y de aceptar, en vez de negar, nuestro lugar en el universo como ser humano, como hermano, como hermana, como padre, como madre, como un residente temporal en el planeta tierra. Sabremos que vivimos en un momento cuando experimentemos las radiaciones del Espíritu Santo expandiéndose por todo nuestro ser.

Cuando estamos sumergidos en ese momento, parece que estamos fluyendo dentro de un gran caudal de energía divina hacia el mar de amor y compasión de Dios. Todos nuestros cuidados, preocupaciones y asuntos están en su lugar. Igualmente, todos nuestros escudos, barreras y máscaras se han derrumbado. Con el objetivo de reflejar la luz de Dios, debemos revelar nuestros seres verdaderos hacia esa luz.

Cuando la vida te desafía –cuando quieres darte por vencido–, paradójicamente, es cuando existe una mayor oportunidad para encaminarte hacia tu crecimiento, más allá de los límites diarios establecidos. Es aquí cuando tu revelación e iluminación se convierten en tus ápices. Sé valiente. Utiliza esas oportunidades para impulsarte hacia tu crecimiento. La vida terminará algún día y entonces mirarás a través de las experiencias y te preguntarás: ¿qué hubiera ocurrido si tan sólo hubiera hecho…?

## *Una revisión de la vida*

Este corto ejercicio puede ayudarte a tener una perspectiva más allá de la conciencia de tu rutina cotidiana. Cuando desplazas tu conciencia hacia un nuevo horizonte, podrás desencadenar el crecimiento de las semillas de la sabiduría dentro de ti. Es como si te hubieras desplazado desde las sombras hacia la luz del sol, o dejar que la lluvia del cielo riegue su vitalidad sobre tu ser.

### EJERCICIO

#### *Revisión de la vida*

Relájate en una silla cómoda o acuéstate sobre la cama. Ponte cómodo y cierra los ojos. Después, imagina que el día de tu muerte ha llegado. El momento está aquí, ya sea a través de la vejez, de un accidente o por causa de una enfermedad. Obsérvate abandonando tu cuerpo y dejando atrás este mundo. Imagínate que estás emprendiendo un viaje hacia arriba y te elevas cada vez más alto en la atmósfera sobre la tierra. Desde allí, la tierra parece una esfera suspendida en la oscuridad. Ahora estás en una habitación. Hay otra presencia en esa habitación. No la reconoces, pero te es familiar y sientes su apoyo. Te sientes relajado en ese lugar.

Luego, empiezan a aparecer imágenes en una ventana grande abierta hacia la oscuridad del espacio. Son imágenes de tu vida sobre la tierra. Están allí para que las observes y aprendas. Utilizando la ventana para revisar tu vida, desarrolla los siguientes pasos:

1. Pídele a una imagen que te muestre un acontecimiento significativo de tu vida. No le digas qué evento, simplemente, pídeselo y después espera hasta que se forme la imagen. Cuando aparezca, obsérvala y vuelve a experimentarla.
2. Después de eso, pregúntate si hay algún remordimiento respecto al acontecimiento que estás observando. ¿Hay algo que pudieras manejar de manera diferente ahora que sigues vivo aun después de la muerte de tu cuerpo? ¿Qué decisiones diferentes te gustaría haber tomado sabiendo que tu vida sobre la tierra fue apenas una etapa temporal de un viaje?
3. Por último, imagina y observa la reacción y la forma en las que los eventos hubieran cambiado si hubieras tenido otras opciones de cursos de acción y de comportamiento. «Observa» los resultados de estos cambios y la forma en la cual pudieron haber afectado tu vida y la vida de los demás.

Realiza los pasos anteriores con tres acontecimientos diferentes de tu vida. Cuando hayas terminado, agradece la presencia del ser que estaba a tu lado. Se trata de tu ser del alma. Lentamente, abre los ojos y regresa a tu estado de conciencia despierta. Reflexiona acerca de lo que hayas experimentado durante este ejercicio.

¿Qué te gustaría recordar de esta vida cuando se haya completado? ¿Qué parte de ella recuerdas con orgullo y qué parte te trae remordimientos? Ahora tómate un momento para asegurarte de que cuando dejes este mundo, tu legado será aquello que te hace sentir bien, mientras que tus remordimientos serán las cosas que no pudiste hacer mejor y por un largo período de tiempo.

## El poder motivador de los milagros

Durante siglos, la humanidad ha buscado señales de la naturaleza y de Dios para comprobar la existencia de la vida después de la muerte. ¿Se acabarán algún día el dolor y la pena? Muchos milagros se han registrado en libros sagrados. Algunos milagros son asombrosos, mientras que otros contienen una simplicidad que desacredita su importancia. En cada caso, el milagro podría verse como un acontecimiento sorprendente. ¿Cuántos no hemos deseado alguna señal o un milagro procedente de algo más allá para que se nos presente y nos guíe?

Los milagros pueden motivarnos a renovar nuestro compromiso para continuar en el camino del conocimiento, recordándonos las maravillas de la vida misma. Los milagros agitan las aguas de nuestro corazón, de tal manera que nos reconectamos con nuestro deseo de crecer y de aprender. Ofrecen pruebas para nuestros seres básico y consciente de que el eventual fallecimiento del cuerpo no significa que nuestra individualidad también se desvanecerá.

### HISTORIA DE LINDA

#### *Encontrar significado en los eventos diarios*

Encontrar significado en los eventos diarios de mi vida ha sido el factor más poderoso en la fortaleza y el mantenimiento de una actitud motivacional positiva. Existen muchas maneras para crear significado en nuestra vida. Me encantaría compartir contigo lo que he aprendido al respecto.

Desde mi temprana niñez, la profunda fe de mi madre y su testimonio personal han sido una fuente importante de esperanza y de inspiración para mí. Siempre me enseñó a buscar los milagros en mi vida diaria, lo cual incluye las visiones de los sueños como señales y como fuentes de sabiduría. Todas las mañanas compartíamos nuestros sueños y buscábamos el significado más acertado.

Mi madre algunas veces tenía sueños proféticos. Por ejemplo, cada vez que soñaba que iba a recolectar arándanos (lo cual sucedía una o dos veces por año), descubría que un amigo o que un miembro de la familia había fallecido o estaba enfermo y en poco tiempo iba a morir.

Veía estos sueños como un aviso o preparación mental y emocional y no le causaban temor alguno. Quizás era así porque ella visualizaba la muerte como un «regreso a casa», en donde nos reuniríamos con todos nuestros familiares y amigos difuntos. Aunque falleció hace muy poco tiempo y pasó al reino de los espíritus, sus historias inspiradoras sobreviven para recordarnos que siempre estamos en busca de significados, inclusive en los milagros que ocurren en la apariencia de los eventos simples de nuestra vida diaria. Ahora me gustaría compartir contigo una de sus historias.

La pasión más grande de mi madre era su huerta. O debería decir más bien, sus huertas. Ella siempre tuvo dos jardines inmensos de verduras y muchísimas variedades de flores silvestres que plantaba, rociaba, desyerbaba, recogía y cosechaba con sus propias manos. Le encantaba contar la siguiente historia:

«Era el día de agosto más caluroso y más húmedo que pueda recordar. El aire estaba totalmente quieto y sofocante. Me sentía casi incapaz de respirar. Había estado desyerbando y desmenuzando el terreno de las zanahorias durante más de una hora; sabía que tenía que trabajar con el surco de las cebollas también. El sudor me bajaba a raudales por la frente; me sentía pegajosa por todas partes. ¡Algo había de cambiar! Así que invoqué a mi adorado hermano Leo, ya fallecido, para que me ayudara. Le grité fuertemente "Leo, envíame una brisa" e inmediatamente, para mi alivio, una maravillosa brisa fresca brotó y permitió que completara el trabajo que tenía pendiente, tal como lo había planeado ese día».

Ésta fue una de las formas que ella me enseñó para buscar las señales y pedirle ayuda a los familiares, amigos o ángeles que habitan en el reino espiritual. Para algunos, esto podría verse como una coincidencia afortunada, pero para ella, revestía un significado que iba más allá del alivio físico que este hecho le produjo. Esto significa que, algunas veces, nuestras oraciones son escuchadas, incluso en lo relacionado con asuntos triviales. Para ella, esto sustentaba su creencia de que su hermano Leo podía escuchar sus súplicas e, inclusive, interceder en su nombre algunas veces. Encontrar el significado a las situaciones diarias confirmaba su fe y la ayudaba a mantener la esperanza aún en los tiempos más difíciles.

Se necesita tiempo y práctica para aprender a reconocer y confiar en nuestras intuiciones. Necesitamos familiarizamos con nuestros símbolos personales, para poder interpretar correctamente las señales y los mensajes que llegan desde el ser superior, desde los mundos de los sueños y desde los reinos espirituales.

Otra manera a través de la cual mi madre le daba significado a las cosas de su vida era hacer algo cada día para servirles a los demás y darles a conocer que eran muy importantes para ella. Lo hacía por medio de las comidas especiales que cocinaba para los miembros de la familia o para los vecinos. Con frecuencia, nos llamaba los viernes preguntándonos si estábamos planeando ir a la granja esa noche. Nos tentaba a Peter y a mí diciéndonos que estaba preparando una deliciosa sopa de verduras y que iba a estar lista en un par de horas, justo el tiempo que sabía que tardaríamos en llegar a la granja.

La cocina era la forma en la que mamá demostraba el amor y era además su desahogo creativo principal. Satisfacía su necesidad creativa amasando casi todas las noches; muchas veces pasada la media noche. Cuando le insinuábamos que se acostara a descansar (padecía cáncer de ovarios), nos respondía, «Todavía no. Tengo que terminar de amasar este postre de manzanas para nuestro vecino John; no ha comido nada hecho en casa desde que su esposa murió y yo sé que le gustaría algo "bueno" para comer».

Muchos hemos sido afortunados al tener una madre, una tía o unos abuelos en nuestra vida para nutrirnos y servirnos de la misma manera en que mi madre lo hizo. Sin embargo, en la generación actual, muchas mujeres trabajan fuera de casa y no tienen el tiempo o la energía para cocinar en la mañana. Todavía existe la necesidad de servir y de nutrir –en hombres como en mujeres– y resultaría benéfico si pudiéramos encontrar la manera de satisfacer esa necesidad de dar a los demás.

Yo soy muy especial con Peter, a menudo le escribo pequeñas notas de amor y las dejo como sorpresa debajo de su almohada; además, de la manera como lo aprendí de mi madre, le preparo una ensalada casi todas las noches. Esto lo hace feliz y además me brinda una oportunidad para complacer mi creatividad culinaria. De este modo, ayudando a los demás (aunque sea en pequeñas formas) realizaremos dos funciones: ayudarnos a encontrar el significado de nuestra vida y le damos rienda suelta a nuestra creatividad. Necesitamos alimentar la creatividad cada día. Haciendo esto, mantendremos una línea abierta para la energía de nuestra alma y para todo lo bueno que existe en nuestro interior. En efecto, la bondad se fortalecerá cada día más, en la medida en que decidimos estimularla de una manera creativa.

## Fuentes de inspiración

La esperanza es el sentimiento que nos capacita para creer que el cambio es posible en nuestra vida y en nuestro corazón. Para estimular la motivación y la esperanza interior, necesitamos descubrir quién o cuál es nuestra fuente de inspiración. En otras palabras, como seres humanos, necesitamos héroes. ¿Quién es tu héroe? Piensa al respecto. Ésta es una de las claves más importantes para desarrollar y mantener la motivación.

A continuación presentamos una serie de ideas que pueden ayudarte a descubrir tu propia fuente o fuentes de inspiración, esperanza y motivación:

1. Aprende a reconocer y entender las señales de tu ser superior a medida que aparezcan en tus sueños y en las experiencias de tu vida diaria.
2. Escribe las señales y los sueños. Podrás descubrir un patrón o importantes mensajes.
3. Comparte tus sueños y las señales con un buen amigo. Ellos pueden ayudarte a descifrar los significados y a establecer conexiones con las situaciones de tu vida actual que tú puedas haber olvidado.

4. Establece quiénes son tus héroes. Pueden ser santos místicos o entidades milagrosas, tales como el padre Pío o la madre Teresa. Dedica tiempo para apreciar sus cualidades inspiradoras.
5. Encuentra un camino para servirles a los demás todos los días. Esto fortalecerá tu conexión con tu «bondad» interior y te ayudará a encontrar y a mantener el significado en tu vida diaria.
6. Satisfaz tu creatividad. Ésta es tu vía hacia la energía de tu propia alma.

### EJERCICIO

#### *Tus milagros personales*

Tómate unos segundos para considerar los milagros, grandes o pequeños, que has experimentado en esta vida. Escribe, en las líneas de abajo, cinco milagros que hayas experimentado. Quizás te resulte un poco difícil, pero trata de recordar por lo menos cinco acontecimientos «asombrosos» que te hayan ocurrido. Puede que necesites revisar tus experiencias del pasado. Después, durante tus ejercicios de meditación o de contemplación, concéntrate en esta lista para experimentar de nuevo la gratitud y la admiración que la experiencia original te haya brindado. De esta manera podrás atraer el poder que el evento original te proporcionó y aplicarlo en las situaciones de tu vida actual.

1. ______________________________
2. ______________________________
3. ______________________________
4. ______________________________
5. ______________________________

## La fuente del ángel: Un momento para la sanación

Después de esto hubo un banquete de los judíos, y Jesús fue a Jerusalén. Ahora hay en Jerusalén, cerca de la puerta de las ovejas, una fuente a la que llaman en hebreo Bethesda, la cual tiene cinco entradas. En ésta permanece postrada una gran cantidad de personas enfermas, ciegas, cojas, paralizadas, esperando el movimiento del agua. Puesto que un ángel bajó en una ocasión hacia la fuente y agitó el agua. Después de eso, cualquier persona que pasara tan pronto se agite el agua, quedaba curada de cualquier enfermedad que pudiera tener.

–Juan 5, 1-4

### MEDITACIÓN

#### *La fuente del ángel*

Relájate y siéntate en una silla o acuéstate sobre la cama. Cierra los ojos e imagina que estás en la fuente de Bethesda. Hay mucha gente, todos están esperando descender hasta la fuente para ser curados. Avanza despacio y dirígete hacia la fuente y espera. Después de unos cuantos momentos, el agua empieza a agitarse. Avanzas lentamente y te vas metiendo en la fuente de agua. La fuente no es profunda y alcanzas a tocar el fondo con los pies y mantienes la cabeza sobre la superficie. Ahora estás caminando en el centro de la fuente.

Mientras que el agua continúa arremolinándose a tu alrededor, siéntela entrar en tu corazón y agitar suavemente los centros de la energía, aliviando y curando los conflictos no resueltos, los miedos y las ansiedades. Siente el deseo de vivir y de participar en tu vida levantándote desde el centro del núcleo de tu ser.

Permanece en la fuente todo el tiempo que quieras, empapándote en las corrientes de curación y de fortaleza. Después, agradécele al ángel de la fuente la oportunidad que te brindó para refrescarte. Ahora estás animado para completar las tareas que has escogido hacer durante esta vida. Abre los ojos y regresa a tu estado de conciencia despierta.

## Utilizar la imaginación para automotivarse

Otro método poderoso para la automotivación para continuar hacia tu objetivo de integración y de iluminación es utilizar tus poderes de la imaginación para crear el espacio que necesitan tus objetivos para poder realizarse. ¿Recuerdas el apartado de soñar despierto que aparece en el capítulo 4? En ese apartado explicamos que los sueños de día son experiencias y que utilizamos las técnicas de la caja de herramientas de la iluminación angelical para procesar aquellas experiencias. Creer en las posibilidades es de crucial importancia al disponerse ante una experiencia. Así que pregúntate: «¿Cómo puede mi imaginación motivarme?».

Al imaginarte cómo será tu vida después de lograr tus metas, establece el escenario para que aparezca la experiencia; en otras palabras, tú creas la situación donde tu imaginación pinta el trayecto de tu vida. En vez de esperar a que «algo suceda», has modificado los caudales de energía y los has canalizado hacia los senderos del cambio.

Visualiza todo lo que ocurrirá cuando definas y logres tu misión en la vida. Observa cómo completar tu misión afectará a las personas que conoces y a quienes aún no conoces. Imagina cómo te afectará en el sentido personal. ¿Cómo te sentirás cuando abordes satisfactoriamente tu viaje y empieces a ver los frutos de tu labor manifestándose a tu alrededor? A medida que practicas la utilización de tu imaginación de esta manera, estarás liberando energía y ajustando tu vibración. Esta energía liberada afectará todo lo que esté a tu alrededor, por efecto del principio de desplazamiento.

Cuando te sientas sin fuerzas, utiliza tu facultad imaginativa. Este instrumento que Dios te ha dado está disponible para todo y puede ayudarte a elevar tus espíritus y continuar hasta los niveles más profundos de conexión y de unión espiritual. Este método ha sido utilizado por los santos, por los sabios, por los maestros través de los siglos, cuando se han enfrentado a los retos de su vida, tú puedes utilizar esa misma herramienta espiritual en tu mundo ahora mismo.

***La creatividad es la línea de vida hacia la energía de nuestra alma.***

# 30

# Crear un plan de iluminación angelical: Una guía para la integración y la maestría

El primer paso para crear tu plan de iluminación angelical es determinar qué tiempo tienes disponible para dedicarle todos los días. Sugerimos que dispongas de unos diez minutos todas las mañanas, antes de iniciar tus actividades. Comienza con una pequeña invocación u oración dirigida al arcángel con el que deseas trabajar ese día. Esto te ayudará conscientemente hacia la inspiración y la orientación del arcángel que hayas escogido. Así, el caudal de energía distribuido por este arcángel estará a tu disposición durante todo el transcurso del día.

A medida que tu día vaya avanzando, permanece alerta ante las nuevas ideas, las señales y la orientación que puede estar fluyendo hacia ti proveniente de los arcángeles. Esta orientación siempre será positiva, útil y curativa, tanto para tu personalidad como para la humanidad como un todo. Toma notas sobre cualquier pensamiento o idea que se te ocurra. Una frase o una palabra puede desencadenar algún recuerdo en una fecha posterior, cuando tengas más tiempo para examinar y desarrollar las ideas de forma más detallada. Cuanto más alimentes y estimules tu creatividad, ésta florecerá cada vez más. La atención que le prestes a tu naturaleza espiritual también aumentará tu conexión con los caudales de energía de los arcángeles.

Si sientes negatividad o rabia a tu alrededor, quizás es debido a que no has reconocido por completo las represiones escondidas o no has expresado totalmente el dolor de una situación del pasado o de algún acontecimiento de tu vida actual. Invoca al arcángel Rafael para que te ayude a trabajar sobre estos sentimientos, con el fin de descubrir la emoción que los origina. Consulta el capítulo 28 para definir el camino de las represiones hasta llegar a la fuente original (por ejemplo, por qué tememos perder el amor en una situación particular). Como se mencionó en la técnica LEARN, al procesar por completo nuestros sentimientos y nuestros estados emocionales, creamos el espacio en nuestro interior para llenarlo de la gracia de Dios. Esta gracia nos brinda una renovada energía, creatividad y la habilidad de definir y completar el propósito de esta encarnación, la misión en la vida.

Después de que tu día de trabajo haya finalizado, sugerimos que dediques una hora todas las noches para practicar las técnicas y las meditaciones de los arcángeles. Esto te ayudará a desarrollar plenamente muchas de las ideas inspiradoras que hayas podido tener durante el día. A medida que trabajas en el camino de la iluminación (integración) y la automaestría, tu apreciación por la condición humana crecerá. La compasión y tu deseo de extenderte a ti mismo para ayudar a los demás se amplía, puesto que has sido impregnado con el conocimiento del cual todos somos parte. Ahora está más claro para ti el hecho de que todos enfrentamos la misma tarea de integrarnos mutuamente, dentro de los parámetros establecidos por los retos y por las inherentes oportunidades que existen en las diversas circunstancias de nuestra vida.

## Amor, sabiduría y poder

Amor: El amor llega a tu vida porque tú decides darlo y recibirlo al integrarte en todos los segmentos del ser.

Sabiduría: La sabiduría llega a tu vida utilizando el combustible de la experiencia, el cual sirve para impulsar tu crecimiento a través de las etapas de la vida y de la integración de las lecciones para ser utilizadas en el futuro.

Poder: El poder llega a tu vida al responsabilizarte por cada una de tus decisiones y circunstancias. Se constituye en la habilidad para cambiar los valores, las creencias y las actitudes que siempre has mantenido. Gracias a esto, te capacitas para adquirir la experiencia que desees.

En otras palabras, cuanto más amor des, más recibirás. Este conductor de la conciencia se agranda a medida que se da y, por ende, aumenta su capacidad para recibir más amor. Ser responsable abiertamente sobre las decisiones que has tomado y que vas a tomar en tu vida te convertirá en un individuo más honesto y cordial.

Una vez eliminados los vestigios de los pensamientos incorrectos y de los asuntos falsos que han enmascarado y obstaculizado el entendimiento de las causas verdaderas de tus experiencias, una esperanza renovada y el amor por la vida entrarán en tu corazón. Inclusive aunque el dolor de tus experiencias del pasado puede ser difícil de ver, tu elección de explorar honesta y abiertamente la forma en la que has diseñado tu vida te ayudará a curar y a encontrar nuevos significados y propósitos.

El compromiso de visualizar tu papel en la creación de tus experiencias –ya sean buenas o malas– vendrá en diferentes grados dependiendo de qué deseas en ese momento. Tu nivel de compromiso está basado en tu propio deseo de enfrentar al ser que has estado negando. Considera esto: mira dentro de ti ahora mismo. Tómate un momento; pregúntate a ti mismo qué cosas en tu vida que deberías atender estás ignorando. Sé honesto contigo mismo. ¿No es acaso tu decisión el hecho de no ocuparte de este importante asunto de tu vida sólo porque enfrentarlo podría resultar muy doloroso? O tal vez no te beneficias al prestarle atención. Entender las condiciones de tu niñez puede ayudarte a eliminar los bloqueos de tu energía y tu conciencia. Trabajar sobre los asuntos dolorosos te ayuda a identificar tus patrones de condicionamiento. El entendimiento claro de cómo este condicionamiento ha contribuido en la formación de tus valores y de tus creencias es vital para tomar la iniciativa de cambiar tus experiencias futuras, tu destino y alcanzar la automaestría.

Recuperar todas tus partes demanda esfuerzo, determinación y compromiso. Evoca al arcángel Gabriel para fortalecer tu valentía y tu compromiso. Si lo consideras necesario, bríndate a ti mismo pequeñas recompensas a medida que vayas alcanzando las metas a lo largo del camino. Creemos que esto es útil para establecer un compromiso específico con algo o con alguien fuera de tu alcance. Podría tratarse de un socio, de un amigo de confianza o de una causa a la cual te hayas dedicado. De esta manera, le agregas más importancia al hecho de alcanzar tus metas.

Recuerda, la vida sobre la tierra es un constante y permanente reajuste de la energía de Dios: la energía única y verdadera. Muchas veces nos conformamos permitiendo sólo a la energía de Dios actuar sobre nosotros. Si bien es cierto que nos movemos con energía, también debemos poner de nuestra parte. Necesitamos participar en nuestra vida definiendo lo que podemos y somos capaces de hacer. Paso a paso, a nuestro propio ritmo, necesitamos emprender la acción de desactivar los bloqueos de nuestra energía vital, de tal manera que podamos crear y manifestar todo lo que fue reservado para nosotros durante esta vida.

## La vida es un equilibrio

Si te sientes cansado por tus esfuerzos, tómate un descanso. Olvídate por ahora de alcanzar tus objetivos y, simplemente, vive. La vida es un equilibrio. Cuando hayamos descansado lo suficiente, instintivamente optaremos por reanudar nuestros esfuerzos. Los ciclos de esfuerzo y descanso conforman una parte del ritmo del ser humano. Son parte de la experiencia humana. Sé bueno y amable contigo mismo y con los demás. Permítete crecer y cometer errores. También permíteselo a los demás.

Algunas veces, la oración y la meditación pueden ayudarte en los momentos en los que estás buscando una dirección. Cuando el descanso y la espera han sido suficientes, empieza a generar movimientos que promuevan tu actividad. Estos movimientos reorganizan la energía divina. Las formas y las sustancias cambiarán a tu alrededor de acuerdo a tus movimientos. Esta acción tiene el poder de romper la pasividad espiritual y te incita de nuevo a actuar. Cuando estés cansado, descansa; cuando te sientas débil, obtén la fortaleza, y cuando estés lleno de energía, crea y manifiesta todo lo que deseas.

## La apreciación le da valor y significado a la vida

Muchas veces no valoramos lo que está a nuestro lado. Si éste fuera el caso, lleva a cabo el ejercicio de los 365 días de aprendizaje y de apreciación con el arcángel Uriel. Este ejercicio puede ayudarte a entender el valor de las formas y sustancias que están a tu alrededor. También te ayudará a desarrollar una actitud de caridad hacia ti mismo y a estimar las cualidades dadas por Dios a ti y al prójimo.

Si estás en un estado de confusión derivado de una situación perturbadora, ensaya la técnica LEARN de Rafael. Puede ayudarte a ver con claridad las corrientes difíciles y confusas en que el ser emocional está requiriendo atención. Algunas veces, una situación puede agotarnos el poder por no estar seguros de cómo proceder. Esta carencia de poder se manifiesta como una inhabilidad para actuar. La técnica LEARN puede desplazarnos amablemente hacia la acción.

## El cambio es el movimiento hacia el crecimiento

Ensaya el ejercicio del trazado de tu vida, del arcángel Miguel. Utilízalo para identificar tus valores y creencias que están moviéndose hacia una dirección en particular. Al cambiar estos atributos, estás cambiando tu actitud y, por lo tanto, tu dirección de viaje. Éste es un excelente método para mover la energía hacia el cambio y el crecimiento.

Finalmente, el ejercicio de la generación de cambio de Gabriel será de gran utilidad al dar un paso, cualquier paso sin importar lo pequeño que sea, a la hora de cambiar un flujo de energía actual. Los milagros ocurren a medida que la energía de Dios cambia dentro y fuera de nosotros. Genera un cambio en tu vida de una forma amable y comprensiva.

Motívate a ti mismo hacia la automaestría, de la misma forma que lo haces con otras cosas de tu vida; recuerda que se trata de un proceso continuo. Igual que ocurre con el interés bancario de una cuenta de ahorros, así también sucede con el esfuerzo que hagas hacia el logro de la iluminación para la realización espiritual dentro de ti mismo. En otras palabras, la vida es más fácil a medida que creces espiritualmente, puesto que has estado trabajando durante mucho tiempo por la vida y no en contra de ella. Ejercitando tu voluntad para llevar una vida llena de propósitos, aumentas tu habilidad para enfrentar los retos de tu vida. Crecerás en los atributos de fortaleza y valentía personal.

## El siguiente paso

Armado con este conocimiento y con la orientación de los cuatro arcángeles, ya estás listo para crear y seguir el plan que te conduzca hacia la iluminación angelical. ¿Cuáles son los componentes de un buen plan? Aquí aparece incluido un plan a manera de ejemplo, el cual podrá usarse como base para desarrollar tu propio plan:

1. Lee y estudia este libro. Considera todos los conceptos con los cuales tienes dificultades y obsérvalos desde diferentes ángulos. Si los conceptos no te parecen verdaderos, no modifiques tus creencias por el solo hecho de querer ajustarlas a los conceptos. Las ideas no son dogmas. Tu verdad es inherente al ser que tú eres. El mundo te está esperando.
2. Empieza cada día con una oración para los arcángeles. Utiliza las oraciones para fijar el tono del día o para recordarte a ti mismo la orientación de uno o de varios de los arcángeles. Puedes decir las oraciones en cualquier momento del día. Por la mañana y por la noche son los mejores momentos para expresarlas, puesto que allí estás regresando o te estás dirigiendo a tu estado de sueño. Durante este tiempo estás naturalmente en un estado mucho más receptivo hacia los otros autosegmentos.
3. Lleva a cabo uno de los ejercicios de los arcángeles. Utiliza una de las técnicas inspiradas por ellos. Utiliza la que consideres que te podría ayudar en tu situación actual. Algunas veces es difícil empezar el ejercicio, pero notarás que ganarás energía por tu de-

seo de concentrarte en el crecimiento y en el aprendizaje. Puedes hacer un ejercicio diario o usar una de las meditaciones contenidas en este libro. Si estás muy ocupado o te sientes cansado, no necesitarás llevar a cabo este ejercicio durante ese día. Recuerda que utilizamos esos ejercicios como herramientas y no como una obligación que hay que cumplir.

4. Date el tiempo y el espacio necesario para crecer y aprender. Leer y llevar a cabo varios ejercicios es importante porque pueden ayudarte a concentrarte en tu crecimiento y brindarte unos nuevos puntos de vista para explorar. Pero esto por sí solo no te conducirá hacia la iluminación. Lo que conduce hacia la iluminación es la experiencia, el procesamiento y la integración. Aquí es donde aprendemos la verdad de nosotros mismos. ¡Deja a un lado todo el material leído y los ejercicios y simplemente vive! ¡Observa, siente, actúa y sé! Los materiales de lectura y los ejercicios son sólo herramientas para usarlas cuando las necesitemos. No son la meta. Por ejemplo, la pregunta no es si hiciste la meditación de hoy, sino qué aprendiste sobre ti mismo durante esa meditación.
5. Toma nota de tus pensamientos y sentimientos. Mantén un diario de tus pensamientos y sentimientos. Comprar un nuevo diario para marcar el comienzo de tu viaje puede servir como un símbolo de tu dedicación y compromiso para el proceso de integración de tus autosegmentos. Algunas personas prefieren usar una grabadora. Con mucha frecuencia, los pensamientos de los reinos internos son fugaces. Podríamos pensar que los recordaremos, pero así como llegan de rápidos, así mismo se irán. ¡Escríbelos, escríbelos, escríbelos! Son el mensaje de tu ser interior. Léelos y considéralos. Algunas veces te brindan más información sobre ti mismo de la que crees que tienes.
6. Registra por escrito tus sueños y aprende a interpretarlos. Los beneficios del procesamiento de tus sueños ya los hemos analizado. Si al despertar sientes que el sueño tiene un profundo significado para ti, busca la forma de escribirlo en alguna parte. A veces,

mientras escribes el sueño, muchos segmentos vienen hasta tu conciencia. Puedes interpretar los sueños enseguida o dejarlos pendientes para otra ocasión. Si estás presionado por el tiempo, simplemente escribe una simple palabra o una imagen del sueño. Después puedes utilizar esa palabra o esa imagen para desencadenar su memoria en el momento de recordar e interpretar el sueño.

7. Lee un libro o un artículo inspirador. Algunas veces es de gran ayuda aprender de las experiencias de los demás. Puede resultar inspirador examinar la vida de las personas que han dedicado su vida al beneficio de la humanidad. A pesar de la adversidad, la persecución y enfermedad, han encontrado la fortaleza interior para continuar, para seguir confiando en Dios, para darle significado a su vida y para ayudar al prójimo desinteresadamente. Se han denominado santos, místicos, servidores, sobrevivientes del holocausto o héroes guerreros.

   Las historias de su vida son inspiradoras. La llama de la esperanza permanece encendida dentro de nosotros mientras que estudiamos los atributos –tanto humanos como divinos– de estos individuos. Si lees sus biografías, verás que sufrieron las mismas dudas que nosotros. Tuvieron que luchar contra los miedos y los fracasos humanos al igual que nosotros lo hemos hecho. Muchos de los más inspiradores son los sobrevivientes del holocausto. A pesar de sus experiencias horrorosas, todavía creen en la bondad de Dios y de la humanidad. La vida de esas personas está con frecuencia llena de misterios y milagros. Los milagros suceden. Estudia los milagros de la vida de los santos y estate alerta a los milagros que ocurren dentro de ti y dentro de las vidas de aquellos que te rodean.

8. Lleva contigo un recordatorio de tu propósito divino. Esto puede ser algo como una tarjeta con una oración que mantienes a tu disposición en el bolsillo, en la cartera o en la billetera. También podría ser la foto de alguien que amas o la imagen de un santo a quien se le atribuya su admiración y su esfuerzo. Podría tratarse de un símbolo o de una imagen de la meta que deseas alcanzar.

También podría ser algo que posea un significado especial para ti, como un collar especial o un cristal.

### LA HISTORIA DE LINDA

***Integrar la iluminación***

Cuando Peter y yo nos casamos, quisimos que nuestros anillos significaran nuestra unión divina en el Cristo universal. Teniendo esto en cuenta, escogimos que los anillos de la boda hicieran juego con la cruz cristiana formada de pequeños diamantes. Cada día, cuando tocamos o miramos nuestros anillos, recordamos nuestro amor y nuestra unión divina en Cristo y el propósito de nuestra vida juntos.

El símbolo o el mensaje que escojas debe ayudarte a recordar tu propósito divino. Puede tratarse de algo tan simple como una frase sencilla, una frase personal o una cita famosa que te resulte inspiradora.

Éstas son tan sólo ocho posibles ideas para desarrollar o para implementar tu plan. Puedes pensar en más si su plan lo necesita. Por ejemplo podrías estudiar con el arcángel Miguel por un período de tres meses, luego con Rafael por tres meses, luego Gabriel por otros tres meses y otros tres meses con Uriel. Durante cada período practica los ejercicios y trabaja con el poder y con el propósito del arcángel correspondiente. Reúne muchos puntos de vista sobre el arcángel con el que estés trabajando. Lee todo lo que puedas sobre él. Acepta únicamente lo que sientas que es bueno para ti. Revísalo muy bien y descarta lo que te sobre.

Con la información obtenida en estas páginas y con tu esfuerzo formal para cambiar y para crecer, puedes ser más honesto, curar tu corazón, escoger y completar la misión de tu vida y apreciar la belleza de toda la creación. Buena suerte en tu viaje y permite que los arcángeles y los ángeles siempre te orienten y te inspiren.

***La experiencia es el combustible que te impulsa hacia tu crecimiento.***

# Apéndices

Y vi otro ángel que volaba a través de los cielos,
llevando las noticias nuevas, buenas y eternas
para predicarlas a todas las personas que pertenecieran
a este mundo, de todas las naciones, de todas las tribus,
de todas las lenguas y de todos los pueblos.

–Libro de la Revelación 14, 6

# Apéndice A

# Glosario de términos de la iluminación angelical

Las siguientes definiciones tienen como objetivo ayudarte a comprender los términos que no te resulten familiares y que son utilizados en este libro.

Aceptación: Asumir con responsabilidad las decisiones tomadas y vernos a nosotros a partir de la verdad y de la honestidad. La aceptación es uno de los tres atributos del arcángel Rafael.

Afirmación: Una frase que se repite de manera verbal o mental, la cual ayuda a reforzar los patrones positivos y las creencias constructivas dentro de los segmentos del ser.

Alma: Es el ser imperecedero compuesto de espíritu puro.

Amor: Es un estado que nos conecta con la totalidad de la vida. Es mucho más que un sentimiento pasajero. El amor es un vínculo de cuidado y de cariño que establecemos con nosotros mismos, con nuestros hijos, con nuestros padres, con nuestros amigos, con el mundo, con los ángeles y con todos los seres de los mundos de Dios. Es la esencia de la vida.

Arcángeles: Los arcángeles son seres de espíritu puro y luminoso. Existen en un estado de gracia divina y de unidad con Dios. Desean compartir ese estado con nosotros. Son los seres cardinales a través de los cuales se canalizan hacia los universos los principales caudales de energía de Dios. Durante todas las épocas han sido los encargados de la divina misión de inspirar, proteger y guiar a la humanidad en el transcurso de nuestro viaje, aquí en el planeta tierra.

Aura: Es el campo de energía que circunda a todos los seres y objetos, ya sean animados o inanimados. El aura se puede ver, escuchar y sentir por parte de aquellas personas que son sensibles a sus energías internas o por quienes se han entrenado para alcanzar los niveles de percepción.

Belleza: Es la sensación de plenitud de una forma determinada, ya sea que esté compuesta de materia física o de la agrupación y organización de la experiencia. Es la manifestación de la energía única que toca el corazón del alma. La belleza es uno de los tres principales atributos del arcángel Uriel.

Chakras: Es un término religioso de Oriente, utilizado para denominar los diversos centros de energía que existen dentro de los cuerpos físicos y etéreos. Los chakras se pueden interpretar como engranajes que procesan la energía por dentro y por fuera de las formas corporales.

Compromiso: Es el atributo que describe la decisión que toma el ser de seguir un proceso que ha acordado, hasta llegar a su realización total. El compromiso es uno de los tres atributos principales del arcángel Gabriel.

Conciencia: Es el estado fundamental de la conciencia, en el cual tenemos la capacidad de procesar nuestras experiencias.

Condicionamiento: Es un proceso mediante el cual se establece un vínculo entre una acción o una fuerza de energía con una acción reactiva o con una fuerza de energía que llega a manera de respuesta. El condicionamiento puede ser positivo (para el crecimiento del individuo) o negativo (provocando una reacción de los patrones inconscientes, repetitivos y no productivos).

Consciente: Es esa pequeña y apacible voz que llevamos por dentro. Es el susurro del ser del alma. Es la conciencia del plan y del propósito del alma.

Contemplación: Visualización de conceptos y situaciones con el dominio virtual interno de la imaginación.

Cuerpo etéreo: Cuerpo sutil de naturaleza no física que ayuda a procesar la energía divina y que proviene del ser físico.

Deseo: La fuerza magnética que nos llama hacia la fuente de nuestro ser. El deseo es la fuente de todo crecimiento. Está estrechamente ligado con la experimentación del mundo terrenal.

Desprendimiento: El hecho de aceptar la situación actual y la realidad de nuestra vida en el momento presente.

El niño interior: Es la parte del ser que está conectada en todo momento con un estado de asombro acerca de la vida. También se puede referir a una parte de nosotros, la cual fue lastimada a edad temprana; una parte de nosotros que sigue necesitando cuidado.

Energía: La sustancia esencial de toda la vida.

Entrenamiento: Es un término científico que describe el proceso de alineación de la frecuencia de onda cerebral con una amplitud de banda determinada.

Espejo de la verdad: Es un espejo simbólico en el cual los autosegmentos no tienen una opción distinta a la de verse y reconocerse a sí mismos y a sus acciones.

Espíritu Santo: Es la esencia del Creador. También se conoce con el nombre de la fuerza de la vida.

Ética: Reglas o parámetros que un individuo puede escoger para cumplirlos durante su vida.

Experiencia: Momentos de la vida que llevan la imprenta vibracional de todos los niveles de nuestra conciencia durante un tiempo específico.

Fortaleza: Es el incremento de nuestro poder dentro de un área específica. La fortaleza nos ayuda a llevar a cabo los objetivos y se alcanza progresivamente a través de la aplicación de la energía de una manera repetitiva. La fortaleza es uno de los tres atributos principales del arcángel.

Gabriel: Es el arcángel que distribuye los atributos divinos de la fortaleza, la persistencia y el compromiso. A Gabriel también se le conoce como el arcángel que le dio el encargo divino a María de que ella iba a traer al mundo a Cristo. El principal poder de Gabriel es el de actuar y su principal proceso es el de la realización.

Honestidad: Es el atributo divino que refleja la expresión completa de la veracidad de lo que estamos experimentando o hemos experimentado. Éste es uno de los tres principales atributos del arcángel Miguel.

Iluminación angelical: Es un estado de infusión del alma, en el cual se integran todos los segmentos del ser en unión con la energía divina de Dios. Los estados de bendición y de compasión amorosa hacia toda la humanidad son una parte de la iluminación angelical. La creatividad y la productividad son resultados naturales de la iluminación angelical, de manera que, así como nuestros chakras se disponen y logran un equilibrio, también la divina energía de Dios y la inspiración de los ángeles son capaces de fluir a través de ellas. Así, se puede tener acceso a las energías que nos bloquean para transformarlas positivamente.

Imaginación: Es la facultad que Dios nos ha dado para permitirnos trabajar con la energía divina, con el fin de experimentar y de aprender dentro de un entorno seguro y protegido.

Inconsciente colectivo: Es el concepto que tiene la humanidad de un grupo de conciencias que está en continuo crecimiento a medida que cada ser experimenta y luego procesa esas experiencias. El inconsciente colectivo contiene símbolos arquetípicos que son comunes en todas las culturas de la humanidad.

Integridad: Totalidad. Es un estado asociado estrechamente con el de la aceptación y con el de la sanación, el cual indica una integración de todos los aspectos de nuestras experiencias. La integridad o totalidad es uno de los tres principales atributos de Rafael.

Justicia: Es la aceptación de los ciclos de la experiencia, por los cuales hemos optado. La justicia es uno de los tres principales atributos del arcángel Miguel.

Karma: Es el ciclo de la experiencia que ha escogido el ser del alma.

La espada de la verdad: Es una espada simbólica que se utiliza para cortar las barreras de ilusión autoconstruidas y que levantamos alrededor de nuestro propio ser.

Manifestación: Es el estado en el cual nuestras decisiones creativas se hacen evidentes ante nosotros mismos y ante los demás seres.

Meditación: Es un estado de tranquilidad temporal de la mente que nos permite acceder a otros caudales y vibraciones del pensamiento.

Meditación orientada: Es la meditación que se ejecuta mediante la asistencia de otra persona. Esta asistencia puede ser verbal o escrita.

Miguel: Es el arcángel cuyos divinos atributos son los de la verdad, la honestidad y la justicia. Es el líder de los arcángeles. El principal poder del arcángel Miguel es el de la visión y su proceso es el del entendimiento. El primer paso del plan de sanación de los arcángeles se da bajo la orientación y la dirección de Miguel.

Oración: Es un método para comunicarnos con nuestro ser interior, con el Creador y con otros seres.

Persistencia: Es el estado en el que la energía se aplica una y otra vez en una forma recurrente. La persistencia es uno de los tres atributos principales del arcángel Gabriel.

Plan de sanación de los arcángeles: Es un plan que combina tanto el poder como el propósito único de cada uno de los cuatro arcángeles (Miguel, Rafael, Gabriel y Uriel). El plan de los arcángeles, inicialmente, inspira a la humanidad hacia la integración de nuestros autosegmentos y, finalmente, hacia la conciencia de la unión divina con Dios, con los ángeles y con todas las cosas de la creación.

Poder: Es la habilidad para actuar. El poder incluye también la habilidad de sentir, de expresar, de manifestar o de ver.

Proyección: Es la experiencia de visualizar la verdad de nuestra alineación interna de la energía en relación con otros seres, como si ellos fueran nuestro espejo. Por ejemplo, cuando estamos incómodos con un sentimiento en particular y no podemos admitir que lo tenemos, frecuentemente proyectamos ese sentimiento sobre los demás y los acusamos por tenerlo.

Rafael: Es el arcángel cuyos divinos atributos son los de la sanación, la integridad y la aceptación. Es el patrón de los viajeros. El poder principal de Rafael es el de sentir y su principal proceso es el de expresar. Rafael también es conocido por sus habilidades curativas, como quedó representado en la historia del viaje de Tobías, en el libro de Enoc.

Reencarnación: Creencia en la cual el alma continúa extendiéndose en sí misma hacia los mundos de la materia, de la energía, del espacio y del tiempo con el objetivo de experimentar (por ejemplo, a través de vidas múltiples).

Regresión a vidas pasadas: Es una experiencia facilitadora en la cual somos guiados hacia un estado de interconexión con nuestro propio ser superior. Durante una regresión, el ser del alma envía imágenes provenientes de la fuente de la sabiduría del ser superior hacia el ser consciente para que sean utilizadas en las situaciones de la vida actual.

Sabiduría: Es el resultado de las experiencias procesadas e integradas de nuestra vida.

Sanación: Es el proceso de resolver la discordancia existente entre los caudales de energía, desviados bruscamente por el miedo, por el procesamiento incompleto y por la falta de expresión. La sanación es uno de los tres principales atributos del arcángel Rafael.

Ser básico o ser subconsciente: Es el ser sobreviviente que permanece vigilante ante nuestros intereses inmediatos, así como también puede constituir esa parte del ser que nos impele a ver los asuntos, esos que como seres conscientes hemos decidido represar.

Ser consciente: También se conoce como el ego o el «yo», es el ser despierto o la personalidad. Es el estado con el que debemos identificarnos en nuestra vida cotidiana.

Ser emocional: Es la parte del ser que reacciona ante las experiencias de la vida para proporcionamos las claves vitales que nos permitan esforzarnos por permanecer abiertos ante el centro del corazón.

Ser superior: Es la fuente de sabiduría de cada alma, la cual contiene todo el conocimiento y toda la sapiencia de todas las experiencias del alma.

Seres angelicales: Se conocen como mensajeros de Dios. Los ángeles son una evolución paralela a la de la humanidad. Son constructores de formas y son los responsables de manejar las matrices de energía de todas las formas de vida que hay sobre la tierra (incluyendo las plantas, los animales, los seres humanos y la tierra). Los arcángeles están en la cima de la jerarquía angelical y, debido a esta responsabilidad, están directamente vinculados con la construcción de la unidad entre todas las formas de vida con el Creador. Los ángeles son seres luminosos que también están en proceso de evolución. Están estrechamente relacionados con el cuidado de la tierra y de todos sus habitantes. Trabajan muy de cerca, hombro con hombro, con la humanidad; inspirándonos para crear mientras que ellos mantienen unidas las matrices de energía entre Dios, la humanidad y todas las formas de vida que hay sobre el planeta tierra.

Uriel: Es el arcángel cuyos divinos atributos son los del amor, la belleza y la conciencia. Uriel mantiene encendida la llama del amor sobre la palma de su mano para todos los que quieran aprender. Su principal poder es el de ser y su principal proceso es el de la apreciación. La orientación de Uriel completa el ciclo de crecimiento a través del plan de sanación de los arcángeles.

Verdad: Es la expresión de la conciencia personal y universal ante sus niveles más profundos. La verdad es uno de los tres atributos principales del arcángel Miguel.

# Apéndice B

# Hojas de modelos de expansión para tu uso personal

En este apéndice se incluyen las hojas con los modelos de expansión para que las puedas utilizar al ejecutar alguno de los ejercicios que aparecen en este libro. Copia estos modelos para tu uso personal a medida que avances en la lectura. En este apéndice están incluidos los modelos de expansión para los siguientes ejercicios, los cuales se han presentado en su totalidad. Las cartas de los ángeles para completar el ejercicio de los 365 días de aprendizaje y de apreciación están impresas al final de este libro.

1. Trazar tu vida: Hoja de la escala del asunto.
2. Trazar tu vida: Eventos y observaciones (lado A).
3. Trazar tu vida: Eventos y observaciones (lado B).
4. La técnica LEARN: Descubrir la raíz de la emoción.
5. La técnica LEARN: Revisión nocturna.
6. Generar el cambio: Modelo de la ampliación del cambio.
7. Generar el cambio: Pasos para cumplimentar el modelo detallado del cambio (lado A).
8. Generar el cambio: Pasos para cumplimentar el modelo detallado del cambio (lado B).
9. 365 días de aprendizaje y apreciación.

## Trazar tu vida

### *Hoja de la escala del asunto*

Fecha: ____________________ Hora: ____________________

Tema: ____________________
Escala de 10: ____________________
Escala de 1: ____________________

10
9
8
7
6
5
4
3
2
1

1 2 3 4 5 6 7 8 9 10 11 12

__ __ __ __ __ __ __ __ __ __ __ __

Hora/ Fecha

*Nota: Los números verticales determinan el grado de intensidad (máximo, mínimo). Los números horizontales corresponden al tiempo (horas, fechas, años). Las líneas que están por debajo de la sección del tiempo son para que relaciones la hora o la fecha que representan los números (1 = enero de 1978; 2 = febrero 1980, etc.).*

## Trazar tu vida

***Eventos y observaciones: Lado A***

Fecha: ________________ Tema: ________________

---

Evento 1 Notas

---

Evento 2 Notas

---

Evento 3 Notas

---

Evento 4 Notas

---

Evento 5 Notas

---

Evento 6 Notas

---

## Trazar tu vida

### *Eventos y observaciones: Lado B*

Fecha: ________________ Tema: ________________

---

Evento 7 Notas

---

Evento 8 Notas

---

Evento 9 Notas

---

Evento 10 Notas

---

Evento 11 Notas

---

Evento 12 Notas

---

## La técnica LEARN

***Descubrir la raíz de la emoción***

Fecha: ________________ Hora: ________________

Describe lo que sucedió:

1. Identificar: Clasifica tus sentimientos iniciales (ira, celos, etc.) y descríbelos lo máximo posible.

2. Expresar: Escribe los sentimientos (dolor, decepción, etc.) debajo de los sentimientos que identificaste en el paso 1.

3. Aceptar: Escribe los sentimientos debajo del dolor y temor del paso 2 (culpa, arrepentimiento y tu rol en la situación).

4. Liberar: Escribe los sentimientos debajo del arrepentimiento y culpa del paso 3 (amor, aprecio, perdón y tus esperanzas hacia el futuro).

## La técnica LEARN

### *Revisión nocturna*

Fecha: ____________________ Hora: ____________________

1. Describe el evento y lo que ocurrió.

2. ¿Cuáles son tus sentimientos con respecto al evento?

3. ¿Cómo manejaste el evento, qué hiciste?

4. ¿Cómo cambiarías la forma en que manejaste la situación?

5. Desarrolla un plan para enmendar la situación.

## Generar el cambio

### *Un ejercicio con Gabriel*

Modelo de la ampliación del cambio

Fecha: ______________ Hora: ______________

| Tarea por realizar | Nivel de necesidad | Completada |
| --- | --- | --- |
| 1. ____________________ | ______ | ______ |
| 2. ____________________ | ______ | ______ |
| 3. ____________________ | ______ | ______ |
| 4. ____________________ | ______ | ______ |
| 5. ____________________ | ______ | ______ |
| 6. ____________________ | ______ | ______ |
| 7. ____________________ | ______ | ______ |
| 8. ____________________ | ______ | ______ |
| 9. ____________________ | ______ | ______ |
| 10. ____________________ | ______ | ______ |

## Generar el cambio

### *Un ejercicio con Gabriel*

Pasos para cumplimentar el modelo detallado del cambio: Lado A

Fecha: ____________________ Hora: ____________________

Tarea por realizar: ____________________________________________

Describe la realización de la tarea

______________________________________________________________

______________________________________________________________

______________________________________________________________

______________________________________________________________

______________________________________________________________

Escribe tu afirmación positiva sobre la realización

______________________________________________________________

______________________________________________________________

______________________________________________________________

______________________________________________________________

______________________________________________________________

## Generar el cambio

### *Un ejercicio con Gabriel*

Pasos para cumplimentar el modelo detallado del cambio: Lado B

| Pasos | Orden | Completada |
|---|---|---|
| | | |
| | | |
| | | |
| | | |
| | | |
| | | |
| | | |
| | | |
| | | |
| | | |
| | | |
| | | |
| | | |
| | | |
| | | |
| | | |

## 365 días de aprendizaje y apreciación

***Modelo de la experiencia de apreciación***

Fecha: ____________________ Hora: ____________________

Tema de la carta: ____________________ Núm. de carta: ______________

Instrucciones: ____________________________________________________

_______________________________________________________________

_______________________________________________________________

¿Qué experimentaste durante el ejercicio?

_______________________________________________________________

_______________________________________________________________

_______________________________________________________________

_______________________________________________________________

_______________________________________________________________

_______________________________________________________________

_______________________________________________________________

¿Qué aprendiste a apreciar y por qué?

_______________________________________________________________

_______________________________________________________________

_______________________________________________________________

_______________________________________________________________

_______________________________________________________________

_______________________________________________________________

_______________________________________________________________

# Índice analítico

*Arcángel*

*URIEL*

**365 días de aprendizaje y apreciación**

*Arcángel*

*URIEL*

**365 días de aprendizaje y apreciación**

*Arcángel*

*URIEL*

**365 días de aprendizaje y apreciación**

*Arcángel*

*URIEL*

**365 días de aprendizaje y apreciación**

*Arcángel*

*URIEL*

**365 días de aprendizaje y apreciación**

*Arcángel*

*URIEL*

**365 días de aprendizaje y apreciación**

*Arcángel*

*URIEL*

**365 días de aprendizaje y apreciación**

*Arcángel*

*URIEL*

**365 días de aprendizaje y apreciación**

*Arcángel*

*URIEL*

**365 días de aprendizaje y apreciación**

1.

*Ojos cerrados*

*Por espacio de una hora, cúbrete los ojos con un vendaje. Utiliza tus manos para sentir y tus oídos para escuchar. Hazlo al mediodía si es posible.*

2.

*Sin las manos*

*Por espacio de una hora, no utilices tus manos para realizar ninguna actividad Hazlo al mediodía si es posible.*

3.

*Sin las piernas*

*Por espacio de una hora, no utilices tus piernas para caminar. Hazlo al mediodía si es posible. Puedes arrastrarte o deslizarte.*

4.

*Sin hablar*

*Por espacio de veinticuatro horas no uses tu voz para comunicarte. Puedes utilizar formas escritas de comunicación.*

5.

*Sin escuchar*

*Por espacio de una hora, ponte tapones de algodón en los oídos o utiliza algún otro elemento para taparlos. Esto con el fin de reducir los sonidos a tu alrededor.*

6.

*Escuchando*

*Por espacio de una hora y media, sal y establece contacto con la naturaleza. Toma nota de todos los sonidos que escuchas. Relájate.*

7.

*Visualizar*

*Compra un juego de acuarelas y papel. Ve a un sitio donde puedas estar en contacto con la naturaleza y observa una escena. Con tus mejores habilidades, intenta dibujar esa imagen sobre el papel.*

8.

*Ayunar*

*Por espacio de veinticuatro horas no comas nada. Solamente bebe agua y jugos de frutas o de verduras. Si no puedes ayunar, entonces no consumas algún alimento durante el día (café u otra clase de alimento).*

9.

*Separación*

*Por espacio de una noche duerme separadamente de tu compañero o compañera. Si vives solo, duerme en un cuarto diferente de tu casa. Toma apuntes acerca de tu experiencia antes de reunirte con tu cónyuge nuevamente.*

*Arcángel*

URIEL

365 días
de aprendizaje
y apreciación

*Arcángel*

URIEL

365 días
de aprendizaje
y apreciación

*Arcángel*

URIEL

365 días
de aprendizaje
y apreciación

*Arcángel*

URIEL

365 días
de aprendizaje
y apreciación

*Arcángel*

URIEL

365 días
de aprendizaje
y apreciación

*Arcángel*

URIEL

365 días
de aprendizaje
y apreciación

*Arcángel*

URIEL

365 días
de aprendizaje
y apreciación

*Arcángel*

URIEL

365 días
de aprendizaje
y apreciación

*Arcángel*

URIEL

365 días
de aprendizaje
y apreciación

**10.**

*Limpieza personal*

*Por espacio de cuarenta y ocho horas, no te bañes, ni te duches (esto es mejor hacerlo durante el fin de semana).*

**11.**

*Lavado de ropa*

*Lave una parte de tu ropa sucia a mano y en el lavadero, retuerce y cuelga la ropa para que se seque.*

**12.**

*Electricidad*

*Por espacio de veinticuatro horas no utilices ningún electrodoméstico que funcione a base de electricidad o de baterías (por ejemplo el televisor o el radio)*

**13.**

*Ducha*

*Toma un baño o una ducha de agua fría.*

**14.**

*Escribir*

*Escríbele una carta a un ser querido. Imagínate que ese ser querido ya no está en la tierra. Expresa de corazón todo lo que siempre quisiste decirle.*

**15.**

*Lectura*

*No leas nada de manera intencional durante veinticuatro horas.*

**16.**

*Viajar*

*No utilices un coche, bus, motocicleta ni bicicleta por espacio de veinticuatro horas.*

**17.**

*Soledad*

*Permanece todo un día solo; desde el amanecer hasta el ocaso. Asegúrate de levantarte a tiempo para ver la salida del sol y también observar el ocaso. No ejecutes ninguna clase de trabajo o de entretenimiento durante este período. Estate contigo mismo.*

**18.**

*Sorpresa*

*Sorprende a un amigo íntimo, a un familiar o a un compañero con algo que tú hayas hecho. Puede ser con una comida, un poema o con alguna clase de regalo. No compres el regalo. Hazlo tú mismo.*

Arcángel

URIEL

365 días
de aprendizaje
y apreciación

Arcángel

URIEL

365 días
de aprendizaje
y apreciación

Arcángel

URIEL

365 días
de aprendizaje
y apreciación

Arcángel

URIEL

365 días
de aprendizaje
y apreciación

Arcángel

URIEL

365 días
de aprendizaje
y apreciación

Arcángel

URIEL

365 días
de aprendizaje
y apreciación

Arcángel

URIEL

365 días
de aprendizaje
y apreciación

Arcángel

URIEL

365 días
de aprendizaje
y apreciación

Arcángel

URIEL

365 días
de aprendizaje
y apreciación

19.
*Elabora tu carta*

20.
*Elabora tu carta*

21.
*Elabora tu carta*

22.
*Elabora tu carta*

23.
*Elabora tu carta*

24.
*Elabora tu carta*

25.
*Elabora tu carta*

26.
*Elabora tu carta*

27.
*Elabora tu carta*

Arcángel

URIEL

**365 días**
**de aprendizaje**
**y apreciación**

Arcángel

URIEL

**365 días**
**de aprendizaje**
**y apreciación**

Arcángel

URIEL

**365 días**
**de aprendizaje**
**y apreciación**

Arcángel

URIEL

**365 días**
**de aprendizaje**
**y apreciación**

Arcángel

URIEL

**365 días**
**de aprendizaje**
**y apreciación**

Arcángel

URIEL

**365 días**
**de aprendizaje**
**y apreciación**

Arcángel

URIEL

**365 días**
**de aprendizaje**
**y apreciación**

Arcángel

URIEL

**365 días**
**de aprendizaje**
**y apreciación**

Arcángel

URIEL

**365 días**
**de aprendizaje**
**y apreciación**

1.

*Ojos cerrados*

*Por espacio de una hora, cúbrete los ojos con un vendaje. Utiliza tus manos para sentir y tus oídos para escuchar. Hazlo al mediodía si es posible.*

2.

*Sin las manos*

*Por espacio de una hora, no utilices tus manos para realizar ninguna actividad Hazlo al mediodía si es posible.*

3.

*Sin las piernas*

*Por espacio de una hora, no utilices tus piernas para caminar. Hazlo al mediodía si es posible. Puedes arrastrarte o deslizarte.*

4.

*Sin hablar*

*Por espacio de veinticuatro horas no uses tu voz para comunicarte. Puedes utilizar formas escritas de comunicación.*

5.

*Sin escuchar*

*Por espacio de una hora, ponte tapones de algodón en los oídos o utiliza algún otro elemento para taparlos. Esto con el fin de reducir los sonidos a tu alrededor.*

6.

*Escuchando*

*Por espacio de una hora y media, sal y establece contacto con la naturaleza. Toma nota de todos los sonidos que escuchas. Relájate.*

7.

*Visualizar*

*Compra un juego de acuarelas y papel. Ve a un sitio donde puedas estar en contacto con la naturaleza y observa una escena. Con tus mejores habilidades, intenta dibujar esa imagen sobre el papel.*

8.

*Ayunar*

*Por espacio de veinticuatro horas no comas nada. Solamente bebe agua y jugos de frutas o de verduras. Si no puedes ayunar, entonces no consumas algún alimento durante el día (café u otra clase de alimento).*

9.

*Separación*

*Por espacio de una noche duerme separadamente de tu compañero o compañera. Si vives solo, duerme en un cuarto diferente de tu casa. Toma apuntes acerca de tu experiencia antes de reunirte con tu cónyuge nuevamente.*

*Arcángel*

*URIEL*

**365 días de aprendizaje y apreciación**

*Arcángel*

*URIEL*

**365 días de aprendizaje y apreciación**

*Arcángel*

*URIEL*

**365 días de aprendizaje y apreciación**

*Arcángel*

*URIEL*

**365 días de aprendizaje y apreciación**

*Arcángel*

*URIEL*

**365 días de aprendizaje y apreciación**

*Arcángel*

*URIEL*

**365 días de aprendizaje y apreciación**

*Arcángel*

*URIEL*

**365 días de aprendizaje y apreciación**

*Arcángel*

*URIEL*

**365 días de aprendizaje y apreciación**

*Arcángel*

*URIEL*

**365 días de aprendizaje y apreciación**

**10.**

*Limpieza personal*

*Por espacio de cuarenta y ocho horas, no te bañes, ni te duches (esto es mejor hacerlo durante el fin de semana).*

**11.**

*Lavado de ropa*

*Lave una parte de tu ropa sucia a mano y en el lavadero, retuerce y cuelga la ropa para que se seque.*

**12.**

*Electricidad*

*Por espacio de veinticuatro horas no utilices ningún electrodoméstico que funcione a base de electricidad o de baterías (por ejemplo el televisor o el radio)*

**13.**

*Ducha*

*Toma un baño o una ducha de agua fría.*

**14.**

*Escribir*

*Escríbele una carta a un ser querido. Imagínate que ese ser querido ya no está en la tierra. Expresa de corazón todo lo que siempre quisiste decirle.*

**15.**

*Lectura*

*No leas nada de manera intencional durante veinticuatro horas.*

**16.**

*Viajar*

*No utilices un coche, bus, motocicleta ni bicicleta por espacio de veinticuatro horas.*

**17.**

*Soledad*

*Permanece todo un día solo; desde el amanecer hasta el ocaso. Asegúrate de levantarte a tiempo para ver la salida del sol y también observar el ocaso. No ejecutes ninguna clase de trabajo o de entretenimiento durante este período. Estate contigo mismo.*

**18.**

*Sorpresa*

*Sorprende a un amigo íntimo, a un familiar o a un compañero con algo que tú hayas hecho. Puede ser con una comida, un poema o con alguna clase de regalo. No compres el regalo. Hazlo tú mismo.*

Arcángel

URIEL

365 días
de aprendizaje
y apreciación

Arcángel

URIEL

365 días
de aprendizaje
y apreciación

Arcángel

URIEL

365 días
de aprendizaje
y apreciación

Arcángel

URIEL

365 días
de aprendizaje
y apreciación

Arcángel

URIEL

365 días
de aprendizaje
y apreciación

Arcángel

URIEL

365 días
de aprendizaje
y apreciación

Arcángel

URIEL

365 días
de aprendizaje
y apreciación

Arcángel

URIEL

365 días
de aprendizaje
y apreciación

Arcángel

URIEL

365 días
de aprendizaje
y apreciación

19.

*Elabora tu carta*

20.

*Elabora tu carta*

21.

*Elabora tu carta*

22.

*Elabora tu carta*

23.

*Elabora tu carta*

24.

*Elabora tu carta*

25.

*Elabora tu carta*

26.

*Elabora tu carta*

27.

*Elabora tu carta*

# Acerca de los autores

Linda Miller-Russo es una reconocida lectora espiritual con conocimientos sobre la naturaleza humana. Graduada con honores Phi Beta Kappa de la Universidad de Minnesota en Ciencias Sociales, ha trabajado como profesora de secundaria y como trabajadora social. Durante más de veinticinco años su pasión ha sido interpretar los sueños y actualmente, junto con su formación psicológica y mística, ofrece un mayor dinamismo al análisis de los sueños y tiene una mayor compenetración con ellos.

Peter Miller-Russo ha investigado temas espirituales durante más de veinte años y es un pionero de los viajes astrales y de la exploración del fenómeno sueño consciente. Comisionado por el arcángel san Miguel en 1994, la misión de Peter –como portador de la espada de la verdad– consiste en entrelazar la verdad del espíritu en palabras y melodías, de manera que le ayuden a alcanzar la paz y la comprensión divina en el interior de su vida. Al componer en el estilo Soul Name Songs (un género que él inventó), Peter tiene acceso a la información que hay en el mar del conocimiento del ser superior, con el fin de canalizar palabras y melodías para ser transmitidas a los demás.

# Contenido